Asia-Pacific Human Rights Review 2008
アジア・太平洋人権レビュー 2008
New Paradigm for Development: Scope of Human Rights-Based Approaches to Development
新たな国際開発の潮流
人権基盤型開発の射程

●

㈶アジア・太平洋人権情報センター（ヒューライツ大阪）編

特集にあたって

ある地域で水が足りないとする。水が足りなければ提供するというのはひとつの支援のあり方であろう。だが他所者が水を提供し続けることはできない。もちろん、井戸掘りの技術を支援するという手法もある。だが、水の不足は政府や地域社会の中での水配分の偏りによって生じていることもある。政府が本来の責務を果たせていなかったり、特定の集団が差別されているために「貧困」が生まれているとき、住民の自助努力を絶対視すれば、政府や社会と住民との「不幸な関係」を覆い隠すことになるかもしれない。今回の特集のテーマである「人権基盤型アプローチによる開発（人権基盤型開発）」は、こうした視点を開発協力の分野に持ち込むもので、この10年ほどの間に国連やいくつかの二国間援助機関、国際開発協力NGOにより積極的に採用されている。

人権とは、すべての人間が「生れながらにして自由で、尊厳と権利とについて平等」（世界人権宣言1条）であるという信念に基づき確認されてきた権利群であり、現在では「初等教育への権利」「医療へのアクセス」などの社会権から、「言論の自由」「移動の自由」等の自由権までの幅広い権利が人権と考えられるようになっている。人権は、一人一人が実現を求めることができるものであると同時に、求められる側（政府等の責務履行者）から見れば、自らの行為を方向づける基準でもある。人権基盤型開発では、この「人権の枠組み」を用いて問題の再定義を行う。この結果、人権がどのように奪われているのか（状況分析）、権利実現のために本来、誰が何をしなくてはならないのか（役割分析）、なぜそれができていないのか（能力ギャップ分析）を考え、協力計画に組み入れることになる。権利保有者（住民）への説明責任は、これまで以上に強調される。このように、社会関係全体を見渡しながら、一人一人の尊厳が守られる社会づくりのための支援を行うところに人権アプローチの特徴がある。

人権基盤型の開発協力が始まってまだ10年ほどしか経っていないが、さまざまなレベル・分野に影響をもたらしつつある。本書は、日本では人権アプローチ自体に焦点を当てた文献としてはおそらく初めてのものだろう。このため、この手法のもつ意味をなるべく幅広い視点から紹介することを試みたが、実践の多様さと比べ、実際にカバーできている範囲はそのごく一部でしかないことをあらかじめ断っておきたい。

川村論文では、人権基盤型開発の主要概念を紹介するとともに、その特徴を「社会関係の分析・変革・共有・自覚」という視点で整理している。ここでは、人権アプローチが単に新たな「開発協力の技術」を超え、自らの位置の見直しにつながる可能性があることを指摘した。甲斐田論文は、カンボジアの人身売買を防ぐためのNGOの試みを中心に紹介している。「子ど

もの権利」という概念を地域社会で共有することを通じて、人身売買防止が関係者の共通課題となっていったさまが読み取れる。三輪論文では、インドのコミュニティでの権利概念を用いた女性のエンパワーメントの事例が紹介される。人間の尊厳に根ざし法に支えられた人権概念が、女性の意識改革を生み出すことに成功しつつも、男性も含めた地域社会全体の共通理解を生み出すうえで課題に直面していることも指摘されている。タオ論文では、ベトナムの地方分権と人権基盤型開発との関連について、NGOの視点から紹介している。地方分権により権利保有者と責務履行者（地方自治体）との関係づくりが容易になるが、両者の関係づくりを促進するうえで開発協力NGOが重要な役割を果たしえることがわかる。勝間論文では、ユニセフによる国家政策への働きかけの事例が紹介されている。この例では、子どもの権利の実現状況についての認識を社会で共有する仕組みづくりを支援することにより、国家政策に影響を与える試みがされている。岡島論文では、これから人権アプローチについて学ぶ人のための文献紹介を行った。

　本書では開発分野を中心に検討しているが、開発協力事業として行われていることは協力対象国の国内行政でもある。逆にいえば、人権基盤型アプローチは開発だけではなく、日本国内の課題を人権の視点から分析、変革する手法としても使えるものであろう。事実、子どもの権利委員会等は、「子どもの権利」基盤型政策をとることを日本政府に求めている。本書が、こうした日本社会のあり方を考えるうえでのヒントにもなればと願っている。

　最後に、用語について。「人権基盤型アプローチによる開発」は、Human Rights-Based Approach to Developmentを訳したものである。国連関係では「人権に基づく開発に対するアプローチ」と訳されており、ほかにも「ライツ・ベース・アプローチ」という表現も日本では使われている。類似の表現として「子どもの権利基盤型アプローチ」あるいは「権利基盤型アプローチ」という表現も見られる。子どもの権利基盤型アプローチにしろ権利基盤型アプローチにしろ、人間の尊厳を守るための諸権利（＝人権）とその一部である子どもや障害者、女性の権利等を念頭に置いたものだ。本書ではこうしたアプローチの総称として人権基盤型アプローチという表現を採用し、その略称として人権アプローチと表記した。また、こうした手法を用いた開発協力については、人権基盤型開発という略称も用いている。

　本特集には、「人間の安全保障と人権」研究会（主宰：編者および岡島克樹氏、ODA改革ネットワーク・関西と関西NGO協議会が協力）とヒューライツ大阪が共催した研究会での議論が反映されている。研究会の報告者、とりわけ岡島克樹氏からは編集に際して助言を得たことを記して感謝したい。
　　　　　　　　　　　　　　　　　　　　　　　　　　川村暁雄

特集にあたって 2

第Ⅰ部 新たな国際開発の潮流
人権基盤型開発の射程

Part 1 New Paradigm for Development: Scope of Human Rights-Based Approaches to Development

Scopes of the Human Rights-Based Approaches to Development: Analyzing, Transforming, Raising Self-Awareness, and Sharing Visions for Development

8　人権基盤型アプローチの射程
人間の尊厳のための社会関係の把握・変革・自覚・共有
川村暁雄

The Effectiveness of the Rights-Based Approach for the Realization of Child Rights: the Case of Cambodia

35　子どもの権利実現における
人権基盤型アプローチの有効性
カンボジアの事例から
甲斐田万智子

Rights-Based Approach and Women's Empowerment: Learning from Experiences of an NGO in India

48　権利をよりどころにした
女性のエンパワーメントの可能性と課題
インドのNGOの経験から
三輪敦子

Is the Door Open? - Grassroots Democracy Act in Vietnam and its Implications with Strengthening Local Governance and Local Participation in Decision Making: the Role of RBA and NGOs in Community Development

61　扉は開かれているか？
ベトナム「草の根民主主義法」と、地方統治および意思決定への地域参加の強化に関わる同法の意味：コミュニティ開発における人権アプローチとNGOの役割
ホン・プオン・タオ　訳：平野裕二

The Role of the United Nations in Developing the Human Rights-Based Approach: In Search of Policy for the Socially Vulnerable

82　人権基盤型アプローチの
発展における国連機関の役割
脆弱な社会層への政策を求めて
勝間　靖

A Reading Guide on Human Rights-Based Approach to Development

91　人権アプローチに関する文献案内
これから人権基盤型アプローチを学ぶ人へ
岡島克樹

102　資料1●人権基盤型アプローチ：共通理解声明
　　　訳：ユニセフ

105　資料2●人権と開発に関する行動志向ポリシー・ペーパー（抄訳）
　　　訳：平野裕二

120　資料3●人権基盤型アプローチ（HRB）に関するチェックリスト
　　　訳：平野裕二

124　資料4●権利に基づく事業計画の原則
　　　訳：川村暁雄

第II部 アジア・太平洋地域の人権の動向

Part 2 Development of Human Rights Activities in the Asia-Pacific Region

国連の動向

Human Rights Activities by the UN in 2007
128 **2007年の国連の動き**
白石理／板垣文子／岡田仁子

Reporting Status of Asia-Pacific Countries by the Treaty Bodies in 2007
137 **条約委員会による2007年のアジア・太平洋地域国別人権状況審査**
岡田仁子

Views on Individual Communication Issued by the Human Rights Committee in 2007
155 **自由権規約委員会による個人通報に対する見解**
岡田仁子

Adoption of United Nations Declaration on the Rights of Indigenous Peoples
157 **国連先住民族権利宣言の採択**
経緯と今後の課題
木村真希子

160 資料5●自由権規約委員会一般的意見32（2007）
訳：藤本晃嗣

180 資料6●子どもの権利委員会一般的意見9（2006）
訳：平野裕二

203 資料7●拷問禁止委員会総括所見・日本
訳：日本弁護士連合会

アジア・太平洋地域の政府・NGOの動向

Towards Realization of Rights of Persons with Disabilities in Asia and the Pacific: Challenges ahead for the Remaining Five Years of the Second Asian and Pacific Decade of Disabled Persons and the Biwako Plus Five
212 **アジア・太平洋域内障害者の人権実現に向けて**
第2次アジア・太平洋障害者の10年後半5年の課題とびわこプラスファイブ
秋山愛子

筆者紹介

川村暁雄 ●かわむら・あきお
ヒューライツ大阪研究員、神戸女学院大学准教授を経て、現在チュラロンコン大学アジア研究所客員研究員。ヒューマンライツナウ理事。専門は、グローバル社会理論、人権論。

甲斐田万智子 ●かいだ・まちこ
(特活)国際子ども権利センター代表理事。立教大学、桜美林大学非常勤講師。子どもの権利条約総合研究所運営委員。インドにおける児童労働やカンボジアにおける子どもの人身売買・性的搾取の問題に対して、子どもの権利基盤型アプローチ・子ども参加によって取り組むことの重要性を提唱している。

三輪敦子 ●みわ・あつこ
日本赤十字社、国連女性開発基金(ユニフェム)アジア太平洋地域バンコク事務所等を経て、(財)世界人権問題研究センター専任研究員。主な関心分野は、開発とジェンダー・人権・グローバル化等。

ホアン・プオン・タオ ●Hoang Phuong Thao
アクションエイド・インターナショナルの経済正義・ガバナンス担当アジア地域コーディネーター。アジア地域の経済や環境の課題や国際金融機関の改革のための調査に従事。この10年は、アクションエイド・インターナショナルおよびWWFのためにベトナム、ラオス、タイにおいて開発関係の活動に携わってきた。

勝間 靖 ●かつま・やすし
早稲田大学にて大学院アジア太平洋研究科教授、グローバル・ヘルス研究所所長、グローバルCOEプログラム事業推進担当者。日本国際連合学会事務局長・理事、日本平和学会編集委員長・理事、国際子ども権利センター理事を務める。国連児童基金職員としてメキシコやアフガニスタンで勤務したのち、現職。

岡島克樹 ●おかじま・かつき
JICAカンボジア事務所企画調査員(南南協力、行財政改革)等を経て、大阪大谷大学人間社会学部教員。

第Ⅰ部

Part 1 New Paradigm for Development: Scope of Human Rights-Based Approaches to Development

新たな国際開発の潮流
人権基盤型開発の射程

Scopes of the Human Rights-Based Approaches to Development: Analyzing, Transforming, Raising Self-Awareness, and Sharing Visions for Development

人権基盤型アプローチの射程
人間の尊厳のための社会関係の把握・変革・自覚・共有

川村暁雄 ●*KAWAMURA Akio*

　本書のテーマである「人権基盤型アプローチによる開発（あるいは人権基盤型開発、Human Rights-based Approach to Development）」は、人権基準（国際人権条約などで規定されている諸権利）と原則を開発協力事業に適用しようというもので、1990年代後半になってから二国間国際協力機関、国連諸機関、開発協力NGOなどにより幅広く採用されつつある手法である。

　人権概念と開発（発展）概念とは、異なる性格をもつ。前者は、法、制度、権力関係に関わり、後者は生産能力に深く関わる。だが、ともに人間の幸福や尊厳の実現を目的とするという点については変わりはない。とりわけ、社会権概念の精緻化が進むなか、人権概念は、貧困削減のための開発のなかで大きな役割を果たせるようになってきた。詳しくは後述するが、その役割は人権概念に照らして現実の社会関係の歪みを把握し、責任ある組織と人々に変革を促し、そのための自らの役割や位置を開発協力団体が自覚し、さらにそれを広く共有することにありそうである。

　さて、まず本論で扱う主題がどのような範囲のものかだけ大まかに規定しておく必要がある。後述するように、人権基盤型アプローチ（以下、人権アプローチ）は開発協力の分野で議論され始めた考え方ではあるが、人権（とりわけ社会権）実現の手段を精緻化・拡大するという性格ももっており、国際人権法学者や国内人権機関も関心を寄せている。日本でも教育などの分野で子どもの「権利基盤型」政策を求める動きもある。だが、本論ではあくまで「開発協力」に対してどのような影響を与えているかという視点で考察を行う。つまり、本論での人権アプローチについての議論はあくまで、人権基盤型開発に関わるものである。

　人権アプローチにより、開発協力の対象に社会運動も含むようになっている。このため、これまで社会運動や、「政治運動」として捉えられていた活動への取組みが開発協力の一部として重視されている。ただ、本論ではあくまで開発「協力」に関わるもの、なかでも国際

的な協力を中心として考察する。つまり、政府・非政府の開発協力団体が、社会運動と関係づくりを行うことは検討の対象とするが、社会運動それ自体を考察の中心とはしない。これは、人権に基づく社会運動が重要ではないからではなく、むしろそれらが人権基盤型開発という言葉とは関係なくこれまでも存在し、社会変革の過程において重要な役割を果たしてきたからである。なお、団体によって、人権アプローチの呼び方は異なり、国連は「人権に基づく（Human Rights-Based）開発に対するアプローチ（HRBA）」、イギリスの国際開発省や多くのNGOは「権利に基づく（Rights-Based）アプローチ」と呼ぶことが多い。ただ、通常、権利と呼ばれる場合も広い意味での人権を指しており、実践においてこの2つが区別されることは少ない。このため、本論ではこれらを含めて人権基盤型アプローチ（人権アプローチ）と総称する。

本論では、まず人権アプローチが受け入れられるようになってきた背景を概観する。次に、人権アプローチを理解するための諸概念の整理を行い、最後に、今後の課題を考察する。

1.なぜ人権基盤型の開発協力なのか

人権基準・原則を開発協力という場に持ち込む。日本では、この考え方に違和感を感じる人は少なくないだろう。この違和感の裏には、2つの基本的な疑問があると思われる。第1は、「なぜ欧米で生まれた人権基準を他国に持ち込むことができるのか」という点である。第2は、「そもそも人権と開発は、別の分野のことではないのか」というものであろう。

第1の「なぜ欧米で生まれた人権基準を他国に持ち込むことができるのか」という疑問について考えてみよう。たしかに、人権基準は欧米の歴史発展のなかで産声をあげた概念である。だが、人権という概念は「人間は等しく尊厳をもつ」という誰にも否定できない価値観を基盤とし、それを守るためにそれぞれの人間が要求できることを定めたものだ。ひとつひとつの人権基準（たとえば、恣意的な逮捕をされない、居住の自由、言論の自由、初等教育の提供、差別されないこと等々）は、実際に尊厳を侵されて苦しむ人々の運動と、それを繰り返すべきではないという反省によりつくられてきたものであり、同じような苦しみと共感があるかぎり普遍的な訴求力をもちうるだろう。人権が欧米のものであるとすれば、それは「権利」、つまり「当たり前に要求できるもの」という法的な概念で基準を定めたところにあるが、これは近代の法治国家のなかで権力濫用を抑止し、被害者を救済するための最も実効性の高い手法のひとつでもある。権力を制限するためにつくられた人権を批判する人が、同じく西洋近代のなかで生まれた国家主権や市場経済などの概念を批判することは少なく、いささか恣意的に「欧米のもの」というラベルが使われているようである。こうした言説は、たしかに一部の知識人や政

治指導者のなかで支持を得てはいるが、「権力の濫用の抑止」や「被害者救済」を現実に可能とする他の概念や制度を提示する人はいない。

事実、人権概念は、すでにさまざまなレベルで広く受け入れられている。それは、まず国際政治のレベルで見られる。1993年に開催された国連世界人権会議の参加者がコンセンサスで採択したウィーン宣言および行動計画においては、人権の普遍性、不可分性などが確認されている。次に、国際法のレベルである。1948年に世界人権宣言が採択されて以来、多くの人権条約が国連を場に採択されていく。2007年も障害者権利条約、強制的失踪防止条約が採択された。現在、主要な国際人権条約は9あるが、8割以上の国連加盟国が4以上の人権条約を批准している（United Nations 2007）。さらに、地域レベルでの受容である。中東、アジアを除き、地域的な人権保障のための条約、機構がつくられている（阿部＝今井2002）。アセアンにおいても地域的な人権保障機構の設置に向けての議論が進んでいる。加えて、国内レベルである。冷戦の終了、アフリカ、ラテンアメリカなどにおける民主化の進行などにより、人権を積極的に受け入れる国も増えた。アジア地域でも、独立した国内人権機関を設置している国は、韓国、タイ、フィリピン、インドネシアなど17カ国に上る。これらの国々では憲法においても人権が保障されている。もちろん、人権条項のある憲法の制定自体が、社会規範や行政慣行における人権

基準の受容やその実現を即座に意味するわけではないが、その前提はつくられてきた。こうした国際環境のなかで、国際機関は人権基準を用いての国家との対話・交渉が容易になってくる。民主化の進展により市民社会組織による権利実現のための活動も活発になっている。欧米の一部の国の歴史発展のなかで生まれた人権概念は、現在では実際に多くの社会のなかでその価値を再発見され、積極的に活用されている。

第2の「そもそも人権と開発は、別の分野のことではないのか」という疑問を考えてみよう。この疑問の背景には「開発とは経済的な分野の活動」という想定があり、人権という「法的・政治的な分野に属するもの」とはさほど関係はないはずだという認識があろう。しかし、たとえ主として経済発展が目的の開発協力事業であっても、その成功にはいくつかの人権基準や原則が深く関わる。たとえば、汚職の防止、法の支配や非差別の原則などは、健全な経済協力事業にも欠かせない。事業で影響を受ける住民の意見を聴き取るためには、自由に意見を言える社会的な雰囲気が必要だ（国際協力機構2004）。こうした条件の多くは、むしろ「良い統治（グッド・ガバナンス）」という言葉により、人権には消極的な世界銀行のようなところでも1990年代前半から議論されてきたものである。世界銀行のある調査チームは、表現の自由などの市民的自由と政府の事業の成功の関係について統計的な分析を行っており、その2つに強い相関があると結論づけている（Isham et al. 1997)。また、別の調査によれば、教育、医療などの基礎も経済成長のために必要であることが確認されている(Dollar and Pritchett 1998)。ちなみに、日本ではインフラ整備中心の経済協力をジャパン・モデルの開発援助として推奨する動きもあるが、その議論のなかでもインフラ整備が経済成長をもたらすためには、ガバナンス、所得分配の衡平化などが必要という認識が示されている(経済産業省2005)。たとえ経済協力であっても人権とは無関係ではいられない。

　現在、国際社会では、貧困削減のためのミレニアム開発目標が共通の課題とされている。この結果、人権はますます大きな重みを与えられるようになってきた。貧困と人権には深い関係があるからである(Sen 1999)。貧困を生み出す原因はさまざまだが、社会構造や権力関係、政府の作為・不作為による権利の侵害と関係するものも少なくない。日本でも、被差別部落における貧困が、社会的差別とその結果生まれた教育の機会、就業の機会などの剥奪から生まれたことを考えればよくわかることであろう(同和対策審議会1965)。

　さらに、社会権規約についての議論の発展も、重要な要素である。国連の社会権規約委員会により積み重ねられてきた社会権規約の解釈は、同委員会の一般的意見という形で整理されており、医療、教育、居住、水などの基本的な生活の条件について人権という視点から国家の義務を整理してきた。特定の集団が発展から取り残されたり、開発事業の悪影響を受けて教育、保健医療などの側面で劣悪な状況に置かれること、権力者による恣意的な土地の奪取、それを生み出す法の支配の欠如など、健全な開発を阻害するさまざまな問題も人権の枠組みで捉えることができるようになっている。これらのことにより、貧困と人権を関連づけやすい状況が生まれてきたのである。

2. 人権基盤型アプローチの特徴

(1) 人権基盤型アプローチの受容の進展

　このように、①人権概念・基準の受容の広がり、②貧困削減の共通目標化、③貧困概念の深化、④社会権概念の精緻化などにより、開発の現場で人権に言及することがより容易になってきた。さらに、サービスを提供するいわゆる「慈善型」の支援だと、貧富の格差の解決につながらないという認識も深まっている(DFID 2000, Harris-Curtis et al. 2005: 9)。「援助」という行為自体がもつ権力性についての批判的な検証も始まっている(Groves and Hinton 2005)。こうしたなかで、格差をなくし、持続可能な発展が可能となる手段として人権を基盤とした開発手法が提唱されてきた。これが、人権アプローチである。

　援助国のなかではイギリスや北欧諸国が、比較的早くから人権アプローチを導入している(川村暁雄2005b)。経済協力機構(OECD)の援助委員会も

2007年2月に人権についての政策文書を策定、人権アプローチの考え方を反映した原則を確認した（OECD-DAC 2007、本書「資料2」参照）。開発協力を主要な業務とする国連機関のなかではユニセフが最も早くから体系的な形で人権アプローチ採用に取り組んでいた[1]。1997年に発表された国連改革のための事務総長報告の中で、人権活動を国連の主要な活動分野（平和と安全保障、経済・社会問題、開発協力、人道問題）により深く統合していくという方針が出されてからは、国連開発計画（UNDP）、世界保健機関（WHO）などの国連専門機関は人権アプローチを意識的に採用しつつある（勝間2004、United Nations General Assembly 1997 and 2002, Frankovits 2005）。オックスファム・インターナショナル（Oxfam International）、アクションエイド（ActionAid）、ケア・インターナショナル（CARE International）、プラン・インターナショナル（Plan International）、セーブ・ザ・チルドレン（Save the Children）など多くの開発協力NGOも人権アプローチの導入を行っている。

人権アプローチの定義はさまざまだが、その最大公約数は国連の定義に見出すことができる。国連は、「人権に基づく開発に対するアプローチとは、規範的に国際人権基準に基づき、実践面で人権の促進と保護につながる人間開発の過程のための概念的枠組み」（OHCHR 2006: 15）と定義しており、その内容は、米国スタンフォードにおいて開催されたワークショップで採択された『人権基盤型アプローチ：共通理解声明』（以下『共通理解』、本書「資料1」参照）にまとめられている（UNDP 2003b）。

『共通理解』は次の3つの柱から構成される。

① 開発協力、開発政策および技術的援助に関わるあらゆるプログラムにおいて、世界人権宣言をはじめとする国際人権文書に掲げられた人権のいっそうの実現がめざされるべきである。
② 世界人権宣言をはじめとする国際人権文書に掲げられた人権とそこから導き出された諸原則は、すべての部門で、そしてプログラミング過程のすべての段階において、あらゆる開発協力およびプログラムの立案・実施の指針となる。
③ 開発協力プログラムは、義務を負う者がその義務を果たす能力と、権利を保有する者がその権利を主張する能力の発達に寄与するものである。

『共通理解』の第1項では、開発協力・支援の目的に人権の実現を含めることを規定している。第2項では、条約等で規定された個別具体的な権利を示す「人権基準」とより一般的な「人

---

[1] 人権アプローチを方法論として意識的に体系化したのは、ユニセフであろう。なおユニセフは子どもの権利計画手法（Child Rights Programming）という呼び名を用いている。

権の原則」の両者を開発事業のすべての過程に反映することを確認している。『共通理解』の第3項は、責務履行者と権利保有者の能力強化の必要性に言及したものである。

なお、第2項でいう「人権とそこから導き出された諸原則」について『共通理解』では6項目——①普遍性と不可譲性、②不可分性（市民的権利と社会的権利を無前提に区別してはならない）、③相互依存・相互関連性、④平等と非差別（すべての人は差別なく人権をもつ）、⑤参加と包摂、⑥説明責任と法の支配（国家と他の責務履行者は人権の遵守の責任があり、それを問うことができる）——を示している。

この国連機関の『共通理解』によると、人権アプローチは、社会権や市民的政治的権利も含めた包括的な人権基準を基盤とすること、人権から導かれる原則も開発協力の手法に組み込むこと、それを状況分析、計画、実施、評価などの側面に活用するなどの特徴をもつ。これは、さまざまな団体の人権アプローチの定義や実践に見られる共通の要素でもある[2]。そこで主として同文書を参照しながら、以下、人権アプローチの特徴を示すいくつかの鍵となる概念を取り上げ、その内容を整理してみたい。

(2) 人権アプローチの特徴
(a) ニーズから権利へ

人権アプローチにおいては、ニーズを人権の枠組みで捉え直す。これが人権アプローチの最も基本的な特徴である。

開発協力の現場では、これまでは「ニーズ」が重視されていた。貧困削減という文脈で考えたときに、「医療サービス」「教育」「生計の手段」「水」など基本的なニーズが問題となる。人権アプローチは『共通理解』の3つの柱の第1項目にあるように、ニーズと人権を関連づけることを求める。

では、ニーズと権利は何が違うのか。「足りない」という状況を示すニーズに対し、権利とは一般に「責務履行者に正当に請求できるもの」である。何かが欠如している状態を「権利が実現されていない」と捉えることは、「本来なら、当たり前に得られなくてはいけないものが奪われており、権利保有者はそれを責務履行者に正当に要求できるはずである」と見なすことになる。この視点が、次項目以降で述べるようにさまざまな変化をもたらす（表1も参照）。

どのような人権を何に基づき主張するのかは、団体や事業の性格により違いがある。協力対象国の政府との協定に基づき活動する国連等の国際機関にとっては、国際社会の合意である「国際人権基準」が最も使いやすい。とりわけ法的拘束力のある条約やそれを反映した国内法が中心となる。イギリス国際開発省は国際人権基準を独自に整理し、いくつかの権利群もしくは原則を

---

[2] 主要二国間援助機関やNGOによる人権アプローチの定義については、InterAction 2003が参考になる。また、NGOの実践については、Luttrell et al. 2005、Harris-Curtis et al. 2005、OECD加盟国の経験については、OECD 2006bがまとまっている。

表1●セーブ・ザ・チルドレン・インターナショナルによる「権利に基づくアプローチ」の特徴

他のアプローチ	人権アプローチ
行動は自発的で、オプションとして行われる。	行動は責務である。
人々には、満たすべきニーズがあり、それには優先順位がある。	人々には法的に裏づけられた請求権・権原(エンタイトルメント)がある。
貧しい人々は、慈善の対象として助けを受ける資格がある。	貧しい人々は権利の所有者としてとして助けを受ける権利をもっている。
取り残される人がいてもやむをえない(目標は100%ではない)。	すべての人が自らの潜在能力を発揮する権利をもっており、それに向けて支援を受けるべき(たとえば目標は100%に設定)。
開発事業に影響を受ける人は受動的な裨益者であり、その事業やプログラムの効果を上げるために参加するよう招待される。	開発事業に影響を受ける人々は、積極的に参加する権利をもつ。
文化によっては、ニーズとして認められないものもある。	権利は普遍的で不可譲であり、弱められたり奪われたりすることはない。
権力構造は変革が困難なので、そのなかで活動するためのうまい方法を見つける必要がある。	人権の実現を食い止めている権力構造は、実質的に変えていかなくてはならない。
開発とは専門的な過程であり、ものごとがいちばんよくわかっている「専門家」が導くべき。	権利保有者が自らの権利を要求し、公的な意思決定過程に参加できるようエンパワーしなくてはならない。
ニーズには階層があり、ニーズによっては他のものよりも重要なものがある。	権利は不可分で相互依存しているが、実践においては優先順位をつける必要がある場合もある。

出典：International Save the Children Alliance 2005: p. 23

表2●イギリス国際開発省の定義する人権アプローチの原則

参加	人々が自らの生活に影響を与える意思決定の過程に参加でき、それに関わる情報にアクセスできるように支援する。
包摂	すべての人のためのすべての人権が促進されるような開発を通じて、平等、非差別の価値観に基づき社会的包摂性のある社会を建設する。
義務の履行	すべての人権を保障し、その実現を促進するという国家やその他の責務履行者の義務が担保されるような政策や制度を強化する。

出典：DFID 2000: p. 10.

導き出して、それを達成目標や指導方針としている(表2参照)。なお、『共通理解』においても「人権基準から導き出される諸原則」が強調されており、「参加」「説明責任」など詳細な基準はないが人権の前提であり、開発の実務においても重要な条件を「人権の原則」として人権アプローチのなかに位置づけている。

人権アプローチにおいては、人権は「法的な請求権」として厳密に扱われるとはかぎらない。国際人権基準、原則、各国の憲法や国内法なども正統性の源として扱われるが、人権概念の社会規範としての側面、すなわち「人間の尊厳のために社会がその実現・請求を認めるべきこと」という面が強調されることも多い。人権が、権力者が侵してはならない規範であると同時に、ともに実現をめざす目標として扱われ、法制度整備や司法的手段は、その実現のための選択肢のひとつ、ということになる。農村社会の実態を考えれば、こうした捉え方のほうが現実的なのかもしれな

い。また、子どもの教育を受ける権利や女性の権利など、家庭内や学校内でも実現する必要があるものについても、司法的な解決はなじまない場合がある。漸進的な実現が政府の義務とされている社会権についても、このように「要求に正当性を与え、対話や交渉の基盤を生み出すツール」として人権概念を用いることが望ましい場合もあるだろう3)。だが、扱いによっては、法的請求や救済の根拠という人権基準のきわめて重要な役割が弱められる可能性もあるので、注意は必要になる。

(b) 包摂(inclusion)——普遍性・不可譲・非差別・平等の原則から

人権は、『共通理解』の人権の原則に挙げられているように、①「普遍的」であり差別なく平等に実現されなくてはならない、②「不可譲」なので妥協は許されない、という性格をもつとされる。これは、少数者の社会的排除の問題に開発協力団体の関心を向けさせる。たとえば、ある国(地域)の就学率に課題がある場合、これまでは平均でどれだけ就学率を上げるか考えればよかったかもしれない。しかし、それを人権と捉えたときに、差別なく提供されているかどうかが大きな課題となってくる4)。

国連人権高等弁務官事務所作成の人権アプローチに関する『Q&A』では、意義のひとつとして「排除され、周辺に追いやられた人々の権利の実現に関心を集中すること」を挙げるが、これは人権のもつ「普遍性、不可譲、非差別、平等」といった性格が導き出すものである(OHCHR 2006)。他の国際協力団体においても人権アプローチを排除・包摂と関連させる場合が多い。表2に示したように、イギリス国際開発省は、3つの人権アプローチの原則の第2の柱に「包摂(inclusion)」を挙げている。開発協力NGOのケア・インターナショナルは、人権アプローチに基づき支援の対象を「貧しく、周辺化された人々」とし、社会的排除の問題を中心課題としている。

(c) 権利保有者と責務履行者

何かが足りないことを権利として位置づけるということは、その実現を社会関係に関わる課題として理解するということになる。権利は「当たり前」に「要求」できるものであり、実現の責任者の存在が想定されている。国際人権条約においては、主として国家が人権の実現について責任を負うこととされる。だが、通常、人権基盤型開発においては、より広範な主体が権限や影響力に応じて法的・道義的責任をもつと考え、彼らを「責務履行者(duty-bearer)」と呼ぶ。たとえば、子どもの権利については、国、自治体等だけではなく、親、地域社会、教師、保健所等すべての関係者が責務履行者として位置づけられる(Jonsson 2003)。

---

3) なお、インドのように社会権についても積極的な判決を出す司法システムがある社会では、社会権についても司法的な取組みが可能である。食糧への権利を有効に用いた事例については、Banerjee, Naidoo and Gonsalves 2005参照。
4) フィリピンのユニセフ実務関係者は、人権アプローチのもたらした大きな変化のひとつとしてこの点を指摘した。筆者によるインタビュー。

人権アプローチにおいては、国連の『共通理解』の3本の柱の1つとしても示されているように「義務を負う者がその義務を果たす能力と、権利を保有する者がその権利を主張する能力」の分析や支援が開発協力の中核として位置づけられる。人権と位置づけた課題について、「責務履行者—権利保有者」という枠組みで当事者の存在を特定し、それぞれ果たすべき役割を検討する。そのうえで、現状でのそれぞれの能力を検討し、ギャップを埋めるための権利保有者のエンパワーメントや責務履行者の能力強化が追求されることになる。

権利保有者の特定と権利請求能力の分析は、権利概念に基づくエンパワーメントをはじめとした多様な支援につながる。責務履行者の特定とその履行能力の分析は、能力強化のための支援プログラムにつながる。人権について、政府を中心とした責務履行者には、①尊重(自ら人権を侵害しない)、②保護(人権侵害から守る)、③充足(環境整備=facilitate、促進=promote、供給=provide)の義務が生まれる5)。こうした責務を履行できるようになるためには、人権への理解や、法制度、実施体制、予算などの面での強化も必要となる。行政への支援自体は新しいことではないが、それが「人権の実現」という成果につながるかどうか意識されることが人権アプローチの特徴である。また、権利保有者と責務履行者の関係を考えることにより、参加や救済のための諸制度が支援の課題として明確になる。

ニーズならば誰が提供してもよかったが、権利ならば本来その社会で責務を履行すべき人や機関は誰で、なぜ本来の業務を果たせていないのかを考えることになる。これまでは国家にサービス提供能力が弱ければ、代わりにNGOを通じて行えばよいと考えられていた。バングラデシュでは、NGOへ国際的な支援が集中していたため、人々の国家や自治体への期待がますます低くなるという悪循環も見られた6)。しかし、自発的に行動する存在であるNGOは人々に対して国家と同レベルの責務や説明責任を果たすことは難しく、NGOが国家の肩代わりをすれば、政府や地方自治体と人々との関係を弱める可能性がある7)。他方、国家のみ強化すれば権力の濫用にもつながる。人権アプローチにおいては、両者の関係のバランスに注目しながら、何が必要かを考えることになる。

(d) エンパワーメント

人権の枠組みを用いることにより、エ

---

5) 社会権に基づく義務については、詳しくはThe Maastricht Guidelines on Violations of Economic, Social and Cultural Rights (1997)参照。
6) たとえば川村晃一は「独立から25年間、バングラデシュ政府はシステムも能力も決定的に欠如したまま」「NGOが政府を補完する役割から、代替する役割へと拡大を続けている」と評価している(川村晃一1998: 181)。
7) 定松はネパールにおいてデンマーク政府が福祉的な資金をNGOに提供した結果、社会運動からばらまき福祉団体に変質した事例について報告している(定松2002: 222)。

ンパワーメントの概念と手法にも新たな視点が加わる。とくに呼び名が定着しているわけではないが、「権利に基づくエンパワーメント」と呼ぶべき手法が人権アプローチの文脈で試みられている。

何かの問題を人権の剝奪と捉えるということは、それが「人間の尊厳のために当たり前に要求ができるはずのこと」と見なすということでもある。人権の基盤は「自分は大切な存在だから、みんなそれぞれを大切にするべきだ」という人間の尊厳への直感にある（本書三輪論文参照）。ただ、権利概念を用いることで社会はそれを認めるべきであり、それを「当たり前」に要求できるはずだという認識につながる。これまでも、「被抑圧者の意識化」を通じて不当な社会関係を明らかにするという手法は存在していた。それを「人権」という「社会全体が約束した（はずの）こと」に関連づけ、苦しみの解決が個人の問題ではなく、社会的な共通の課題であるという理解を当事者、地域や社会全体で獲得しようとするのが権利に基づくエンパワーメントの特徴といえる（本書三輪・甲斐田論文参照）。

もちろん、人権がいくら国家が批准した条約や憲法に則っているものであっても、その内容にすべての人が合意したわけはないので、これはフィクションでしかない。そのため、地域で支配的な価値観からずれることもある。だが、一応、人権は国際人権法、憲法や国内法により裏づけられており、行政関係者などの「責務履行者」に人権条約の研修などを通じて「認めるべきである」という説得がしやすい。

貧困は、権力関係と深く関わるが（Chambers 1983, Sen 1999）、現実に権力関係に外部の団体が関与することは容易ではなかった。だが、人権は「法的概念」であり、とりわけ政府がすでに批准している人権条約は、政府自身が守ることを約束している「ルール」である。このため、原理的には「すでに政府が認めた義務を果たすための手法を支援する」という姿勢で取り組むことができる。人権アプローチにおいては、こうした人権の特徴を活かしながら、社会規範や権力関係の再構築も試みられているといってよいだろう。

(e) 参加と説明責任

『共通理解』に人権の原則として挙げられている「参加」「説明責任」などの概念も、権利保有者と責務履行者という文脈で考えることにより、より明確な意味をもちうる。これまでも「参加」や「説明責任」はよい開発協力事業のためには必要とされてきたが、「何のための」「誰の」「何への」参加や説明責任かにより、現実には多様な意味が与えられてきた（川村暁雄2006）。初めから実施が決まっている事業の説明会に地方の有力者が参加することも、自分たちの権利保障のための要求を行うための会合への参加も、事業の説明文書では同じ「参加」という言葉で表現できる。説明責任にしても、何を基準とした誰への説明責任かでその意味は大きく変わる。開発協力団体の「支援者・支援国」への援助効率に関わる説明責

任も、住民への説明責任も同じ「説明責任」という言葉で表現できてしまう。

ところが、住民を権利保有者と捉えることにより、説明責任の要求主体としての性格が明確になる。「説明責任」の履行は単に効率的なプロジェクト実施の手段としてではなく、権利保有者への義務として位置づけられることになる。人権は本来「請求」できるものであるということは、その履行について何らかの形で「責任を問う」ことが可能でなくてはならないので、公正な司法制度や苦情申立などの救済の仕組みも重要になる。現有の資源で最大限の努力を行うことが政府に求められる社会権については、とりわけ「説明責任」の役割は大きい。責務履行者が自分に都合のよい情報のみ伝えれば、説明責任を果たすことにはならないので、情報の開示・公開やそれについての議論（言論の自由、報道の自由など）も重要となる。

『共通理解』の中では十分明確にされていないが、支援対象者を権利保有者と認識するということは、事業対象の住民や市民社会組織と開発協力団体の関係について考え直す契機にもなる。開発協力団体であっても、事業を権利実現のために行っているとすれば、説明責任を問われるべきということになるからだ。この点については、人権アプローチを導入したNGOのなかでは取り組むべき課題として認識されつつあり、活動や組織のあり方に影響を与えつつある（後述）。

3. 人権アプローチの実践への影響
——社会関係の把握・変革・自覚・共有

人権基盤型開発は、これまでの事業のあり方に変更を求めるものであり、「人権基盤型事業」という新たな分野を付け加えるわけではない。むしろ、人権アプローチは次の4つの側面で実践に影響を与えるものとして考えるとわかりやすい。

第1は、人権に基づく社会関係の把握である。人権基準・原則に照らして「権利剥奪を受けている人の特定」「本来、その問題に取り組むべき人たちとそれができていない理由」「権利保有者と責務履行者の関係」などが明らかになり、変えるべき課題が明白となる。

第2は、社会関係の変革である。上述の社会関係の把握に基づき、関係者の能力ギャップ、法制度、社会規範などを視野に入れて戦略をつくることができる。とりわけ、権利概念を使った当事者の組織化、責務履行者の説明責任履行、両者の関係の変革をめざす「権利に基づくエンパワーメント」が選択肢に含まれることも特徴的である。

第3は、自らの立場の自覚である。複雑な社会関係のなかで自らが果たすべき役割や権利保持者との関係のあり方についても考える枠組みを人権アプローチは提供する。

第4は、これらすべてを多様な関係者と共有することにある。人権という人

間の尊厳に基づく共通の約束に引きつけて現状や課題、それぞれの役割を分析・共有することにより、開発協力という外部からの介入を、共通の目標のための協働作業と位置づけることが目論まれる。

もちろん、実際にはこのすべての側面が事業に反映されているわけではないが、それぞれの側面について多様な実践がされている。ここでは、事業の段階(状況分析、開発協力の課題・手法の選択)と組織運営にこれらの側面がどのように反映されているかを検討してみよう。

(1) 状況分析

現状で、人権アプローチに基づく国レベルの分析を比較的体系的に実施しているのは、各国で活動する国連諸機関からなる国連国別チームである。国別チームは、人権アプローチを用いた共通国別アセスメント(Common Country Assessment: CCA)を作成することが望ましいとされており、それに基づいて国連開発援助枠組(United Nations Development Assistance Framework: UNDAF)を立案することが要求されている。2007年段階のCCA/UNDAFガイドラインの中では、人権アプローチ、ジェンダー、環境持続可能性、成果マネージメント、能力開発という5つの原則を適用することが求められている(United Nations 2007)。

同ガイドラインでは、人権アプローチに則った状況分析のメリットとして、普遍的な規範に則って行うことができること、不平等や差別的な慣行、不当な権力関係を明らかにできることを挙げている。ガイドラインでは、CCAにおいて、①状況評価(とくに深刻な権利剥奪を受けている集団の特定、奪われている権利の分析など)、②因果関係分析(社会的排除や不平等をもたらしている根本原因の分析)、③役割分析(誰がそれを解決する責任をもつのか)、④能力分析(権利保有者、責務履行者の問題解決のための能力の分析)を行い、それについて国連諸機関がどのような介入を行うべきかUNDAFにおいて立案すべきとされる。また、作成にあたっては市民社会の参加を求めることが強調されている。人権アプローチを用いたCCA/UNDAFの事例の検証のなかで「貧困と人権、差別の関連づけ」がされていたり、作成過程において幅広い「参加」を実現した例などが紹介されており、人権アプローチがCCA/UNDAFに少しずつ影響を与えているようすが見てとれる(O'Neill 2003)。

なお、2007年のガイドラインでは、国連の国別チームの計画作成過程が国内の開発計画に影響を与え、強化することが望ましいとされており、CCAの作成にあたってそれぞれの国の政府の主体性を重視することになっている。「国際人権」という約束を共通目標とする開発計画を「共有」するという方向性が強調されているともいえよう。ユニセフが中心となって進めている「属性・地域ごと」に人間開発の指標化を行ったデータベースは、こうした共通目標・

表3●ケア・インターナショナルによるHIV/AIDSに関する原因—責任分析

問題=結果 HIV/AIDSの広がり	実現されていない権利	責任ある人	行動と解決策
↑ 直接の原因 感染予防のされない性行為、男性が不誠実であること	生命への権利、健康への権利、個人の安全、プライバシー	・影響を受けている女性 ・男性	男性と女性をエンパワーし、自らの権利と責任についての意識を高める
↑ 中間的原因 意識や医療サービスが低いこと、男性が性的な関係を支配していること、侵害行為に対して損害賠償が得られないこと	教育への権利、医療サービスへの権利、法的救済の権利	・影響を受けている女性、地域の指導者 ・政府（厚生省や司法システム）	・女性団体の動員と、法的支援団体との連結 ・法的救済の促進
↑ 根本的原因 医療サービスの提供の不足、男性が支配的な文化、女性の弱い立場	差別されない権利、法の下の平等（結婚や財産に関わる権利）	・影響を受けている女性、市民社会組織 ・政府 ・地域社会 ・国際的な支援者	・キャンペーン ・市民社会ネットワークの支援 ・女性の権利のための政策提言・キャンペーン

出典：Theis 2004.
※なお、この表はどのような枠で考えるかを示すために用いてあり、分析は限定的である。またケア・インターナショナルは法的義務と道義的責任を必ずしも明確に分けずに議論している点には注意する必要がある。

成果を設定するための基盤を提供することにもなっている（本書勝間論文参照）。

開発協力NGOは個別の事業や自己の活動範囲に絞って人権アプローチに基づく分析を行うことが多い。得意な領域が明確であり包括的な状況分析になじまないことや、そもそもすべての人に対して義務を履行することを求められていないNGOの特質から考えて自然なことではある。むしろ、人権アプローチに基づく状況の分析は個々のプログラムや組織の目標設定、政策提言等に活用されている。

では、人権アプローチによる分析にはどのような違いがあるのか。たとえば、これまで医療へのアクセスに問題があった場合、「医療サービスが受けられない」という分析をすればこと足りた。しかし、人権アプローチにおいては、状況分析として「どのような人がとくに受けられないのか」という視点が必要になる。もし「女性」「子ども」「特定のカースト」などとくに不利な立場にある人々があるのならば、「社会的な価値観」「法制度」などについての因果関係分析も必要となる。さらに、それらについて「尊重」「保護」「充足」すべき主体はどこにあり、なぜそれができていないのかも考える必要が生まれる。例としてケア・インターナショナルによるHIV/AIDSに関する原因—責任分析を示したが（表3）、因果関係分析においても権利や義務履行者などが特定される。

このように人権アプローチは、幅広い関係者の役割・能力分析や、権力関係、法制度・政策分析を通じた社会関係の総合的な把握を求める。また、そこで得られた情報自体を共有することにより、人々のエンパワーを通じた社会

変革や共通目標の設定が狙われる。

(2) 課題設定

人権アプローチに基づく分析により、責務履行者と権利保有者の能力だけではなく、その関係の変革が議題にあがる。この結果、開発協力事業で取り上げられる課題も変化する。

人権アプローチを用いたCCA/UNDAFにおいては、責務履行者の能力強化に関心が払われるため、ガバナンスが重要課題として位置づけられることが多い。また「普遍性」「非差別」などの考え方に基づき社会的に排除されている集団への支援が強調されることになる。想定される成果は「権利保有者の権利請求能力や責務履行者の権利尊重、保護、充足能力における変化」を表すものとされる（O'Neill 2003）。たとえばタイのUNDAFでは、弱い立場に置かれた人々の社会的保護の向上という項目で「各県の児童保護システムの強化、人身売買に対応する市民社会と制度の強化、政府と市民社会が出生届の提出を100%達成する力をつける」などのように、社会制度や主体の能力強化に焦点を置いた目標設定がされている（United Nations Country Team in Thailand 2006）。司法制度改革にしても、これまでならば先進国のシステムの導入や、法律関係図書の印刷、裁判官の研修などが考えられていたが、社会的な排除の対象となっている人々の支援を含めて考えれば、法的知識をもつソーシャルワーカーの養成、法的扶助なども課題として浮上する（UNDP 2004）。

地方分権自体も、「権利保有者が実際に権利を要求できる環境」として理解され、その推進や現場での支援が国際協力団体の課題ともなっている（Lundberg 2003, Joy 2003. 本書タオ論文参照）。開発協力NGOが行政と協働で地域社会開発に取り組み、責務履行者の能力強化をめざす場合（カンボジアにおけるオックスファムGBや、ベトナムのプラン・インターナショナル、セーブ・ザ・チルドレン等）も増えている。予算策定過程の透明化や[8]その配分法もユニセフをはじめ多くの子ども支援団体の関心事となっている。現在、協力対象国の政府財政自体を支援する手法（一般財政支援）も主要国により導入されつつあるが、その狙いのひとつに、予算策定過程における市民社会の参加等を通じて、政府予算策定過程を説明責任を伴うものとし、貧しい人の包摂や人権の実現が図られるようにすることが挙げられている（Lawson and Booth 2004）。

社会的な排除を受け不利な立場にある人への支援が強調されるのも、人権アプローチの特徴である。開発協力NGOの場合は、これまでも社会的な排除に焦点を当てていたが、それをさらに明確に示す必要が出てくる。とくに

---

[8] たとえば、キャンペーン団体のグローバル・ウィットネスが発行した政府歳入の透明化についての報告書に、イギリスのセーブ・ザ・チルドレンやケア・インターナショナルは共同発行者として名を連ねている（Global Witness 2005）。

差別を受けている地域や集団を対象とする事業が人権アプローチの例として紹介されることも少なくない。また、法制度、社会規範などのより構造的な問題に関心を向けることにもなるため、政策の変更等も含めた目標設定が行われるようになる。

特定の地域に絞って開発協力を行う団体も、その活動をより大きな枠組みに位置づけることを求められるようだ。たとえば、ケア・インターナショナルの事業評価では「権利戦略の連続体」として活動を位置づける必要性が提起されている（CARE International 2005: 17）。これは、①調査・分析・診断（社会的な不公正、人権侵害などの参加型の調査分析）、②対話と意識啓発（学びと共有により権利・責任の文化をつくる）、③行動の計画・解決の提案（周辺化された人々が権利実現するためのプログラムを実施）、④行動（得られた知識を拡げる）という4つのプロセスからなる。個別の事業は、パイロット事業として位置づけ、それを拡げることが提案されている。人権アプローチが、こうした多様な取組みを共通の枠組みで理解し、共有するための基盤を提供している。

(3) 手法

人権アプローチにより、社会関係や制度が「問題の原因」として特定されるため、多様な手法で取り組む必要も生まれる。これは活動の制約が少ない開発協力NGOにとくに顕著である。これまで社会運動のものとされていたキャンペーンや政策提言、マスメディアへの働きかけなどの手法も積極的に採用されている（Theis 2004）。アクション・エイドにおいてこれは顕著で、社会運動との連携、政府への要求活動、法廷闘争からメディアの活用までさまざまな手段がとられている（Akerkar 2006）。キャンペーンを通じて問題を社会全体の課題として共有し、法制度の改正も含む持続可能な社会変革を実現することが狙われるわけである。政策提言などの活動は当然1つの団体では完結しないことも多く、他の諸団体との連携や役割分担、ネットワーク化などもこれまで以上に重要となる[9]。

課題によっては、グローバルなキャンペーンも視野に入ってくる。貧困からの自由が人権ならば、それは国際社会全体が解決の主体とならなくてはならない。世界貿易機関（WTO）のあり方、先進国の農産品への補助金、途上国へのODAの増額等も議論されうる。

事業への住民・当事者の参加も権利として位置づけられ、これまで以上に強調される。たとえば、セーブ・ザ・チルドレン・スウェーデンが支援するベトナム・ホーチミン市の「子どもに優しい地区作り」事業では、子ども参加を計画する際に意識的に障害児、HIV孤児などの参加を働きかけた[10]。人権法や

---

9) たとえばカンボジアの土地法制定のために、オックスファムは他団体とネットワークをつくり政府、国連機関に働きかけを行った。
10) 2006年4月の筆者によるプロジェクト担当者ルクオン・グエン氏へのインタビュー。

人権条約に裏づけられた「権利に基づくエンパワーメント」が行われることもある。子ども対象のプログラムの場合、子どもの権利条約の研修がしばしば行われる。また、国内法の基盤がある場合は、その内容の研修を権利保有者や責務履行者を対象に行うことによりエンパワーメントが行われることもある。たとえば、アクション・エイド・ネパールでは、小作人と地主対象に小作人の権利についての理解を深める事業を実施した。ただ、エンパワーメントを行う場合に常に「権利」概念が使われるとはかぎらない。権利概念を使うことの意義や、その課題については現在も試行錯誤が進められている段階と考えていいだろう。このように、人権アプローチでは社会関係の変革のための多様な手段が採用される。

(4) **事業実施・組織運営**

社会関係の把握は、複雑な社会関係のなかでの自らの位置を問い直すことにもつながる。ケア・インターナショナルは「権利の枠組みで活動するなかで、変革のための力を生み出し、権利保有者と責務履行者とのつながりを生み出し、身を引いてファシリテーターとして行動し、周辺化された人が直接声を届けることができるようにするためには、ケアのスタッフは幅広い関係者との関係づくりが必要であるということを認識した」(CARE International 2005)としている。

事業全体を通して、住民、市民やパートナー団体による意思決定や彼らに対する説明責任が強調されるのも人権アプローチの特徴である。スタッフのなかでの人権・ジェンダー問題への意識喚起も必要となる(Theis 2004: 46)。『ケア人権イニシアティブ・ワークブック』の「権利に基づく事業計画の原則」(Jones and O'Brien 2002、本書「資料4」参照)にあるように、社会や支援対象の人々との関係において、さまざまな態度変容を求められるようになる。アクションエイドは、途上国の現地組織の独立化、活動全体の説明責任システムの変更等を通じて、組織をより現場に根ざしたものにしようとしている(Harris-Curtis et al. 2005, Owusu 2005)。

緊急時の人道支援を行うなかでも、説明責任、非差別の原則などは重視されつつある。活動時の支援対象者への説明責任を明確にするためのガイドライン『人道憲章と災害援助に関する最低基準』が、主だった人道支援団体から構成されるスフィア・プロジェクトにより作成されている(The Sphere Project 2004)。

住民から求められる説明責任と、支援者(国)から求められる説明責任の内容が一致するとはかぎらない。NGOの場合は、慈善的な意識で寄付をしていた支援者に権利のための活動の意義を理解してもらう必要があるが、これは支持基盤や金額の変化につながるかもしれない。デンマークのダン・チャーチ・エイドは、権利に焦点を移すことにより、これまでの支援者はある程度離れたが、より若くて政治的に活

発な人々が参加するようになったという。セーブ・ザ・チルドレンが行った調査では、米国では「権利擁護団体」として支持を得ることは困難だが、スウェーデンでは、むしろ支持者はセーブ・ザ・チルドレンに子どもの権利を軸に活動することを期待しているとされている(Harris-Curtis et al. 2005)。

　人権アプローチに伴うリスクの問題も重要な課題となっている。権利という言葉は、権力関係のなかで抑圧・剥奪されている人たちの問題を、「法的＝非政治的」な言葉を用いて広く共有するための道具だが、そういう言葉を用いても権力関係自体がなくなるわけではない。とりわけ、司法制度が弱かったり、家庭内や地域社会の慣行が抑圧や剥奪を生み出している場合は、権利概念自体に説得力がないかもしれない。この結果、深刻な対立が生まれる可能性もある。リスクのある活動であればあるほど、当事者が自らの判断でリスクをとることを決定することが重要となる。このように、人権アプローチの導入により、開発協力団体は自らの立場をこれまで以上に考えることが求められるようになっている。

4. 人権アプローチの射程と課題

　このように人権アプローチは、さまざまな影響を開発協力の現場にもたらしつつある。だが、国際開発業界では、これまでもさまざまな概念や手法が登場してきた。「ベーシック・ヒューマン・ニーズ」「参加型開発」「エンパワーメント」「人間の安全保障」などがそうである(国際協力機構国際協力総合研修所2004)。だが、こうした手法はしばしばキャッチフレーズのように扱われ、本質的な変化をもたらさない場合も少なくない(Cook and Kothari 2001: 7-8)。人権アプローチは、こうした概念と異なり、開発協力のあり方を考え直す持続的な運動として確立していくのだろうか、またその必要があるのだろうか？　人権アプローチは結果が出るのに時間が必要となるが、その導入が始まってまだ10年程度でしかなく、現状ではこうした問いに十分には答えることはできない。ここでは、前節で示した人権アプローチの4つの役割を念頭に、人権アプローチの意義を分析するうえで今後明らかにすべき課題について考察したい。

(1) 人権アプローチの実践の評価の必要性

　上述のように、人権アプローチの実践への影響は、人権に基づく社会関係の把握、変革、自覚、そして共有という4つの側面に整理できる(表4参照)。だが、現実に人権アプローチを用いた事業がこの4つの側面を十分に認識しているとはかぎらない。むしろ、その一部の側面だけが強調されて使われていることも多いようである。さまざまな状況のなかで進められる開発協力事業に多様性があるのは当たり前だが、少なくとも、どのような側面で人権アプローチが適用されているのかを認識したう

表4●事業のプロセス・組織体制における人権アプローチの特徴の反映

	把握	変革	自覚	共有
事業計画策定（状況分析）	権利侵害状況 当事者分析 権利・責務分析 能力ギャップ分析		分析への当事者参加	現状認識の幅広い関係者との共有
事業計画策定（課題の設定・手法の選択）		責務履行者の能力強化 権利保有者の能力強化（権利に基づくエンパワーメント、組織化、法的リテラシー） 責務履行者の説明責任履行能力・制度強化 両者の関係の促進 法制度改革・行政への働きかけ（キャンペーン、アドボカシー）	計画づくりへの当事者の参加 個別の事業の他地域への普及	当事者、より幅広い関係者との計画の共有、ネットワーク形成
実施・評価・組織体制			実施における当事者の意見の反映 主体性の重視 当事者によるリスクの判断 撤退戦略 組織の現地化 住民の意思決定への参加 研修による職員の意識改革	責務の担い手の人権理解の促進 事業を通じた課題の社会的共有（アドボカシー） ネットワークへの参加 マスコミ、行政などとの関係づくり 権利保有者の発言力の強化

筆者作成。

えでその有効性を検証する必要はあるだろう。

　人権アプローチによる開発のための介入の有効性を客観的に評価するためには、まずそれが人権アプローチを採用したにもかかわらず問題があったのか、人権アプローチが十分に採用されていなかったのかを考慮する必要がある。現状では、いくつかの事例の「評価」は行われているが、そもそも「どの程度人権アプローチの原則が適用されているのか」という検証はされず、その事業が「人権アプローチによるものである」ことを前提に、その成果などを記述するものが多い。たとえば、国連開発計画と人権高等弁務官事務所が作成した『アジア・太平洋地域における権利ベースのアプローチの教訓』(Banerjee 2005)では、どのようにプロジェクトで人権アプローチを適用したのかについての記述は弱いうえ、社会運動と開発協力の区別も必ずしもなされていない。

　人権アプローチの適用の指標化の試みはまだ始まったばかりだが、参考資料に挙げた『ケア人権イニシアティブ・ワークブック』のチェックリストも参考になる（本書「資料4」参照）。このリストは研修資料として作られたものだが、説明責任、エンパワーメント、責任、組織内の反差別、貧困の原因分析、他組織との協働などの7つの原則の実践を確認する29の具体的な問いからできている(Jones and O'Brien 2002)。「社

会関係の把握」のための人権アプローチ適用は、「貧困の原因分析、他組織との協働」などの問いで、「社会関係の自覚」のための人権アプローチは「説明責任、組織内の反差別」などの問いから、「社会関係の変革」のための人権アプローチの実践は「エンパワーメント、責任、非暴力の変革」などから読み取ることができそうである。

　また、UNDPがプロジェクト評価を行うために作成したチェックリスト（UNDP 2003a）と、それの改善を提案しているフランコビッツの提言も興味深い（本書「資料3」参照）。このチェックリストは、人権アプローチの前提となる「権利保有者」「責務履行者」分析、制度分析の内容自体に触れているものと、それらがどのようにプロジェクトに反映されているのかについてのものの両方が含まれている。フランコビッツの提言では、さらに計画策定・評価などのプロセスにおける権利保有者や幅広い関係者の参加、人権概念についての関係者の認識共有などが強調されている。「社会関係の変革」や「自覚」「共有」を確認するための人権アプローチの適用実態についての問いが加えられていると考えることができる。こうした指標を活用しながら、人権アプローチの適用の特徴と成果との関連を明らかにする研究が今後は必要と考えられる。

(2) 人権アプローチによる社会関係の把握

　人権アプローチによる状況分析は、「権利享受状況の分析」「権利保有者・責務履行者分析」「役割分析」「能力ギャップ分析」などのツールにより、開発課題を示すことができるとされている。たしかに、これまでの「ニーズ」に焦点を当てた分析と異なり、政府の役割や社会的排除の側面を組み込むことができる。

　だが、現状の人権基準と原則で本当に十分な分析ができるのだろうか。人権はもともとあくまで個人の尊厳を法的手段で守ることを主眼としてつくられた概念であり、人間開発を目的としてつくられたわけではない。人権が開発に必要なすべての条件を含むわけではない。とりわけ社会権については、医療・教育・居住・水・食糧などの生存の条件については含まれるが、それを可能とする手段や手法についての言及はない[11]。農業社会においては、土地改革、小作農の権利保障、金融へのアクセス、それを活用するためのトレーニングなども含めた幅広い条件をどのように人権アプローチに位置づけるのか。たとえばタイの人権委員会は、地域共同体の権利を概念化し、人々の生活の安全を守ることを訴えているが、権利概念の拡大が必要なのかもしれない（Saneh 2007）。だが、人権の有効性は、一般にそれが「最低の共通基準」であり否定しにくい点にもある。権利

---

[11] オックスファムは「安心して生計を得る権利」なども組み込み、権利概念の拡張を試みている。

概念の拡大は、問題を複雑にする可能性もある。こうした点も含め、近代化・都市化が進む社会でつくられた諸権利を、農村社会にどのように活用するかについては、人権基盤型開発論および人権論の両分野で今後検討すべき課題であろう。

人権アプローチと経済協力との関係も考察が必要である。人権は基本的な自由・安全や基本的な社会サービスへのアクセスを保障するための基準だが、それを実現する資源をどのように生み出すかについて方向を示す概念ではない。他方、経済インフラの支援が、社会権を含めた人権状況に悪影響を与える可能性をどう考慮するかもまだ十分に検討されていない[12]。世銀に支援されたブラジルにおけるアマゾン開発が、多くの先住民族の命を奪ったのは記憶に新しい（Rich 1995）。公正な経済発展のための人権面での基盤とは何か、逆に人権を損なわない経済協力のあり方とは何なのかは、今後より詳細に検討する必要がある。

(3) 人権基盤型開発による社会関係の変革

人権アプローチがどこまで具体的な問題解決の手法を提供するのか、あるいは既存の手法がどう変化するかも重要な点であろう。人権アプローチによる社会関係把握は、多様で複雑な開発協力の課題をあぶり出す。働きかける対象が増え、生み出そうとする変化も地域社会のエンパワーメント、態度、価値観、法制度、予算、政治過程の透明化などを含んだ複雑なものとなる（Hinton and Groves 2005）。そのどれを活動対象とするべきなのかについては、人権アプローチは自動的に答えをもたらさない。こうした分野ではすでに開発協力の蓄積がある場合もあるが、これまでの手法と人権アプローチとの整合性を確かめる作業も必要となる。司法制度支援を人権アプローチの視点から見直す作業などは行われているが、他のさまざまな協力事業においても同様の評価・見直しが必要となるだろう（Tomas 2006: 171）。たとえば、一見無害な土地登録制度や民法などの立法支援が、伝統的な共同体の権利を損ない、生活を破壊する可能性もあるが、こうした点についてはまだ議論は十分にされていない。

「権利に基づくエンパワーメント」により、権利保有者のエンパワーメントや責務履行者の態度変容を求めるのも人権アプローチの特徴である。人権は人間の尊厳と関わることであり、「当たり前に要求してよいこと」「社会が実現しなくてはならないこと」などの意味をもつため、力関係の変革のために活用することができる。日本でも、被差別部落の住民運動は、「部落の問題は人権問題である」とした同和対策審議会の答申を手に、政府に変革を迫って

---

[12] OECDのインフラについての報告書でも、インフラ・プロジェクトの直接的な影響についてのみ検討されており、過去の失敗の例が十分に反映されているとは考えにくい（OECD 2006a）。

いった。だが、すでに述べたように、人権がすべての人の約束であるというのはフィクションであり、しかも、人権概念が前提としている「合意した社会的な約束に基づいて社会秩序がつくられる」という考え方自体が、欧米近代のなかで生まれたものだ。たとえ人権の基盤が人間の尊厳（そしてそれを侵された者の苦しみ）にあるとしても、伝統的な文化のなかで少数者の苦しみが合理化されている場合には、人権の意義が容易に理解されるとはかぎらない。家族関係など、法が入り込みにくい部分においては難度は高いだろう。ジェンダーやカーストなどの伝統的な階級構造により経済的な役割分担が固定化されている社会においても、人権に基づく社会関係の変革への抵抗は強い。人権基盤型の開発協力は、開発協力団体という他所者が介入することにより、責務履行者が人権を受容するよう促進するという新たな側面を持ち込んでいるが、それが常にプラスに働くともかぎらない。権利に基づくエンパワーメントについては考えることは多そうである。

そもそも、「責務履行者・権利保有者」という枠組みがどこまで有効かの検証も必要だろう。とりわけ社会権概念は抽象度が高く、権利に対応する義務は多義的なものとなる13)。「環境整備による充足」「提供による充足」「最大限の努力」などの責務は、具体的に何を指すのかが曖昧になりがちである。伝え方の工夫で可能な場合もあるだろうが、権利の性格自体がより複雑になっているため生まれている問題も無視できないだろう。義務の性格を明確に理解しないまま権利という言葉を使えば、不要な対立を生む可能性もある。他方、安易に権利概念を避ければ、「権力者の温情を求める」だけに終わるかもしれない。現在、人権概念のもつ「人間の尊厳のために当たり前のこと」という側面を用いて、地域社会の相互扶助などを裏づけるためにも使われているが、このように広い意味で人権を使うことの是非についての検証も必要だろう。

(4) 人権アプローチによる社会関係における位置の自覚

開発協力は、本質的に権力関係を前提としており、相手より優位な立場にあるものにより行われる（Groves and Hinton 2005）。こうした開発協力の本来的にもつ権力性を人権アプローチの権利保有者と責務履行者という枠組みは明確に示す。国内なら行政の受益者＝主権者であり、受益者たる主権者が政府に対して要求を行い、説明責任を果たすよう求める。もしそれが達成されなければ、投票行動や社会運動などにより変更を求めればよいという関係にある。どんなに厳しく批判しても、自治体や政府が撤退するということは

---

13) ルワンダにおけるユニセフのプログラムでも、子どもたちは権利は理解したが、それに対応する責務の理解は進まなかった（Kamchedzera 2005）。

ない。人権の諸原則が前提としているのが、このような「要求と説明責任」の対応関係によって住民の主体性（オウナーシップ）を担保している社会である。

だが、開発協力による事業は質が違う。そもそも実施する義務がない「開発協力事業」については、批判をすればなくなるだけなので、大きな悪影響を与えないかぎり、住民がその実施の責任を問うことは難しい。「要求と説明責任」の対応関係をつくりにくい「開発協力」が抱える「住民の主体性」の課題は、人権アプローチの枠組みを用いることにより見えやすくなるが、この意義についてはまだ十分に理解されていない。

外部から資金と情報、技術、政治的な正統性などを持ち込む開発協力団体は、これまで意図の有無にかかわらず、国内社会や政治構造に影響を与えてきた。本来、公共的な資源の配分というものは、政治の分野に属する活動である。政府を通じた支援を行えば、政府の権威や力を増すことになる。逆に、政府と違うサービス提供の道筋をつくれば、政府と人々との絆を弱める形に働く。カンボジアやバングラデシュのように開発協力団体が数多く存在する国では、優秀な人材は給料の安い公務員ではなく、高い給料と影響力をもつNGOや国際機関の職員となることをめざし、結果的に政府の人材を奪うことにもなっている。

人権アプローチにおいては、相手国内の力関係を明確に意識し、「人権」という「法的＝非政治的」な概念を用いて、社会のなかにより対等な関係をつくるための介入を行う。だが、それが可能なのは、開発協力が本来、対等な関係に基づくものではないからでもある。いくら住民の主体性や参加を謳っていても、住民が開発協力団体の職員の人事や予算配分に関わる道筋はない。この矛盾を含む行動が問題を生まないようにすることは可能なのか、そのためには、どのような仕組みや規範が必要なのか。プロジェクトにおける説明責任、意思決定への住民参加、組織の現地化、国別計画策定への参加の促進などいくつかの方法が試みられているが、その評価は今後の課題であろう。開発協力を生業・存在目的とする個人や組織には、最終的に自らの立場や組織目標を守るという動機づけが働く。こうした動機が活動のありようを歪めないようにするためには、どのような手法や関係が必要なのかについても検討の必要がある。

(5) 人権アプローチによる目的の共有

人権アプローチは、人権基準や原則が社会の共通のルールであること、もしくはそうなりうる概念であることを想定している。だからこそ、重要課題の所在や、変革の必要性について幅広い当事者と共有することが可能であり、それが持続的な形での変化につながるという（しばしば暗黙の）想定がなされている。

だが、人権概念を共有していくうえ

での課題、重要性や意義それ自体についても人権アプローチ論のなかでは十分に議論されていない。このためか実践の現場では人権概念が語られないことも少なくない。確かに身近な人の苦しみへの共感を基本に、地域共同体の課題を設定することは、人権概念の理解がなくても可能な場合はあるだろうが、その弊害はないのか。本来、人権概念は、異質な存在が主張するものであってもそれが正しいことなら認めなくてはならない基準であり、だからこそ「不可譲性」「平等」などにつながるはずである。国連機関の場合は、「人権条約」という共通約束を前提としているため、人権がすでに共有されているというフィクションに強く依存しているのかもしれない。もちろん、建て前と実態の乖離を埋める作業は、実践のなかではさまざまに取り組まれているが、必ずしも方法論として整理されていない。

この点は、人権アプローチが「欧米中心主義であり、他の地域にはなじまない」という批判に応えるためにも重要な論点であるはずだが、現在は、人権が国際法上の正統なものであるという前提に過度に依存し、実際に社会のなかでその正統性を確立することの意義や困難さについては十分に検討されていない傾向もある。

5. おわりに

本論では、人権アプローチが受け入れられるようになってきた背景とその実践の特徴を概観した。すでに述べたように、人権アプローチは、人間の尊厳という視点から「社会関係の把握・変革・自覚・共有」を行うためのツールと考えることができる。これまでは、自己の提供できるものが何かを考え、必要な「開発の課題」を定義すればよかったが、人権アプローチにより、自己以外の多様な主体も含めてあるべき社会関係の姿を想定し、それに沿った分析を行うことが求められる。だが、法制度、政策、社会規範なども含む複雑な社会のあり方を実際に理解し、変革の戦略を組み立てることは容易ではない。他所者である開発協力団体がそのなかで果たすべき役割や、人権アプローチのなかで人権概念、基準、原則などが果たす役割など、検討すべき課題も多い。

ただ、人権アプローチが想定している人間の尊厳に基づく「社会関係の把握・変革・自覚・共有」それ自体は、ある意味では当たり前のことである。個別の人権基準やそれに応じた国家の責務については論争もありうるが、人権の諸原則に基づく社会の「あるべき姿」は、多くの場合、憲法の中に反映され、社会の基本的な前提としてそれぞれの国で確認されているからである。このため、優れた活動に取り組む団体（とりわけ地元のNGOや社会運動）のなかには、人権アプローチという言葉を使わず、その特徴を備えた活動をしてきたところも多い（斎藤2003）。人権アプローチはそれぞれの国がすでに前提としている（はずの）ことを明確に意識し、その実現のための支援を行う手法なのかもしれない。

人権アプローチは、開発協力団体が本来考察すべきだった側面について、関心を向けさせる枠組みと考えることもできる。開発という名の介入は、その意図の有無にかかわらず、社会関係に影響を及ぼす。これまでは、その点についてはあまりに関心が払われてこなかった。だが、その結果は、たまたま人権の原則をそれなりに実現し、国内の格差の拡大を防いできたところにおいてのみ、開発という介入がそれなりに「成功」してきただけなのかもしれない。そうだとするならば、そのような条件がないところにおいては、貧困削減が可能となる社会関係形成をどのように支援し、悪影響を与えることを避けるのかを真剣に考えなくてはならない。人権アプローチは、おそらくこの問いを開発協力の分野に投げかけているのではないのだろうか。

●コラム

人権基盤型アプローチとグローバル市民としての責務

人権の原則によれば、人権は人が人として生まれたことによってもつ権利であり、奪われることはないはずである。1946年の日本国憲法は、前文において「全世界の国民が、ひとしく恐怖と欠乏から免かれ、平和のうちに生存する権利を有することを確認」した。1966年の社会権規約においても、「この規約の締約国は、自己及びその家族のための相当な食糧、衣類及び住居を内容とする十分な生活水準についての並びに生活条件の不断の改善についてのすべての者の権利を認め」、その実現のためには、「自由な合意に基づく国際協力が極めて重要」だとした。だが法律用語で「重要なこと」とは「やってもいいが、やらなくても罰せられない」という程度のことになる。国際協力が人権実現のための義務的な行為であるという認識が生まれたわけではなかったのである。

むしろ、国際協力は「自陣営の拡大」「資源の確保」「自国企業の経済進出」等の狭い意味での国益のために活用され、その結果しばしば現地住民への被害までもたらしてきた。世界の貧困解決のため活動しているはずの世界銀行にしても、無責任な大規模開発プロジェクトや、安易な貸付け、そして取立てのための補助金や社会福祉のカットを求める構造調整政策により、人々の基本的な生活を破壊することとなった。世界銀行や国際通貨基金（IMF）が政府への処方箋として提示した民営化や市場の開放、WTOや自由貿易協定（FTA）によって生み出された貿易・資本の自由化も途上国の人々の生活に大きな影響を与えている。

世銀・IMFの構造調整政策に対して、ユニセフは1987年の世界子ども白書で「人間の顔をした構造調整」を訴え、安易な取立て優先主義に疑問を投げかけている。国連人権委員会も「構造調整政策と経済的、社会的および文化的権利に関する作業部会」を設置し、この問題を検討してきた。世界銀行の大規模プロジェクトに反対する運動も各地で展開されており、世銀のセーフガード政策やその実施措置の確立という側面では一定の成果を上げている（川村暁雄2005a）。ただ、先進国で行われていた世界銀行改革のための運動は、どちらかといえば「世界銀行に出資する国の市民として自国政府を監視する責務を果たす」という立場で行われてい

た (Fox and Brown 1998)。だが、先進国の市民社会に基盤を持つ開発協力NGOが貧困問題の解決を人権と位置づけ始めたことにより、違う視点でのグローバルな問題への取組みが始まっている。それをよく示すのが、貧困と闘うグローバル・キャンペーン(GCAP)である。

日本では、「ほっとけない世界のまずしさ」キャンペーンとして展開されているGCAPは、北の開発協力NGOや社会運動、途上国のNGOが2005年から合同で推進している行動であり、その考え方は「貧困と闘うグローバル・キャンペーン・ベイルート宣言」や、「モンテビデオ宣言」にまとめられている。「ベイルート宣言」は、「貧困は大規模な人権侵害」であるとしたうえで、「国際人権法が十分な生活水準を追求する権利を保護している」にもかかわらず「不正な統治、債務、援助の条件づけ、不公正な貿易慣行により権利が奪われている」とする。貿易、債務、援助などの問題を人権と関連づけ、その保障のために世界の人々に行動を呼びかける内容になっている。

具体的には、GCAPは、①政府の公衆に対する説明責任の徹底・公正な統治・人権の擁護、②公正な貿易、③援助の質の向上と増額、④債務援助を要求している。GCAPの運動に想定されているのは、人権を守る共同体としてのグローバル市民社会であるといってもよい。

なお、人権アプローチを採用した開発協力団体は、地球上の貧困を「人権の剥奪である」と位置づけることにより、それぞれがグローバルな援助や貿易に伴う問題に対してより真剣に関わるようにもなっている。オックスファムなどのNGOは、WTOの知的所有権の貿易関連の側面に関する協定(TRIPs協定)の途上国に対する運用の柔軟化を求めてキャンペーンを行い、2001年のWTOドーハ宣言において「途上国が公衆衛生のために特許を強制利用することを邪魔しない」という確認を勝ち取った。オックスファムは、貿易におけるOECD諸国の農業への補助金が途上国の農業を疲弊させているとして反対するキャンペーンにも取り組んでいる。アクション・エイド・ベトナムでは、米国との自由貿易協定が地元のナマズ養殖産業にもたらす影響や、ECの規制が靴製造業にもたらす影響について調査を行い、キャンペーンを展開している (Action Aid International Vietnam 2002 and 2006)。こうした活動は、人権アプローチの採用以前から部分的には行われていたが、貧困を人権の剥奪と見ることにより、組織の中での位置づけがより明確になってきた。オックスファム・インターナショナルは、「戦略計画2007-2012」において「公正を求める」ことを活動の基本的な柱にし、グローバルな社会運動としての色彩をさらに濃厚にしてきている (Oxfam International 2007)。

本当に貧困を世界からなくすためには、それぞれの国の自助努力だけでは限界がある。富める側の既得権益を守るための不当な国際関係がしばしば貧困から逃れるための努力を阻害しているからだ。富める側が既得権益ではなく、人権を奪われている人の権利を尊重できるようになるのか。貧困からの解放を人権と捉える人権アプローチは、この点についても真剣に考えることを求めている。

《参考文献》
・阿部浩己=今井直 (2002)『テキストブック国際人権法〔第2版〕』日本評論社
・勝間靖 (2004)「開発における人権の主流化——国連開発援助枠組の形成を中心として」IPSHU研究報告シリーズ[人間の安全保障論の再検討]31号(広島大学平和科学研究センター)
・川村暁雄 (2005a)『グローバル民主主義の地平——アイデンティティと公共圏のポリティクス』法律文化社

・川村暁雄(2005b)『国際協力機構国際協力総合研究所・客員研究報告・環境社会配慮における人権配慮』国際協力機構
・川村暁雄(2006)「参加・エンパワーメントと人権・『人権に基づく開発アプローチ』の付加価値の検証」神戸女学院大学論集53巻2号
・川村晃一(1998)「バングラデシュ・NGO・市民社会・国家」岩崎育夫編『アジアと市民社会』アジア経済研究所
・経済産業省(2005)『産業構造審議会貿易経済協力分科会経済協力小委員会：中間取りまとめ——我が国経済協力の成功経験を踏まえた「ジャパン・ODAモデル」の推進』経済産業省
・国際協力機構(2004)『環境社会配慮ガイドライン』
・国際協力機構国際協力総合研修所(2004)『援助の潮流がわかる本——今、援助で何が焦点となっているのか』国際協力出版局
・斎藤千宏（2003)「住民参加とNGOの役割」佐藤編所収
・定松栄一（2002)『開発援助か社会運動か』コモンズ
・佐藤寛編（2003)『参加型開発の再検討』アジア経済研究所
・同和対策審議会(1965)『同和対策審議会答申』
・ActionAid International Vietnam (2002). *What do the Catfish Farmers Say?: Report of an Interaction with Catfish Farmers in the Mekong Delta of Vietnam,* ActionAid International Vietnam.
・ActionAid International Vietnam (2006). *Half of A Million Vietnamese Footwear Jobs At Risk: Where Is The Balance Between Trade and Development,* ActionAid International Vietnam.
・Akerkar, S. (2006). "Rights, Development and Democracy: A Perspective from India", in Gready and Ensor.
・Banerjee, U.D. (ed.) (2005). *Lessons Learned From Rights-Based Approaches in the Asia-Pacific Region,* UNDP and OHCHR.
・Banerjee, U.D., Naidoo, V. & Gonsalves, C. (2005). "The Right to Food Campaign in India: A Case Study of Entitlement-Oriented Rights-Based Strategies Used to Reclaim The Right to Food for Vulnerable and Marginalized Groups", in Banerjee.
・CARE Human Rights Initiative (date not available). *Basic Introduction to Human Rights and Rights-Based Programming, Facilitators' Guidebook.*
・CARE International (2005). *Principles into Practice: Learning from Innovative Rights-Based Programmes,* CARE International.
・Chambers, R. (1983). *Rural Development: Putting the Last First,* Longman Pub Group（邦訳：ロバート・チェンバース『第三世界の農村開発・貧困の解決——私たちにできること』明石書店、1995年）.
・Cooke, B. & Kothari, U. (2001). *Participation: The New Tyranny,* Zed Books.
・Department for International Development (DFID) (2000). *Strategy Paper: Realising Human Rights for Poor People.*
・Dollar, D. & Pritchett, L. (1998). *Assessing Aid—What Works, What Doesn't, and Why,* World Bank.
・Fox, J. A. & Brown, L.D. (eds.) (1998). *The Struggle for Accountability: The World Bank, NGOs, and Grassroots Movements,* The MIT Press.
・Frankovits, A. (2005). *Mainstreaming Human Rights The Human Rights-Based Approach and The United Nations System Desk Study Prepared for Unesco,* UNESCO.
・Global Witness et al. (2005). *Extracting Transparency: The Need for an International Financial Reporting Standard for the Extractive Industries,* Global Witness.
・Gready, P. & Ensor, J. (eds.) (2006). *Reinventing Development?: Translating Rights-based Approaches from Theory into Practice,* Zed Books.
・Groves, L. & Hinton, R. (eds.) (2005). *Inclusive Aid: Changing Power and Relationships in International Development,* Earthscan.
・Guijt, I. (2004). *ActionAid International Taking Stock II A Review of ALPS 2004,* ActionAid International.
・Harris-Curtis, E., Marleyn O. & Bakewell, O. (2005). *The Implications for Northern NGOs of Adopting Rights-based Approaches,* INTRAC.
・Hinton, R. & Groves, L (2005). "The Complexity of Inclusive Aid", in Groves and Hinton.
・InterAction (2003). *Definitions of Rights Based Approach to Development,* InterAction.
・International Save the Children Alliance (2005). *Child Rights Programming: How to Apply Rights-based Approaches in Programming: A Handbook for International Save the Children Alliance Members, 2nd edition,* International Save the Children Alliance.

- Isham, J., Kaufmann, D. & Pritchett, L. (1997). "Civil Liberties, Democracy, and the Performance of Government Projects", in *World Bank Economic Review* (Vol. 11), pp.219-242.
- Jonsson, U. (2003). *Human Rights Approach to Development Programming,* UNICEF.
- Joy, L. (2003). *Decentralization and Human Rights: A Systemic Approach,* UNDP.
- Joy, L. (2008). *Decentralisation and Local Governance Enhancement: A Human Rights Checklist,* UNDP (accessed on 2008.2.10)
- Kamchedzera, G. (2005). *Evaluation Report of the Human Rights-based Approach in UNICEF Rwanda Programming,* UNICEF Rwanda.
- Lawson, A. & Booth, D. (2004). *Evaluation of General Budget Support: Evaluation Framework: Report to Management Group for The Joint Evaluation of General Budget Support,* A Joint Evaluation of General Budget Support.
- Lundberg, P. (2003). *Decentralized Governance and a Human Rights-based Approach to Development,* presentation at Global Forum, UNDP, as available at HURIST website.
- Luttrell, C. & Piron, L.H. (2005). *Operationalising Norwegian People's Aid's Rights-Based Approach,* Overseas Development Institute.
- OECD (2006a). *Promoting Pro-Poor Growth Infrastructure,* OECD.
- OECD (2006b). *The Development Dimension: Integrating Human Rights Into Development: Donor Approaches, Experiences and Challenges,* OECD.
- OECD-DAC (2007). *DCD/DAC(2007)15/Final, Action-Oriented Policy Paper on Human Rights and Development,* OECD.
- Office of The United Nations High Commissioner for Human Rights(OHCHR) (2006). *Frequently Asked Questions on A Human Rights-Based Approach to Development Cooperation,* United Nations.
- O'Neill, W.G. (2003). *The Current Status of Human Rights Mainstreaming: Review of Selected CCA/UNDAFs and RC Annual Reports,* United Nations.
- Owusu, C. (2005). "An International NGO's Staff Reflections on Power, Procedures and Relationships", in Groves and Hinton.
- Oxfam International (2007). *Oxfam's Strategic Plan for 2007-2012: Demanding Justice,* Oxfam International.
- Rich, B. (1995). *Mortgaging the Earth : The World Bank, Environmental Impoverishment, and the Crisis of Development,* Beacon Press.
- Saneh Chamarik (2007). เสน่ห์ จามริก, สิทธิชุมชนในมุมมองระดับโลก (Community Rights in Global Perspective) (สำนักงานคณะกรรมการสิทธิมนุษยชนแห่งชาติ 2007)
- Sen, A. (1999). *Development As Freedom,* Alfred A Knop(邦訳：アマルティア・セン『自由と経済開発』日本経済新聞社、2000年).
- The Sphere Project (2004). *The Sphere Project: Humanitarian Charter and Minimum Standards in Disaster Response(revised version),* The Sphere Project. (邦訳：スフィア・プロジェクト『人道憲章と災害援助に関する最低基準』アジア福祉教育財団・難民事業本部、2004年)
- Theis, J. (2004). *Promoting Rights-Based Approaches: Experiences and Ideas from Asia and the Pacific,* Save the Children Sweden.
- Tomas, A. (2006). "Reforms that Benefit Poor People - Practical Solutions and Dilemmas of Rights-based Approaches to Legal and Justice Reform", in Gready and Ensor.
- United Nations General Assembly (2002). "Strengthening of The United Nations: An Agenda For Further Change Report of The Secretary-General(A/57/387)", United Nations.
- United Nations General Assembly (1997). "Renewing the United Nations: A Programme for Reform – Secretary General's Report(A/51/950)", United Nations.
- UNDP (2003a). *The HRBA Checklist Developed in Bosnia 2003,* UNDP.
- UNDP (2003b). *Report of The Second Interagency Workshop on Implementing a Human Rights-based Approach in the Context of UN Reform,* UNDP.
- UNDP (2004). *Access to Justice Practice Note,* UNDP.
- United Nations (2007). *Common Country Assessment and United Nations Development Assistance Framework: Guidelines for UN Country Teams on Preparing A CCA and UNDAF,* United Nations.
- United Nations Country Team in Thailand (2006). *UNPAF 2007-2011, United Nations Partnership Framework: Thailand,* United Nations Country Team in Thailand.

The Effectiveness of the Rights-Based Approach for the Realization of Child Rights: the Case of Cambodia

子どもの権利実現における人権基盤型アプローチの有効性
カンボジアの事例から

甲斐田万智子●KAIDA Machiko

1. はじめに

1989年に国連で子どもの権利条約が制定されて以降、世界各地で子ども観の転換がなされ、「子ども参加」の実践がなされるようになった（Johnson 1998）。それは、この条約によって子どもに参加の権利が保障され、子どもが保護の対象のみならず、権利の主体であることが認められたからである。そして、90年代の終わり頃から、国連や開発NGOの間で、人権基盤型アプローチ（以下、人権アプローチ）への転換がなされるにつれ[1]、子どもの分野で活動する組織では、子どもの権利基盤型アプローチ（以下、子どもの権利アプローチ）を採用するところが増えてきた[2]。

人権アプローチでは、「権利保有者（rights-holder）」と「責務履行者（duty-bearer）」を明らかにすることが重要だが、子どもの権利アプローチということでいえば、「権利保有者」は子どもであり、子どもの権利実現のための「責務履行者」は、親や地域住民、自治体役人、政府、市民社会（NGO・NPO）、国連など国際社会すべてのおとなといえる。そしてその責務とは、①子どもに害を与えないように自らが子どもを尊重すること、②他者が子どもに害を与えないよう防止すること、③子どもに関わる人が子どもの権利を実現できるようにファシリテートすること、そして、④権利が実現されるように社会に対して行動を起こすことの4点である。

つまり、子どもの権利アプローチと

---

1) その背景には、国際開発機関が貧困を廃絶するという約束を果たせず、貧困と搾取の根本原因である「力の濫用」を問題にし、平等を促進することをめざす人権アプローチが不可欠と考えられようになったことが挙げられる。
2) たとえばユニセフでは、子どもの権利アプローチの手引書を2001年に発行（UNICEF 2001）。セーブ・ザ・チルドレン・インターナショナルやケア・インターナショナルも各国でこのアプローチに取り組んでいる（Theis 2004, Save the Children Sweden 2005）。

は、子どもが権利意識を持ち、子どもの権利保障のために子ども自身と子どもに関わるすべての人が「子どもの権利を実現する力」をつけられるように社会が知恵と関心と人的・資金的資源を注ぐことといえる。具体的には、子どもたちが「子どもの権利条約」に照らし合わせておとなに対して説明責任を問い、権利実現を要求する力をつけることができるようおとなが支援することである。しかも、それを、責務として実行することである。

この「権利保有者」である子どものエンパワーメントには、子ども自身が自分の権利を知るだけでなく、自分たちを権利侵害から守るために、参加を通して自尊感情や自信を高め、さまざまなスキルを身につけていくこと、権利侵害にあった子どもが自分の中に存在するリジリエンス（回復力）を引き出しながら回復していくことなどが含まれる。

カンボジアにおける人権アプローチの実践を見る前に、まずカンボジアの子どもたちの権利侵害の状況について簡単に記したい。

2. カンボジアの子どもたちの権利侵害状況

子どもの権利は大きく分けて「生存の権利」「発達の権利」「保護される権利」「参加する権利」の4つの領域に分かれる。人権アプローチにおいては、権利の不可分性の原則が重視されるが、カンボジアの子どもの状況においてもこれらの4つの領域の権利が相互に関連しており、一領域の権利侵害は他領域の権利侵害に密接に結びついている。

まず、5歳未満児の死亡率が非常に高く（1,000人中82人）、「生存の権利」の侵害の度合いは東南アジアのなかでも最も深刻な国のひとつである。また、きれいな水やトイレなど衛生的な設備にアクセスできない人口の割合がそれぞれ、未だに59％と83％も占めており（ユニセフ2007）、多くの子どもたちの健康に「発達する権利」が侵害されている。さらに、カンボジアでは多くの子どもたちが経済的搾取、性的搾取、人身売買の被害にあっており、「保護される権利」が著しく侵害されている。「生きる権利」が政府によって十分実現されていないために、親は子どもを出稼ぎに出し、結果として経済的搾取の危険にさらし、自分の子どもの「教育を受ける権利（発達の権利）」を守ることができないでいる。

ほかの国の貧困家庭の多くの子どもと同様に、そのようなカンボジアの子どもたちの多くは、家が貧しいので仕方がないと考えがちである。また、ジェンダーに基づく伝統的価値観によって、娘は親のために働かねばならないと考える少女たちも多い。しかし、人権アプローチをとることによって、たとえば、貧しい家庭の娘たち一人一人が自分にも教育を受ける権利があることを知り、性的搾取や労働搾取の危険から自分を守るために出稼ぎに行きたくない、と親に主張できるようになることは、子どもの権利擁護運動においてたいへん意

味があることである。地域の貧困状況や各家庭の貧困状況が改善されなければ、子どもの権利実現が困難であることは明らかだが、そのような困難な状況であっても、子どもが権利意識を持ち、権利を主張することで確実な変化がもたらされるようになる。

本稿では、国際子ども権利センターの3つのカンボジアのパートナー団体であるNGOの実践において、①「権利保有者」である子どもたちをどのようにエンパワーし、権利を主張し、政策提言などができるようにしているか、②それらのNGOによって、「責務履行者」である周囲のおとなたちが子どもの権利を実現できるように、どのように能力強化が図られているかに焦点を当てる。

3. 農村における子どもの人身売買・性的搾取・児童労働の防止の取組み

(1) コミュニティの子どもたちのエンパワーメント――学校を拠点とする子どもの人身売買防止ネットワーク（SBPN）

国際子ども権利センターは、2004年からカンボジアのNGOであるHCCとのパートナーシップのもと、農村において子どもの人身売買防止プロジェクトを実施している。HCCは、子ども、および、地域のキーパーソンたちに対して、人身売買の手口や法律についての意識啓発活動を行う際、必ず、子どもの権利条約についても教えている。そして、子どもの参加の権利を重視し、子どもが情報伝達の担い手となる「子どもから子どもへ」という手法を大切にしてきた。そして2005年からは、学校を拠点とする人身売買防止ネットワーク（School-Based Prevention Network: SBPN）を対象地域の各学校で形成し、ネットワークのメンバー（小・中・高校の生徒）による意識啓発活動を展開している。

子どもたちは、まず、子どもの権利条約、人身売買の手口、法律、児童労働、ジェンダーなどの内容について参加型のトレーニング・ワークショップを受ける。そしてそのワークショップの最後に、ネットワークの代表、副代表、書記を投票によって選出する。HCCのスタッフであるワークショップのファシリテーターは、ワークショップの最後に子どもたちに責任の自覚をもたせるために、学校や地域で友人や家族、近所の人に伝えるよう次のように促す。

「今日ワークショップで勉強したからといって、もう勉強しなくていいということではないですよね？　大事なことが2つあります。1つ目はなるべく今日学んだことを友だちに伝えること。2つ目は、何か情報を得たら先生に伝えることです。伝えるためには、情報を得なくてはなりませんね。ミーティングをもって情報交換することもできます。

みなさんが得た情報をノートに書いていくといいですね。そのなかで大切な情報があったら伝えてください。このネットワークは、みんなで決めましたね。子どもは情報を得て伝える権利がある

37

ことを忘れないでください」。

　このネットワークの意識啓発活動を通して、当初は自信のなかった子どもたちも学校や地域においてだんだん人前で話をする勇気を持ち、自信を得ていく。以下は、そうした子どもたちの声である。

　「以前は年配の人に意見を言えませんでした。今は、とくに人身売買や性的搾取について意見を言うことができます」（チエ中学校生徒）。

　「何か問題を知っても以前は黙っていましたが、今は自分の意見を言いたいという気持ちになりました」（コムチャイミア高校生徒）。

　ジェンダーについても学んだ子どもたちは、人身売買の問題にかぎらず、ドメスティック・バイオレンスについても具体的なアクションをとるようになっていく。たとえば、ある女子中学生は、近所で男性が妻と子どもを叩いているのを見て、村長に仲介を頼んでいる。そして、そういう勇気をもてるようになったのは、自分がメンバーであることが関係していると発言している。また、暴力を振るう男性に「やめるように言うことができるようになった」というSBPNの子どもはこう発言している。

　「言うのは恐くないです。勇気を出して、理解してもらいます。活動を始める前はそういった経験がなかったのですが、メンバーになってみて、自分にもそういうことができるんだ、と知りました」（サムダッチアウ中学校生徒）。

　さらに、このように活動を通じて得た自信をもとにさらなる行動を起こして

いった子どもたちは、自分たちが重要な存在であるという自覚をもったことを感じさせる発言もしている（いずれもコムチャイミア高校生徒）。

　「メンバーになって、自分の知識を人に伝えたい、共有したいと思うようになりました。カンボジアは発展途上で教育レベルが低く、出稼ぎやDVが当たり前のようになっています。自分が、あまり知識のない人にもどんどん教えていくことで、国の発展に寄与していると思います」。

　「私はメンバーになってとても変わりました。私の家はとても貧しく、何度も出稼ぎに出ようかと考えたことがあります。しかしメンバーになって、家族を助けることも大切だけれども、自分の学ぶ権利を守ろうと思いました」。

　こうして自分の学ぶ権利を意識するようになった子どもたちは、活動を通じて、学校に来なくなった子どもたちに対しても学校に戻るよう働きかけるようになっている。子どもたちは、権利を学ぶことにより、自らを守るようになるだけでなく、自分の友だちや地域の子どもの権利を守っていくことの重要性とその責任を自覚していくのである。

(2) コミュニティ・ベースの人身売買防止ネットワーク（CBPN）

　子どもが学校や地域で活動していくためには、子どもの参加の権利に対する周囲のおとなの意識化が欠かせず、また、その参加の権利を保障する責務を履行することができるように、その能力を強化することが重要である。

このためHCCは、コミュニティをベースとした子どもの人身売買防止ネットワーク（Community Based Prevention Network: CBPN）を形成し、彼らの自覚と能力強化を図るトレーニングを実施している。ここでは、その責任と自覚を促す能力強化のトレーニング内容について紹介したい。

　トレーニングは、村長、コミューン評議会のメンバー、村役場の人、学校長、女性省や教育省、社会省の郡事務所の職員など地域のキーパーソン（15名から35名）を対象に行われる。まず参加者の子どもの権利条約についての知識などを調べるために筆記テストから始める。参加者は、子どもの権利条約の普及活動に参加したことがあるか、人身売買の手口や人身売買がもたらす結果は何か、人身売買規制法、子どものネットワークについて尋ねられる。次に子どもの権利条約についてのセッションがあり、ファシリテーターが条約の成り立ちを説明したあと、権利とは何か、子どもの定義、子どもの権利の内容について参加者に質問し、ファシリテーターはその答えをもとに参加者がさらに考えるような質問を投げかける。たとえば、ファシリテーターが「権利とは何ですか？」と尋ね、参加者が「力（パワー）」と答えると、「力とは何ですか？」と尋ねるのである。

　その後、子どもの権利を絵で示すカードが各参加者に1枚ずつ配られ、参加者は、自分の持っている絵が「生きる権利」「発達する権利」「保護される権利」「参加する権利」のどれにあたるかを考える。こうして具体的にひとつひとつの権利について考えた後、ファシリテーターは「どうして子どもたちは発言するのを恐れているのでしょうか？」と問いかける。参加者は、「教育を十分に受けていないから」「文化的に子どもは発言してはいけないように思われているから」「子どもに勇気がないから」などと答えるなかで、自分たちがどのように子どもの参加を推し進めていけばよいかについて考えるのである。

　次の「児童労働」のセッションでは、参加者は「軽い仕事」と「重労働」について分類する。参加者は、子どもたちが従事している畑仕事などのほとんどの労働を軽い仕事と分類することが多い。その後、「子どもの仕事」と「児童労働」の違いについて、参加者は答えを求められる。「子どもの仕事」としては、「自分の家での炊事」「牛の世話」「学校が休みになる木曜日にする仕事」などが挙がり、「児童労働」には、「工場の仕事」「長時間の収穫作業」「もの乞い」「性産業で働くこと」などが挙がる。

　あるトレーニングでは、「自ら進んで性産業で働く場合も児童労働となるのか？」という質問が参加者から挙がった。それに対して、ファシリテーターは、子どもが性産業で働くとき、教育の機会を奪われることはないか？　健康を害することはないか？と参加者に問い返し、性産業で働く子どもが教育を奪われ健康を害していることを認識した参加者は、「健康を害され、発達を妨げられ、教育を奪われる労働」が児童労働であり、自ら進んで働く場合も児

図1

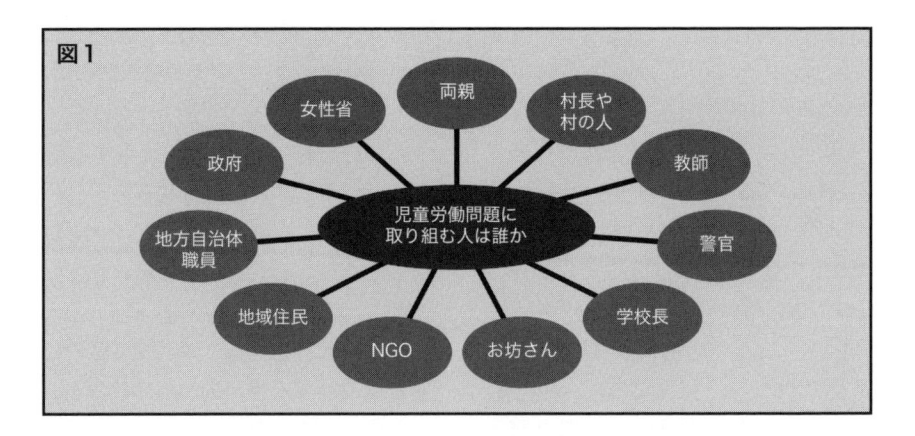

児童労働問題に取り組む人は誰か — 両親、女性省、政府、地方自治体職員、地域住民、NGO、お坊さん、学校長、警官、教師、村長や村の人

童労働だということに納得していた。この後、「このような児童労働をなくすために、誰が取り組むことができるか？」という質問がファシリテーターからなされ、参加者が1人ずつ責任を負っている人を挙げていくと、図1が生まれる。そして、それぞれがどんな役割を果たせばよいかを話し合うことによって、各自の責務を自覚するよう促しているのである。

その後「ジェンダー」と「人身売買」のテーマについて学んだあと、「子どもの権利を守る責任」を考えるセッションがある。子どもの権利を守る責任、子どもの人身売買を防止する責任は、誰が負っているのか、それぞれにどんな役割があり、具体的にはどんなことをすべきかを参加者は答える。その結果、「子どもの権利を守る責務を負っている人」として図2を参加者全員で確認するのである。

そして、再び各アクターの責任を考えるのだが、たとえば、家族の責任としては、「自分たちの生活水準を上げることを考えること、子どもに教育を受けさせること、暴力を振るったり差別をしないこと、子どもに発言の自由を与えること」などが挙げられる。

そして最後に、コミュニティ・ベースの人身売買防止ネットワークの形成の仕方をファシリテーターが説明し、投票して代表、副代表、書記を決める。

こうして、自ら責務履行者について明らかにし、その役割を確認することで、参加者一人一人が自覚をもつようになる。この自覚が子どもの権利実現を持続していくうえでのカギとなる。

今後の課題としては、自らの責務を

図2

国際社会 / NGO / 政府 / 村長など地方行政 / 地域社会 / 家族 / 子ども

理解したネットワークのメンバーたちが、地域社会より上のレベルの州や政府に対して、彼らが子どもの権利を実現する責務を履行すること、すなわちそのための施策を要求していくことができるようにすることであろう。

(3) 子どものネットワーク（SBPN）とおとなのネットワーク（CBPN）の連携

　地域で子どもの権利を守っていくためには、子どもとおとなの連携が欠かせない。子どもの権利侵害の状況において、子どもしか情報を知りえない場合があるであろうし、それに対しておとなしか介入できないことがあるだろう。たとえばドメスティック・バイオレンスを子どもが目撃したとき、危険なので子どもが直接介入することは避けねばならないが、HCCのファシリテーターは子どもたちに、学校の教員や村長などに情報を伝えることを促している。それらの情報を子どもから受け取り、対応を迫られる村長や教員は、無関心ではいられなくなるだろう。また、学校に来なくなった同級生がいるときにその家庭で出稼ぎの話が出ていないかなどの情報を集めやすいのは子どもたちであるが、それに対して、たとえば奨学金の情報や収入向上プログラムの情報を伝えることができるのは学校の教員や村のリーダーである。

　そして、子どもが地域で意識啓発活動を行う際、子どもたちは、「子どものくせに何がわかるのか」と信じてもらえなかったり、軽んじられたりすることがあるが、そのときに村長や僧侶など村の有力者のバックアップがたいへん重要になってくる。学校で子どもたちへのトレーニングを行う際、必ず、学校の教員だけでなく村長など、地域の当局者にも参加してもらうようにしているのもこのためである。このような場がおとなの自覚を促すだけでなく、子どもたちへの協力を求める機会として重要になってくるのである。たとえば、子どもたちへトレーニングを行った後は村長に対して次のような言葉をかけている。

　「村長さん、お寺のお坊さんに子どもたちが今日学んだことを伝えて、お祭りの日などに意識啓発の機会を与えるようにお願いしてくださいね」。

　子どもたちが活動を進めていくと、当然、自分たちの知識が曖昧であることに気づき、教員や村のリーダーたちに尋ねることが増えてくる。それに対応しようとCBPNのメンバーたちはさらなるトレーニングの機会をHCCに求めるようになる。こうして、子どもと地域のリーダーの連携のもと、地域社会全体が人身売買や出稼ぎの危険性について意識を高め、人身売買のブローカーたちはその地域で簡単に子どもやその親を騙せないようになる。また、おとなも子どもも児童労働の定義を理解し、それが子どもの権利を侵害するものだと敏感になることにより、その地域で子どもを危険な労働に使用したり、搾取的な条件で子どもを働かせたりする習慣が減るようになるのである。

　このように、権利保有者である子どもが権利の主体として権利要求につなが

る活動をし、責務履行者であるおとながそれに応えようとするときに、人身売買を含むさまざまな権利侵害から子どもたちが守られるコミュニティが生まれていくのである。

4. 都市や観光地における子どもの虐待防止の取組み

(1) ストリート・チルドレンをエンパワーする

1994年に設立されたミッサムラン／フレンズも子どもの権利をベースにした活動を行っており[3]、ミッション・ステートメントにも以下のように記されている。「(私たちのミッションは)、子どもの権利条約に沿ってストリート・チルドレンの緊急で基本的なニーズに応えることである」。

現在、職業訓練、HIV/AIDSの防止、安全な出稼ぎなど12のプログラムによって毎日1,600人のストリート・チルドレン[4]を対象に活動している。そして、子どもの参加の権利を実現するためには、「子どもたちに責任の自覚をもたせ、センターおよびコミュニティでアクションをとれるようにする」ことをミッションとしている。この子ども参加の促進においては、子どもたちがプロジェクトの計画、センターの運営など組織の活動すべてに関わることができるよう、子ども権利チームのスタッフが支援している。具体的には、選挙で選ばれた子ども・若者の代表が組織運営の会議に参加する制度をつくり、規則について意見を言える機会や、ストリート・チルドレンに関わるプノンペン市の計画について政治家に政策提言をしたりできるように直接対話の機会を設けたりしている。また、組織の運営について子どもたちが自由に意見を表すことができるように意見箱を設置している。

またフレンズは、子どもたちが自らをさまざまな権利侵害から守ることができるようにエンパワーしているが、そのひとつが、性的搾取者、とくに外国からのセックス・ツーリストについての情報を与えて、性的搾取の被害にあわないようにするトレーニングである。そして、買春の相手となることによって稼ぎを得ることがどんな危険を伴うか、ストリート・チルドレン同士で教えあうことができるようなピア・エデュケーションを促進している。

(2) チャイルド・セーフ──都市コミュニティにストリート・チルドレンを守るネットワークを築く

フレンズ・インターナショナルは、プノンペン、シエムリアップ[5]、シアヌークビル[6]でチャイルド・セーフというプロ

---

3) フレンズは、フレンズ・インターナショナル (http://www.friends-international.org/) によって設立された後、1999年にカンボジアのローカルNGOとなり、フレンズ・インターナショナルのメンバーのひとつとして活動している。
4) その多くは18歳未満の子どもであるが、フレンズは25歳までを対象としている。
5) アンコールワットのある観光地で外国人ツーリストが多く訪問する。
6) 外国人ツーリストが多く訪れるビーチ・リゾート。

グラムを実施している。ストリート・チルドレンをセックス・ツーリストから守るために、バイクタクシーやトゥクトゥクの運転手、ゲストハウス、ホテルの従業員などに対してトレーニングを行い、ストリート・チルドレンを守るネットワークを築いているのである。具体的には、子どもを連れて性的搾取の可能性が疑われる客に対しては、乗車拒否・宿泊拒否を行い、フレンズに通報できるよう訓練している。そうして訓練を受けて子どもを守る活動に参加する意思と能力が認められた参加者に対しては、認定証を授与している。そして「よい顧客はよい商売に結びつく」というモットーのもと、彼らが多くの客を得られるようにロゴ入りのシャツや帽子、ステッカーを提供し、彼らが優良なサービスを提供していると宣伝することにも力を入れている。さらに、認定証を渡した後に彼らが通報義務を怠っていたり、子どもを性的に搾取するような客を乗せたりしたことがわかれば、認定証を剥奪している[7]）。

こうして、子どもを搾取するセックス・ツーリストに最も接触する機会の多い運転手、ゲストハウスの従業員など、いわば最も責務を果たせやすい「責務履行者」に対して、子どもを守る能力を強化したフレンズは、その後、チャイルド・セーフのためにネットワークを組む相手をレストランやバー、ネットカフェ、さらには、旅行会社やメディア（'Asia LIFE' という雑誌など）、銀行にまで広げている。銀行は子どもの権利擁護に一見関係ないように見えるが、大手銀行が子どもの権利擁護を表明することによって、旅行業界などによい影響を与えていくことができるのだという。

とかく、ストリート・チルドレンの問題は、NGOや国連など開発援助機関がストリート・チルドレンに対して援助をすることで解決すべきものと思われがちだ。しかし、フレンズの人権アプローチによって、都市コミュニティのさまざまなステークホルダーが子どもの保護に敏感になり、自分たちにも子どもを保護する責務があることを自覚するようになっている。こうして社会全体が子どもの権利擁護に向かっていくことによって、子どもを性的搾取するツーリストを地域から締め出すことができるようになるであろう。そして、そうした活動の一環として、チャイルド・ホットラインの活動も行っている。これは、子ども自身が危険にあったときに電話相談するだけでなく、子どもが虐待の危険にあっていることを目にした者は誰でも利用できるホットラインなのである。

観光地においては、性的搾取にかぎらず、観光客が無意識のうちに児童労働など権利侵害の状況を助長するような行為をとっていることが多い。また、観光客が態度を変えることで、ストリート・チルドレンの親たち（子どもの権利実現責務履行者）の能力（たとえば子どもが教育を受ける権利を実現する力）を強化することにもつながる。そこでフ

7）プノンペンでは、これまでにトレーニングを受けたバイクタクシー運転手約200人のうち、2007年9月現在80人ほどが認定証を剥奪されている。

レンズは、観光客に対しても直接働きかけを行う拠点として、2007年6月にはチャイルド・セーフ・センターを開所し、「路上や観光地で子どもから物を買ったり、お金を与えたりしないように」「代わりにストリート・チルドレンの親が作っている製品を買うように」「売春を行っている娯楽施設を利用しないように」「子どもが危険な状態にあったら通報するように」など7つの点に関して観光客に呼びかけている。

　子どもの権利を実現するためには、短期的な考えで判断するのではなく、長期的な視野で子どもの権利を包括的に考えることが必要であるが、観光客はこうしたガイドラインによって、生存のための権利ばかりに目を奪われて物乞いの子どもにお金や食料を与える行為が、長期的に見ると、子どもの発達の権利や保護の権利の実現を阻害してしまうことを知るのである。

　フレンズのアプローチは、第1に権利保有者である子どもが自分の権利について知り、危険の知識を身につけてエンパワーすること、第2に、責務履行者である地域のおとなの自覚を促し、監視能力を高め合うこと、そして、第3に、外部から来る観光客に対しても働きかけ、彼らの行動によってストリート・チルドレンの親である住民やソーシャルワーカーの力を高めることを促している。この人権アプローチによって、子どもの権利を守る「社会の目」が都市コミュニティに形成されつつあるといえるだろう。

5. 学校と地域における子どもの権利実現

　最後に、子どもたちを権利保有者と明確に提唱し、子どもたち自身が権利実現を要求する運動に参加できるようにエンパワーしているNGO、子ども権利基金（Child Rights Foundation: CRF）の実践について報告したい。CRFのミッションは、①すべてのレベルで子どもの権利と子どものニーズについて意識啓発活動とアドボカシーによって理解を深める、②社会において子どもの参加と発言権を強めることによって子どもをエンパワーする、③カンボジアにおける子どもの権利条約の実施とモニタリングにおいて政府を支援する、の3点であるが、2000年の設立以来、このミッションを果たすために子どもの参加を学校の内外で推進してきた。そして最近では、プロジェクト目標として「子どもの権利条約の原則と条文に沿って効果的に条約を実施するために、責務履行者と権利保有者の間の協力と参加を促進すること」を掲げるなど、人権アプローチを積極的に取り入れて活動を推進している。

　ここでは、CRFの活動のうち、①学校における子どもの権利の主流化、および、②子どもと若者の子どもの権利運動における人権アプローチの有効性を見てみたい。

(1) 学校教育における子どもの権利の主流化

　CRFが、教員を子どもの権利実現の

重要な責務履行者としてその能力強化に力を入れてきた理由には2つある。1点目は、一日の多くを学校で過ごす子どもにとって教員を第2の親と見なしていることであり、2点目は、ほとんどの教員が親でもあり、地域で子どもの権利実現を推進していく役割を担うと見なしているからである。

CRFは、教員研修ワークショップを頻繁に開催しているが、2003年に作成した手引書『子どもと若者の権利と責任』も子どもの権利主流化事業において強力な道具となっている。この手引書では、子どもの権利の概要だけでなく、「性的搾取や性的虐待から身を守る方法」「チームワーク」「紛争解決」などの8つのテーマをどのように子どもたちに教えたらよいかが示されている。2004年、教育省によってお墨付きを与えられたこの手引書は、CRFの対象地域の各学校で使われるようになった。とくに、カンダール州では全校に手引書が配布され、CRFの支援を受けて事業を実施している学校は州の教育局から強力なサポートが得られている。現在その地域は、シエムリアップ州、コンポンチャム州にも広がっている。この手引書と研修によって、教員たちは子どもの権利や子ども参加の理念について理解できるだけでなく、参加型の授業方法を身につけられるようになる。そして、学校内に子どもクラブを設立し、子どもたちが自分たちで子どもの権利について学んだり、地域において子どもの人身売買や性的搾取を防止する活動をしたりすることを積極的に支援するようになる。さらにカンボジアの学校で日常化している教員による体罰に対して、CRFでは、教員たちが体罰によらない教授法（ポジティブ・ディシプリン）を身につけることができるよう積極的に働きかけている。この結果、これらの教員は、学校内だけでなく、自らの家庭でも相手の権利を尊重する生き方を送るようになるため、地域で人権を尊重する市民のロールモデルとなりえるのである。以下、そのようなある教員の発言である。

「以前教えていたときは、生徒に静かにするように指導し、私1人が質問をしていました。そして、生徒が質問に答えられないと彼らを責めて罰を与えていました。研修に参加して、手引書『子どもと若者の権利と責任』の意味を深く学んだ後は、自分がかつてやっていたことは子どもの権利侵害だったことがわかりました。今は生徒に対する態度だけでなく、家族に対する態度も変わり、生徒に対しても満足できるようになり、家族も幸せになりました」（プレックタドン中学校教員）。

以下は、このような教員によって教育を受けた子どもたちの声である。

「子どもクラブが2003年にできるまでは子どもの権利について全然知らなかったのですが、自分たちが持っている権利についてわかるようになりました。僕自身は権利が守られているけど、カンボジアには家庭内暴力や性的虐待にあっている子どもがたくさんいます。レンガ工場で働く子どもも人権侵害の被害者だと思いますが、ほとんどの親

が子どもの権利についてわかっていません。

昨年6月に地域で性的搾取をなくすキャンペーンを行いました。村長さんも参加してくれて意識が変わったと思いました。子どもの責任について一番学んだことは、自分の成長のためだけでなく、知識をほかの人にも伝える責任があることです。奨学金支給家庭を調査し選定するプロセスに関わって、あまりにも貧しい家庭があることにびっくりしました。自分の学校の貧しい子どもたちへの支援はずっと続けていきたいと思います」(ジャヤバルマン高校2年生)。

このように、子どもの権利をベースにするアプローチについて学んだ教員のもとで参加の権利を保障されながら教育を受けている学校の生徒たちは、積極的に教員に意見を述べるようになり、また、自分の権利が尊重されることにより、仲間の権利を尊重することの大切さを学んでいるのである。さらに学校における子どもの権利の主流化を推進してきたCRFは、教員からの要請により、現在、コミューン評議会を巻き込んで暴力のないコミュニティづくり(暴力のなかでもとくに子どもの人身売買・性的搾取および体罰に焦点を当てている)に着手している。学校における体罰をなくす実践をしてきた教員たちが、権利の普遍性を認識し、ドメスティック・バイオレンス(カンボジアでは親から子どもへの暴力も含まれる)が蔓延している地域社会に問題を見出すようになってきたのである。人権アプローチによって、教員と生徒の能力強化および連携が進み、学校から地域にまで権利実現の動きが広がっている。

(2) 政府に説明責任を求められるよう子どもたちをエンパワーする

CRFは、設立当初から子どもや若者が自ら運営している団体のネットワーキングの活動を支援してきたが、現在、そのネットワーク「カンボジア子どもの権利のための子どもと若者運動(Cambodian Children and Young People Movement for Child Rights: CCYMCR)」には20近くの団体が参加している。CRFでは、これらの団体で活動している子どもや若者の能力強化に力を入れているが、なかでも、彼らが子どもの権利実現のためのモニタリングやアドボカシーの能力を身につけられるよう力を入れている。2001年に横浜で開かれた「子どもの商業的性的搾取に反対する世界会議」に際しては、カンボジア各地から子どもたちがプノンペンに集まってこの問題解決のために話し合い、政府、メディア、市民社会に対する政策提言を行った(Child Rights Foundation 2001)。2004年末には、『子どもの権利を推進するためのガイドブック』(アドボカシーについて解説)、『子どもによる子どもの権利条約実施状況のモニタリング』を発行し、2005年には、これらのテーマにおけるトレーニング・ワークショップを開催し、全国から子ども・若者が参加している。アドボカシーについてのセッションでは、参加者の子どもたち

が、アドボカシーとは何かについてブレイン・ストーミングをした後、アドボカシーの定義を全員で一文にまとめたり、アドボカシーを行う際、どのような人物に対してどのような手段を使えば効果的かを話し合ったりしている。

このようなトレーニングを通してアドボカシーやモニタリングの能力を身につけた子どもたちは、子どもの権利が実現される社会をめざして、政府や行政に対し効果的に説明責任を求めていくことができるだろう。

6.おわりに

以上、カンボジアにおける3つのNGOの実践を通して人権アプローチの有効性を概観した。カンボジアにおいては法の執行力の弱さが非常に深刻な課題であるが、これらのNGOによってエンパワーされた子どもたちは、自分たちの権利を守るのみならず、政府や行政に説明責任を問う力をつけ、成人したときはさらに社会の法の執行力を強めていく力となるであろう。そして、権利を尊重されたかつての子どもたちは、人権アプローチによって責務を理解したおとなとともに子どもの参加を促進し、子どもの権利が実現される社会づくりに貢献していくことになるであろう。

《参考文献》
・Child Rights Foundation (2001) *Cambodia After the First World Congress Against Commercial Sexual Exploitation of Children.*
・Johnson, V. et al, (1988) *Stepping Forward: Children and young people's participation in the development process,* IT Publications.
・Save the Children Sweden & Save the Children International (2005) *Child Rights Programming (Second Edition),* Save the Children Sweden.
・Theis, J. (2004) *Promoting Rights-Based Approaches Experiences and Ideas from Asia and the Pacific,* Save the Children Sweden.
・UNICEF (2001) *A Rights-Based Approach to Programming for Children,* UNICEF.
・日本ユニセフ協会(2008)『世界子供白書2008年』

Rights-Based Approach and Women's Empowerment: Learning from Experiences of an NGO in India

権利をよりどころにした女性のエンパワーメントの可能性と課題
インドのNGOの経験から

三輪敦子 ●MIWA Atsuko

1. 人権基盤型アプローチとジェンダー

　人権基盤型開発アプローチの試みは、ジェンダーの分野でも多大な貢献が期待されているアプローチである。「開発途上国」に暮らす女性への支援を任務とする国連女性開発基金（United Nations Development Fund for Women: UNIFEM）は、1997年の年次報告書で初めて、人権基盤型アプローチ（Rights-Based Approach: RBA）という言葉を用い、活動の重点分野3項目の1つとして「RBAによる女性のエンパワーメント」を掲げた（UNIFEM 1997）。

　人権基盤型アプローチ（以下、人権アプローチ）が開発や開発協力のなかで重要視されるようになってきた背景については、他の論考で説明されているが、とりわけ女性やジェンダーの分野における取組みのなかで「権利」や「人権」が重要視されるようになった背景としては、以下のような点が指摘できるだろう。

　第1に、多くの国において国内法上は男女の平等が規定されているものの、政治、経済等、社会のさまざまな側面における具体的な男女の平等は遅々として進んでいない。そのような状況を背景にして、女性差別撤廃条約といった国際的な人権規範を根拠として、女性の地位の向上をめざそうとする動きが現れた。条約は、各国が国際的に実施を約束した「公約」であり、その国に暮らす人々は、条約の実現を目的とする施策を進めるよう、政府に迫ることができる。女性NGOやネットワークのなかから、条約という「国際公約」を活用することにより、自分たちの状況の改善を実現させようとする動きが現れた1)。これは、人権条約を根拠にする取組みであるという点で、法的アプローチと呼ぶことができる。

第2に、「女性に対する暴力」が課題として認識されるようになり、この問題が、文化、宗教、経済、政治、社会状況とは関わりなく、世界のさまざまな場所で起こっている問題であることの理解が広まったことが挙げられるだろう。家庭内での配偶者間暴力に関する認識に加え、1990年代前半に起こった旧ユーゴスラビアにおける内戦の中で、「民族浄化」の名の下に、敵側への攻撃の一形態として行われた集団レイプの実態が明らかになったことも大きな影響を与えた。これは、1993年にウィーンで開催された世界人権会議の直前の出来事であったことから、同会議において「女性の権利は人権である（Women's rights are human rights)」というメッセージが強力に打ち出される背景にもなった。「先進国」「途上国」を問わず、広範に存在することが明らかになってきた「女性に対する暴力」は、男女間の不平等な関係が背景となって起きる現象であり、女性の生活に及ぼす影響の大きさから、女性の権利の実現が阻まれている状況の最も深刻な状態として認識されるようになった。

　さらに、1990年代以降、権利の実現が開発そのものの目標として掲げられるようになってきたことと相互に共鳴しあう形で、人権アプローチは、女性／ジェンダーに関連した分野でも、重要性を増してきた。

　人が人として生まれたということにより保障されるべき「人権」が、女性をも、その対象とするのは自明のことであるが、同時に、前述のとおり、1993年の時点で、「女性の権利は人権である」というスローガンが必要であったことそのものが、女性の人権の現状を明白に物語っている。さまざまな人権条約の締約国となっていても、各国、そして国内の地域や共同体の中で、権利が浸透し、理解されているかは、また別の問題である。権利や人権をめぐっては、欧米を起源とする概念であり、自分たちの文化や伝統にはなじまないとする主張が根強く存在するが、この「違和感」と「反発」は、とりわけ女性の権利に対して非常に強く示されることがある。そして、そのような状況は、女性の権利の実現が最も緊急かつ重要な課題となっている場合であることも多い。

　女性の状況の改善に、人権アプローチは、果たして役立っているのだろうか。本稿では、インドの農村部で活動するNGOであるマスム（MASUM）の活動の歴史を紹介することにより、農村部の女性の状況を改善することをめざして活動してきたNGOが、どのような過程を経て人権アプローチと呼ぶことができるアプローチを採用することになったか、そして、どのように権利を伝え、女性そしてジェンダー関係にどのような影響を及ぼしているかを振り返ることにより、権利が女性の状況の改善に果たしうる役割を考えてみたいと思う[2]。

1）　こうした各国の動きを報告した出版物として、Landsberg-Lewis 1998。

2. マスムの歩み――個人のエンパワーメントの源としての権利

(1) マスムの歴史――健康改善から権利へ

マスムは、インドの民主化運動に関わっていた女性と男性が1987年に設立したNGOで、設立当初から、インド西部、マハーラーシュトラ州の都市プネ郊外の農村で活動を続けてきている。

マスムは、女性の健康の改善から活動を始めた。背景にあるのは、インドの農村部で暮らす女性の劣悪な健康状態である。農作業、家事、育児と、男性と同等かそれ以上の労働に従事しながら、妊娠、出産を繰り返すことが要因となって、健康の問題を抱えている女性は多いが[3]、しかし、その多くは、身体に不調を感じつつ、そのまま生活を続けている。その背景としては、主に以下の3点が指摘できる。

① 毎日の生活に追われ、自分の健康に注意を払う余裕がない。

農村部の、なかでも経済状態が厳しい世帯の女性たちは、生活の糧を得るための生産に加えて、家事や育児で忙しい。水汲みや薪集めのために、一日のかなりの時間を費やす女性も多い。身体に不調を感じたとしても、たいしたことはないだろうと対応を先延ばしして、結果的に手遅れになるまで対処も治療もしないというケースは多い。

② 自分の身体について、きちんと理解していない。

女性たちは、就学経験があっても3～4年であったり、あるいは、まったく学校に通ったことがない場合も多い。そのため、多くの女性は、身体や健康について学んだ経験がない。加えて、インドでは、女性の身体を穢れたものとして考える意識が強く[4]、自分自身の身体を知ろうとする気持ちも薄い。

③ 世帯内のジェンダー関係により、女性の健康の問題が後回しにされがちである。

女性が身体に不調を感じ、薬を飲んだり、医師に相談したいと思っても、薬局や診療所に出向く時間と費用は、とりわけ経済状況が厳しい世帯には大きな負担である。そうした負担が世帯にとって必要かつ重要なものだという理解がない場合には、女性は家族からの同意を得られず、結果として健康を回復できない[5]。

マスムによる女性の健康の問題への対応は、当初は、女性に身体の調子について尋ね、問題に対応するというアプローチであったが、次第に女性の健康の問題が女性の権利の問題であるという理解が生まれ、女性の権利の実現を組織の活動の目標とする方向に変化し

---

[2] 本調査の詳細については、橋本＝三輪2007を参照されたい。
[3] インドは、少し前まで、女性の平均余命が男性を下回る数少ない国のひとつであった。最新のデータでは、女性の平均余命は65.3歳、男性は62.3歳である。女性の妊産婦死亡率は540（UNDP 2007）。
[4] 月経や出産にまつわる出血を「穢れ」と捉える考えが背景にあると考えられている。
[5] 女児と男児の乳児死亡率を調査し、女児が恒常的に被っている栄養面、医療面での差別を実証的に明らかにしたのは、センらの研究である。詳細については、Sen and Sengupta 1983。

てきた。このようなアプローチの変化が起こった背景を理解するには、マスムが女性たちに権利を伝える際の方法を理解することが最も適当ではないかと思う。

(2) 権利をどのように伝えているか――「私の身体は私のもの」

マスムでは、女性に対して、以下のようなプロセスで権利について伝えている。

① 自分の健康の問題に気づく。

権利理解についての女性への働きかけは、女性に身体の調子について尋ねることから始まる。不調を感じるところがあれば、どういう状態かを聞き、対処の方法をアドバイスする。

② 女性グループで健康回復について学ぶ。

一人一人へのアドバイスと並んで、村の女性たちが参加するグループ・ミーティングに女性を誘うことを通じて健康の問題への対処は行われる。女性グループでは、症状の改善に「必要な処置」だけでなく、処置を受けることを可能にするための「家族の理解」や、そのために必要となる「家族への説明と説得」にも配慮した情報の提供が行われる。このプロセスを具体的に説明した「サクバイの話(Sakhubai's Story)」という紙芝居をマスムでは作成している(図参照)。

③ 「自分の身体は自分で守る」ことを理解する。

女性たちは、女性グループの集まりに参加することにより、健康を取り戻すために必要な対応と並んで、自分自身の身体の仕組みや働き、健康を維持するために必要な配慮について学ぶ機会を得る。マスムの活動地域では、3～4年程度しか学校に通ったことがない女性たちも多いので、こうした女性たちにとっては、自分の身体について正確な知識を得る初めての機会になる。そして、このプロセスを通じて、女性たちは、自分の身体は自分のものであること、自分の健康は自分で守る必要があること、そのために自分自身が学ぶ必要があることを理解していく。このプロセスを、マスムでは、自助(self-help)と呼んでいる。

さらに、女性たちは、女性グループでの話合いを通じて、自分だけの問題だと思っていたことが他の女性の問題でもあることに気づいていく。「私の問題はあなたの問題であり、あなたの問題は私の問題である」と気づくことによって、他の女性への共感や連帯感が育まれ、同時に「自分は一人でない」ことを理解する。これは、女性が、自分の問題を、地域や社会の問題として捉えるための大事なステップになる。

④ 「健康を守ることは私の権利」。

こうして女性が自分の身体について学び、自分の健康は自分で守ることが大切だという意識が生まれた段階で、マスムは権利理解への導入を行っている。健康な生活を送ることは、憲法にも保障されている誰もが享受すべき権利のひとつであることが伝えられる。マスムのスタッフによれば、身近な問題である健康への意識を高めてから、健康の

図　紙芝居「サクバイの話」(Sakubai's Story)

　子宮脱に苦しんでいたサクバイが、マスム・ワーカーに話を聞いてもらい、同じ病気に苦しんでいる他の女性たちが参加するグループについて知るとともに、対処法や治療法を学び、夫を説得して手術を受けるまでの話。（全25枚）

子宮脱の進行プロセスについて知る

同じ病気で苦しんでいる女性グループ

子宮脱を進行させないための養生法を学ぶ

夫とともにマスム・ワーカーから手術の必要性について説明を受ける

出典：橋本＝三輪(2007)91頁。

実現を切り口に権利を紹介することで、権利理解は非常に容易になるとのことであった。

⑤　身の回りのさまざまな課題を権利の実現という観点から理解する。

　健康の実現を通じて権利理解を促した後では、教育、財産所有、結婚等、さまざまな課題が権利の実現という観点から説明されることになる。研修を積み、村でマスム・ワーカーとして働いている女性たちには、身の回りのさまざまな課題を、権利の実現という観点から理解し、必要な働きかけを求めるという態度が生まれている。マスム・ワーカーとのフォーカス・グループ・ディスカッションでは、「私たちは権利の実現のために働いている」と明確に語るワーカーの姿が印象的であった。

⑶ 「学ぶ」のではなく「実感する」

　マスムによる権利の導入で重要かつ効果的と思われるのは、「学ぶ」ことにより権利を伝えるのではなく、「実感する」ことを通じて権利理解を促していることである。そのための切り口が、農村部に暮らす女性の多くが問題を抱えている健康の問題である。そのための具体的なプロセスは前述のとおりであるが、このように、身近で現実的な問題を通して権利が伝えられることにより、抽象的な理解ではなく、「権利を実現するとはどのようなことか」が具体的な形で伝えられている。

⑷　女性たちの権利理解

　権利を理解した女性は、どのように女性の問題を理解しているだろうか。この点については、同調査で行った、マスム・ワーカーと村の女性たちの権利理解を探る調査結果を紹介することにしたい。マスム・ワーカーは、村に住み有給スタッフとして活動する女性たちであり、マスムによる継続的な研修を受けた後、「健康」「女性に対する暴力」等の分野の活動を行っている。就学経験は4〜5年から10年程度である。ワーカー募集の際には、低カーストや先住民族の意欲ある女性に機会が与えられるよう、配慮が行われている。今回は、マスムの活動の歴史が長いワグハプール、マルシラスという2つの村を選び、村の女性たちとマスム・ワーカーを対象に調査を行った。村の女性たちはマスムの活動について知っているし、マスムが呼びかけるミーティングに参加した女性たちも含まれているが、マスムの活動に継続的に参加している女性は少数である。村の女性たちへの調査に際しては、女性たちを低カースト・グループ、高カースト・グループの2グループに分けて調査を行った。

　「夫から叩かれるのは、女性に責任がある」という文章を提示して、同意するか否かを尋ねた調査では、調査に参加した12人のマスム・ワーカー全員が「そう思わない」と答えたのに対し、村の女性たちでは、41.5%（27人）が「そう思う」と答えている（橋本＝三輪2007: 38〜39）。

　「そう思う」と答えた女性たちに理由を尋ねると、「叩かれても仕方のないことをしたのなら」「深刻な間違いをしたのなら、叩かれて当然」等の答えが返ってきた。一方、「そう思わない」女性たちからは、「女性は間違ったことをしていなくても叩かれる」「夫も間違いを犯すことはある」といった答えが返ってきた。

　家庭内での男性から女性への暴力は、インドの多くの家庭で起こっている問題だと考えられている。男性の暴力が「男性的」な行為として許容される風土があり、「女性に対する愛情の表れ」と理解されることさえあり、暴力が、自分よりも弱い立場の人間を服従させ支配するための方法とは考えられていない傾向が強い。そして、間違いやミスをしたときに与えられるべき罰として暴力を捉えている。しかし、権利について学んだマスム・ワーカーは、たとえ妻が何か間違ったことをしたとしても、叩くという方法で対応することはよくないこと

① 夫から叩かれるのは、女性に責任がある。

回答グループ	そう思う	思わない	わからない	合計
ワグハプール 1	8	8	0	16
ワグハプール 2	6	9	1	16
マルシラス 1	5	11	0	16
マルシラス 2	8	9	0	17
村の女性の合計	27	37	1	65
村の女性の比率	41.5%	56.9%	1.6%	100%
マスム・ワーカー	0	12	0	12
マスム・ワーカーの比率	0%	100%	0%	100%

② 男性は、最初の結婚で、子ども、あるいは息子ができなければ、2人目の妻と結婚しても構わない。

回答グループ	そう思う	思わない	わからない	合計
ワグハプール 1	6	10	0	16
ワグハプール 2	6	10	0	16
マルシラス 1	10	6	0	16
マルシラス 2	7	7	3	17
村の女性の合計	29	33	3	65
村の女性の比率	44.6%	50.8%	4.6%	100%
マスム・ワーカー	0	12	0	12
マスム・ワーカーの比率	0%	100%	0%	100%

出典：橋本＝三輪 (2007) 38頁、51頁。

だと考え、人間には暴力のない生活を送る権利があると考えている。「子どもは、叩かないと言うことを聞かない」という文章に対しても、マスム・ワーカーと村の女性たちには、同様の違いが見られる。

また、「男性は、最初の結婚で、子ども、あるいは息子ができなければ、2人目の妻と結婚してもかまわない」という文章については、マスム・ワーカーが全員、「そう思わない」と答えたのに対して、村の女性たちでは44.6%（29名）が、「そう思う」と答えた。「女性の同意があれば再婚してもいい」「跡継ぎをつくる必要がある」等が理由として挙げられている。不妊や産まれてくる子どもの性別が女性だけの責任に帰せられる問題ではなく、したがって、子ども、とくに息子を産むことだけを妻の役割とする考え方が女性の尊厳を傷つける行為であるとは考えていない（橋本＝三輪 2007: 51）。

女性が困難に陥っている事例を提示して意見を尋ねた調査では、マスム・ワーカーの女性たちからは、何が原因で権利が実現していないか、さらには誰が権利の実現に責任を果たすべきかについても答えが返ってきた。そして、そのために社会の規範や慣習を変えることにも考えが及んでいる。さらに、権

利の実現に責任を果たすべき人や組織についても認識しており、「女性に対する暴力」や保健サービスについて、政府機関が責任を果たす必要があることに言及している。そのために、女性差別撤廃条約等の国際的な人権基準を活用できることも認識していた。

それに対し、村の女性たちは、女性が被っている差別や不平等については認識していても、侵害されている権利が何かを指摘することは難しい。そして、権利の実現という観点ではなく、現実との妥協点を見出せるような解決策を選び、それ以外に方法はないとする傾向がある。そうした妥協による解決は、場合によっては女性の男性への従属を強化することもあり、権利の実現から女性を遠ざけてしまうことになるとは考えていない。たとえば、女性へのレイプについても、人権侵害というよりも、なんとかして消し去るべき汚名として認識されており、レイプそのものの加害性や犯罪性を問う意識は強くない。

(5) 権利を知った女性の変化

権利を知ることで、女性たちの日常生活は、どのように変化したのだろうか。マスムに関わり、権利について学び、自分そして他の女性たちの権利の実現に向けて活動することにより経験した変化について、マスム・ワーカーの女性たちは、以下のように語っている。

① 自分に自信を持つことができるようになった。
② 自尊感情が高まった。
③ 人を大切にする気持ちと態度が生まれた。
④ 何の疑問ももたずに「伝統」や「慣習」に従うことはやめようと思うようになった（親戚の幼児婚をやめさせた。夫が死んだ後も、結婚した女性が身につけるとされる装飾品を使い続けている。娘には学校を修了した後で結婚するように言っている。結婚の際にはダウリを受け取ったり、もらったりしない）。
⑤ 「伝統」や「文化」の名の下に内面化された差別の存在に気づくようになった。
⑥ 権利の実現に責任を果たすべき組織に働きかける必要があることがわかった。

そして、このような変化の結果として、以下のような気持ちが生まれたとマスム・ワーカーたちは語った。
① 自分に自信ができたことで、自分の考えを言う勇気が生まれた。
② 自分と家族への責任感が生まれた。
③ 自分に自信が生まれたことに加え、マスムで学んだコミュニケーション・スキルのおかげで夫と話し合うことができるようになり、夫との関係がより平等になった。
④ 現実を理解し、受け入れたうえで、合理的な決断を下すことができるようになった。
⑤ 行動を起こすことを恐れなくなった。
⑥ 一人で自立して生きていくことが大切という気持ちが生まれた。

人権アプローチに基づく開発という

観点からは、権利を理解するようになったマスム・ワーカーの女性たちのなかに、自尊感情や自信に加えて、「伝統」や「慣習」の名の下に内面化された差別への気づきが生まれていることが重要な点として指摘できるだろう。そうした気づきだけでなく、マスム・ワーカーには、「伝統」や「慣習」に従わない強さや勇気が生まれている。そして、差別を内包した「伝統」や「慣習」を変えたい、さらには変えようという気持ちが生まれてきているのは、権利理解に基づく実践として重要なことであろう。そして、「変えたい」という気持ちが、集団での行動や働きかけの重要性についての認識に結びついているといえるだろう。権利を理解することは、まさに、「変革につながる経験(transforming experience)」なのである(Gready and Ensor 2005b: 26)。

その際に、マスムが重視しているのが、さまざまな課題を個人の問題として扱うのではなく、地域の問題として扱うというアプローチである。個人の問題が地域の問題として理解されるようになれば、問題解決を地域の責任とすることができ、問題解決に責任を果たすべき人や組織の行動を促せるという考え方に立っている。そして、地域の問題であり責任であることが理解されれば、周囲、とりわけ男性からの反発を抑え込むことが可能になるとのことであった。人権アプローチが重視する、権利の実現に責任を果たすべき主体の行動を促すための重要な戦略である。

具体的には、権利を理解し、その結果、「伝統」や「慣習」だからといって疑いをもたずに従う必要はないことに気づいたマスム・ワーカーたちは、いくつかの課題について、女性の声を集め、問題の解決に責任を果たすべき人や組織に対して働きかけを行ってきている。妻を殺すと脅していた夫について、村の女性たちから署名を集めて村長に問題を訴え、村落議会にかけることに成功した事例や、政府の保健サービスの拡充を求め、村落ミーティングを通じて州政府に保健センターの設置を求めた事例等が現れてきている。

(6) 権利を知ることはジェンダー関係に変化を与えるか

権利を理解することによる女性のさまざまな変化に対し、周囲はどのように反応しているのだろうか。自分に自信を持ち、意見を言う自由に目覚めた女性に対し、周囲からは反発や抵抗が示される場合は多い。最も多いのは、夫をはじめとする家族からの反発である。マスム・ワーカーの女性の多くも、夫や家族から、「言うことを聞かない」「マスムに行かせたから、こんなことになった」「マスムでの仕事を続けるな」といった反発を受けてきた。

夫や家族は、最も激しい反発を示すとともに、最も関係が変化する相手でもある。反発を鎮めるために何が効果的かという点については、以下のような意見が聞かれた。

① マスムの仕事に出かけるときには、活動内容も含めて、丁寧に説明す

る。
② あきらめずに我慢強くコミュニケーションをとる。

そして、このような戦略のために、コミュニケーション・スキルと交渉スキルが重要であるとのことであった。さらに、マスムでの仕事から得る収入によって家計に貢献していること、あるいは、マスムでの仕事によって地域で妻が尊敬されるようになっていることを夫が理解することも、反発の軽減には役立っている。このような努力の結果、態度を変え、マスムでの仕事に理解を示すようになった夫もいる。

家族に理解されるために、このような地道で粘り強い努力が必要なことそのものに、女性が権利を実現することの困難さが表れている。そして、男女間の平等が意識としても理念としても根づいていない場所で人権アプローチを実践するためには、こうした「忍耐」と呼ぶしかない努力が必要になることにあらためて気づかされる。女性にとっては理不尽ともいえる状況であるが、マスム・ワーカーの女性たちの「絶対にあきらめない」という力強い言葉と姿勢に圧倒される思いであった。

3.「伝統・文化」「ジェンダー」「人権」

インドのNGOの経験を紹介することで、人権アプローチの実践の可能性と課題の一端を示してきたが、最後に、人権アプローチが女性のエンパワーメントとジェンダー関係の改善に貢献できるアプローチかどうか、効果を上げるためには何が必要かについて検討してみたい。

人権アプローチは、個々人の権利の実現を開発の目標とするアプローチである。「個々人」には、当然ながら、地域の多様な人々が含まれる。このことが誠実に理解されるならば、女性、そしてジェンダー関係にとって、効果的なアプローチになりうるだろうと思われる。「参加型開発」が謳われていても、声を上げにくい人の参加は現実には限られた範囲にとどまっているという事例は数多く存在する。女性は数の上では決してマイノリティではないが、多くの地域で意思決定への関与から遠い場所に置かれていることが多いのが現実である。人権アプローチは、このような「声を出しにくい」人々の声を誠実に聞き、意思決定や施策に反映させることを可能にできるアプローチであろう。

同時に、こうした従来の開発のプロセスの不平等さや不公正さを変革するアプローチが自ずとはらむ性質として、人権アプローチは政治的なアプローチであることを指摘しなければいけない。これまで意見を言う機会を与えられなかった人に正当に機会が与えられ、声を聞いてもらえなかった人の声に耳が傾けられるようになり、そしてその声が意思決定に反映されるというプロセスは、力関係の変革を伴う変化である。マスムの代表の一人、ラメシュ・アワスティ氏が述べているように、「私たちは、権利のために活動している。ということは、政治的な活動をしているというこ

と」になる6)。

　このような変化は、その地域で多数を占める人たち、あるいは力を持っている人たちからのさまざまな反発や抵抗を招く可能性がある。そして、ジェンダーに関する変化に対して示される抵抗のなかで最も強力な抵抗のひとつが、「文化」「伝統」に基づく抵抗である。

　女性の声や考えは、それが現在の男女間の力関係に影響を与えるものであると考えられると、たちまち「文化」「伝統」の名の下に、攻撃される場合がある。男女の平等や同権を求める考え方は、たとえそれが現地の女性自身の声であっても、「欧米のフェミニズム思想に基づいた一部のエリート女性の主張」と位置づけられ、「それは私たちの文化になじまない」「この地域には、この地域の伝統がある」として押しつぶされることがある。

　このような反発には、どのような対応が効果的だろうか。これは、人権アプローチが、その真価を発揮できるかどうかに関わる重大な課題である。今回、紹介したマスム・ワーカーたちの経験と戦略については前項で述べたとおりであるが、今後、人権アプローチの実践が広がるにつれ、ジェンダーの分野における人権アプローチが受ける反発や抵抗の事例も増えてくると思われる。2005年11月には、ダリット女性を支援するネパールのNGOワーカーが、財産所有権を女性に保障しようと地域の役所に向かおうとしていたところ、それを快く思わない女性の夫に殺害されるという悲劇的な事件も起きている。このような状況にあっては、人権アプローチに基づく取組みは、大きな後退を余儀なくされる可能性がある。こうした展開を回避するために求められる対応については、女性性器切除の廃絶に向けた取組みの経験等から学べる点が多いと考えているが、この点については、また稿をあらためて検討してみたい7)。

　ジェンダーの分野については、このような固い壁の存在と、それを乗り越えるための注意深い戦略が必要であることに注意を払わなければならない。そのうえで、インドでの調査結果を踏まえ、人権アプローチの効果的な実践に向けて必要と思われる点について述べてみたい。

(1) 経験に引きつけた権利理解

　取組みに関わる人たち、とくに女性たちが権利をどのように理解しているかは、人権アプローチの成否に関わる重要な点である。本稿で紹介したマスムが用いている方法は、女性の個人的経験を出発点とした権利理解への導入であり、信じるべき「理念」や「原則」としての権利理解とは一線を画している。「学ぶ」のではなく「感じる」ことを通じて権利を理解することにより、権利が個々人にとっていかに大切かが深く浸透していることが感じられた。

---

6) ラメシュ・アワスティ氏（Dr. Ramesh Awasthi）からの聞き取りによる（2006年8月31日）。
7) 女性性器切除と女性の権利をめぐるさまざまな議論については、Steiner and Alston 2000が詳しい。

⑵　ニーズへの対応を通じた権利理解の導入

「ニーズへの対応」からの脱皮が謳われる人権アプローチだが、マスムでは、ニーズへの対応を発展させる形で権利理解が促され、権利を実現することの重要性が伝えられていることが理解できた。スリランカで筆者が調査した2つのNGOでも同様で、まずニーズに対応してから、権利を保障することの大切さが伝えられている。ニーズに対応して女性の現実的な問題を解決することにより、女性による家族への貢献が増せば、夫や他の家族からの女性への評価が高まって、女性の権利についての理解を促しやすくなるとの利点もある。人権アプローチ導入にかかる現実的戦略として重要な点であろう。

⑶　「一人ではない」ことを感じることができるプロセスづくり

マスムでは、個々人の健康の問題への対応と並行して、女性をグループ・ミーティングに誘い、グループで女性が自分の問題を語り、同時に他の女性の問題に耳を傾ける場をつくっている。グループで問題を共有することによって、自分だけの問題だと思っていた問題が実はそうではないと気づき、そのことによって、周囲のさまざまな問題が、地域や社会の問題として理解されるようになる。また、グループになり、他の女性への共感や連帯感を感じることは、ものごとを変えるためのエネルギーにも結びついている。

NGOが人権アプローチを導入する際の留意点についても述べておきたい。まず1点目に挙げられるのは、ワーカーたちの権利理解の質である。これは、上述した「経験に引きつけた権利理解」を導くためになにより重要である。さらに、2点目として、NGOが常に地域の女性たちと共にあることの重要性を挙げたい。女性の権利の実現は、男女間の力関係の変革を伴うものである。丁寧に女性の声に耳を傾け、女性たち自身の意思と希望に寄り添う形で権利の実現をめざすのでなければ、地域からの反発や抵抗があった場合に、「外から押しつけられた権利」との烙印を押されかねない。さらに、何か問題が起こった場合には、NGOが何もやってくれなかったからそんなことになったといった受け取り方をされる可能性もある。後者については、マスムもそれに近い経験をしてきている。地域、そして女性と共に活動することに常に気を配ることが重要である。

人権アプローチには、対象範囲が広がりすぎて現実には従来の開発アプローチと変わらなくなってしまうといった懸念があるし、権利を厳密に法的な観点から理解する人たちからは、漸進的実現が謳われている社会権の実現が射程に入ることにより実質的には実現不可能な希望を抱かせることになるという批判もある[8]。こうした全般的な課題に加えて、ジェンダーの分野では、対立的なアプローチに陥るのではないかとの懸念に留意する必要があ

るだろう。人権の普遍性を考えるならば、理不尽な苦い気持ちを感じさせられるが、対立的なアプローチを避け、家族、地域、社会の理解を得ながら取組みを進める必要がある。そうでないと、前進どころか後退、退却に追い込まれる可能性がある。この点については、権利と責任が、さまざまなアクターにうまく理解され内面化されたならば、軋轢を悪化させるのでなく鎮火させることができる可能性があるとの指摘もある(Gready and Ensor 2005b: 26)。「社会正義の実現を求めうる唯一有効なアプローチ」との評価[9]が、ジェンダーの分野における取組みでも本当のものになるためには、注意深い戦略が必要になる。男女間の不平等な関係に根本的な変革を促しうるアプローチとして、具体的な経験を積み重ね、そこから学び、女性、男性の平等なパートナーシップが実現していく可能性に希望を見出したい。

《参考文献》
・橋本ヒロ子＝三輪敦子(2007)『「権利をよりどころにするアプローチ」の展開とアジアの女性のエンパワメント』㈶アジア女性交流・研究フォーラム
・Gready P. and Ensor J. (eds.) (2005a). *Reinventing Development,* London: Zed Books.
・Gready P. and Ensor J. (2005b). "Introduction", in Gready and Ensor.
・Landsberg-Lewis, I. (ed.) (1998). *Bringing Equality Home,* New York: UNIFEM.
・Sen, A.K. and Sengupta, S. (1983). "Malnutrition of Rural Indian Children and the Sex Bias", *Economic and Political Weekly,* 19 (Annual Number).
・Steiner, H. J., and Alston, P. (2000). *International Human Rights in Context: Law, Politics, Morals* (2nd ed.), Oxford: Oxford University Press.
・UNDP (2007). *Human Development Report* 2007/2008, <http://hdrstats.undp.org/indicators/97.html>
・UNIFEM (1997). Annual Report 1997, New York: UNIFEM (邦訳『ユニフェム年次報告書1997』大阪市女性協会)
・Uvin, P. (2004). *Human Rights and Development,* Bloomfield: Kumarian Press.

---

8) 人権アプローチをめぐる可能性と課題については、Uvin 2004が詳しい。
9) インドの全国アドボカシー研究センター(National Centre for Advocacy Studies)、アミタブ・ベハール氏(Mr. Amitabh Behar)からの聞き取りによる(2006年3月31日)。

Is the Door Open? - Grassroots Democracy Act in Vietnam and its Implications with Strengthening Local Governance and Local Participation in Decision Making: the Role of RBA and NGOs in Community Development

扉は開かれているか？
ベトナム「草の根民主主義法」と、地方統治および意思決定への地域参加の強化に関わる同法の意味：コミュニティ開発における人権アプローチとNGOの役割

ホン・プオン・タオ●Hoang Phuong Thao

1. 本稿の背景

　本稿の執筆は簡単な作業ではなかった。ベトナムについて、人権基盤型開発（以下、人権アプローチ）について、地方分権化について、ベトナムの草の根民主主義法（GDA）について、そしてとくにある国の民主主義における人民の参加とそれが果たす決定的な役割については、多くの論文が書かれている。そのため、これらのあらゆる側面について1つの論文で何ごとかを語るという作業に手をつけるのは、まったく容易なことではない。

　すべては、アジア・太平洋人権情報センター（ヒューライツ大阪）が恒例の『アジア・太平洋人権レビュー2008』において、本特集の制作に着手したときに始まった。アクションエイド・インターナショナル[1]で「公正かつ民主的な統治」に関するアジア・太平洋地域コーディネーターを務める筆者は、「地方分権化と意思決定への地域住民参加――コミュニティ開発における人権基盤型アプローチとNGOの役割」について若干の視点の共有を図るよう求められた。話合いの結果、本稿では、ベトナムにおける人権アプローチ、草の根民主主義令（GDD）の事例、そしてそれが地域レベルでの人民参加をどのように切り開くか（地域レベルでは、それをより意味のある参加とするためにNGOが膨大な努力を行っている）という点について検討することになった。

　人権アプローチの発展、その適用範囲、人権アプローチによって生み出される可能性がある付加価値についてはレビューの他の論考で取り上げられているので、本稿では、GDAについて検討するための情報を若干付け加えるにと

---

[1] より詳しくはウェブサイトwww.actionaid.org参照。

どめ、参加／説明責任の次元に触れることにする。人権アプローチは、参加／説明責任の次元において、政府の責任と人民の権利に関する考え方をいっそう明確化してくれると期待される。

本稿は次のような5節構成をとっている。
① 「本稿の背景」では、レビューに執筆するに至った経緯を説明している。
② 「ベトナムは国家である——戦争ではない」では、ベトナム、その歴史と文化、そしてここ25年間の奇跡的な開発上の成果について簡単に取り上げるとともに、ベトナムが進めようとしている政治的事業について若干の考察を行っている。
③ 「ベトナムの開発における人権基盤型アプローチ——歴史・実践・機会・課題」では、ベトナムの文脈における人権アプローチの背景についてもう少し詳しく説明する。
④ 「草の根民主主義令と地方自治・地域的参加の強化との関係」というテーマが第4節の焦点である。本節では、ベトナムにおける開発にGDDがもたらしてくれる、地方自治と地域的参加の側面について検討する。地方自治体制ならびにそこに存在する課題と機会に関する情報も、本節で提示する。
⑤ 最後に、「終わりに」では他のすべての節で進めてきた議論の内容を要約する。それぞれの節を、民主主義への人民参加との関係で連携させようと試みた。

本稿の内容は「扉は開かれているか？」という表題に表れている。本稿は、振り返り、議論し、結びつけることを目的としたものである。ここでは、ベトナムの草の根レベルで、人民が開発および自分たちの生活に影響を及ぼす決定に参加する、しかも意味のある形で参加する余地がどのように生じてきたかについて取り上げている。しかし、扉は本当に開かれているのか。仮に開かれているのだとしても、すべての者に対して開かれているのか。

英語で論文を書くのはなかなか厄介な作業だった。本稿を読むときに念頭に置いていただきたいのは、これは理論と経験を結びつけ、今後の共有、学習、振り返りに役立てていただくための努力のひとつにすぎないということである。本稿で披瀝している視点や意見は筆者によるものであり、アクションエイドの立場を代表するものではない。

川村暁雄博士、ヒューライツ大阪、Ramesh Khadka博士（アクションエイド・インターナショナル）に対し、本稿執筆中のご助力を感謝したい。コメントやフィードバックは、thao.hoangphuong@actionaid.orgまたはwelcome.thao@gmail.comまでお寄せいただけると幸いである。読者のご関心・ご支援に感謝する。

2. ベトナムは国家である——戦争ではない

多くの人が、現在までのところ、ベトナムのことよりもベトナム戦争のことを

はるかによく知っている。確かに、この国が平和を享受できたのは20世紀全体でわずか6年間にすぎない。しかし、戦争に引き裂かれた歴史にもかかわらず、ベトナムが今日では貧困削減と開発の面における最大の「成功例」と捉えられていることも事実である。少なくとも、貧困水準以下で苦悩している国民の割合は、この10年間で50％から約20％まで低下した。

ベトナムは331,114km²の国土が東海（南シナ海）に沿って延びている国であり、北は中国、西はラオスおよびカンボジアと国境を接し、東は太平洋に面している。2006年には人口規模が8,490万人に達した（人口密度は約256人／km²）。ベトナムの1人あたりGDP（2007年）は、1986年のドイモイ（刷新）から数年を経た1994年には220米ドルであったのに対し、835米ドルとなっている[2]。これは、深刻な貧困下で暮らす人々の割合が減少したこととの関連で捉えるべきである。しかし所得面での地域差は大きく、拡大しつつある。2006年の1人当たりのGDPは、国全体の平均では726米ドルだが、ホーチミン市は約1,800米ドルであるのに対し、中部・北部高地の貧しい州の平均ははるかに少ない。

経済的巻き返しの過程にあるとはいえ、ベトナムは依然としてアジアの最貧国のひとつである。支配的なのは農業部門で、GDPのほぼ19％を占めるとともに、労働力人口の半分以上に就労の場を提供している。ベトナムは、原油、コメ、魚、茶、コーヒー、黒コショウ等々の原料の輸出も多い。工業部門では、繊維産業その他の労働集約型の製造業が中心である。

ベトナム社会主義共和国は、計画経済から、「社会主義的修正」を加えた市場経済への移行過程にある。中国と同様に、市場経済システムへと照準を合わせつつあるのである。

国の新憲法が1992年4月に承認され、政治・社会におけるベトナム共産党の中心的役割が確認されるとともに、統治機構の再編成と経済的自由の拡大の概要が示された。ベトナムが一党国家であることは変わらないものの、思想的正統性に忠実であることは、国家的優先事項である経済開発ほどには重要ではなくなりつつある。

ベトナムの統治機構で――共産党に加えて――最も重要な権限を握っているのは、1992年憲法で創設された行政機関、すなわち大統領府と首相府である。

1992年憲法で共産党の中心的役割が再確認されたにもかかわらず、憲法によれば、国会こそが人民を代表する最高機関であり、立法権限を持つ唯一の機関である。国会は、すべての統治機能を監督する広範な権限を有している。かつては共産党の決定を追認する以上のことはほとんどしていないと思われていた国会も、とくに近年は、立法権限の行使の面で以前よりも声高に主張

---

[2] IMF, International Financial Statistics 2007, Mar. 2008.

するようになってきた。しかし、国会は依然として党の指示に服している。国会議員の80％以上が党員なのである。国会は年に2回、それぞれ7～10週間の会期で開催されており、議員選挙は5年ごとに行われる。ただし国会常務委員会の会合は毎月開かれており、今では100名以上の専従議員がさまざまな委員会で職務を果たしている。2007年、国会は「クエスチョン・タイム」を導入し、閣僚は、国会議員から出される、しばしば厳しい質問に答弁しなければならなくなった。司法府は別に設けられているが、まだ弱体である。全体としては、法律家はほとんどおらず、裁判手続は十分に発達していない。

ベトナムは2007年1月に世界貿易機関に正式加盟し、国連安全保障理事会の非常任理事国（2008～2010年）にも選出された。

世界銀行、国際通貨基金（IMF）[3]およびアジア開発銀行の加盟国であるベトナムは、無償・有償の国際開発援助を受けている。国際開発援助は毎年の名目GDPの約4～5％に相当し、最大のドナーは日本である。IMFと世界銀行の定義では、ベトナムは重債務貧困国に分類される。問題の債務は210億米ドル弱であり、2006年末現在でGDPのおよそ35％に相当していた（1990年代末には80％を超えていた）[4]。

援助国や諸銀行による政府開発援助および開発融資とともに、ベトナムは人道機関や国際非政府組織（INGO）からもコミュニティ開発のための支援を得ている。貧困削減と開発に対するINGOの支援は2007年まで増加の一途をたどってきた。2007年現在、500～600のINGOがベトナムの全部門・全州でさまざまな開発プログラムを実施しており、援助総額は2億2,000万米ドルに達する（数字は人民援助調整委員会〔PACCOM〕[5]による）。総予算はさらに増加し、2008年にはおよそ2億5,000万米ドルになる見込みである。

開発プログラムの実施主体が各国政府、ドナーまたはNGOのいずれであるかにかかわらず、GDAは、開発へのコミュニティ参加を促進するうえで鍵となる役割を果たしてきた。

3. ベトナムの開発における人権基盤型アプローチ──歴史・実践・機会・課題

(1) 人権基盤型開発とは何を意味するのか

以下の短い論考は、人権アプローチに関する議論をすべて網羅しようとするものではなく、これ以降の議論の前提を整える目的で人権アプローチの基本的要素に触れるにとどまる。「権利基盤型アプローチ（RBA）」というのはすなわ

---

3) IMFは2004年、ベトナム国立銀行の監査に関して合意が得られなかったために対ベトナム融資を停止しなければならなくなった。交渉が再開されたのはようやく2006年になってのことである。
4) 世界銀行、アジア開発銀行およびベトナム財務省の各種報告書（2007年）による。
5) ベトナムにおけるINGOの活動・開発援助全般の調整を司っている政府機関。

ち「人権基盤型アプローチ(HRBA)」のことであり、これが「人権基盤型開発」と略称されている。

人権とは、人民が既存の権利と新たな権利のために闘う動的なプロセスである6)。貧困は人権の否定にほかならない。貧困下で暮らしている人々は、人間以下の存在として扱われている。人権は、幾重にも、そしてさまざまな場所で侵害されている。貧しい人々は、家族、近隣住民、雇用主、商人による人権侵害に、そして最も憂慮すべきことに、人民の尊厳と福祉を保護・促進する義務を最終的に委ねられている国家による人権侵害に直面し、苦しんでいるのである。

貧困および開発に対する人権アプローチは、個別の請求権や資格を享受することにとどまるものではないし、国による基本的サービスの提供を確保することよりもはるかに多くのことを意味している。それは、善意のNGOがひとつの村で井戸を掘ることや、全体主義的政権が自国の市民に無償教育を提供することにとどまるものではまったくない。

「開発に対する人権」という概念(法的拘束力はないものの、人権として認められるために必要な過程はすでに経ている)は、国は他国や国際社会に対して(たとえば国の開発政策を追求する権利や開発に資する国際的環境に対する権利との関連で)人権を主張できるという考え方も包含するものであり、また国際開発援助を提供する義務も含意するものである。

人権基盤型開発とは、貧困と開発に対するひとつのアプローチである。それは、人々のエンパワーメントにつながるような方法、また有力者と交渉する人々の能力を強化し、尊厳を確立し、かつ、人々が大切だと感じる生活、未来および新たな権利を創造・追求する自由と選択肢を増加させるような方法による権利保障を可能にする。

多種多様な形で行われている人権アプローチの実践にも、権利保障の過程がエンパワーメントと尊厳の確立につながるようなものとなることを確保する、一貫した原則を見出すことができる。その原則とは次のようなものである。

・請求可能な権利としてのニーズに取り組む。
・貧しい人々や排除されている人々の参加を促進する。
・パワー中心・人民中心のアドボカシーを進める。
・批判的意識を組織化・喚起する。
・あらゆるレベルで民主的実践を深めていく。

人権基盤型開発は、義務や全般的経済目標といった、価値や動機づけのその他の源泉を排除するものではない。ただ、人権は目的であると同時に手段でもなければならず、私たちはそれを通じて義務を果たし、目標を達成しなければならないということである。

---

6) Action Aid International, Annual Report 2006.

(2) ベトナムにおける人権基盤型開発——憲法、人権および開発アプローチの簡単な歴史

　ベトナムという国は、1945年まで立憲主義の発展や資本主義を経験したことがなかった。18世紀と19世紀のベトナムは封建主義の最終段階にあり、国は2つの封建国家——北部と南部——に分断されていた。フランスの植民地開拓者が1858年にやって来たとき、ベトナムは王の意思ではない法的枠組みというものを初めて経験したのである。1945年、第2次世界大戦が終結してフランス第三共和国が打倒された後、ベトナムは独立を宣言した。

　ベトナムの最初の憲法は1946年に策定されたが、公布されることはなかった。しかしそれは、1946～1954年の対仏反植民地戦争の期間全体を通じ、ベトナム政府の組織・運営のあり方を指し示すものとなった。同憲法では、市民の役割と権利を定め、明らかにすることに第2章全体が割かれていた。同憲法は、——ベトナムの歴史上初めて——<u>人間として、市民として男女が平等であること</u>を認めた。1946年憲法はまた、言論・居住・出版・結社の自由も認めていた。これらの特徴により、ベトナム1946年憲法は、当時の東南アジア諸国のなかでは最も革新的なものとなっていた。

　フランスとの戦争が1954年に終結すると、別の戦争が始まった。今度は、北ベトナム（親社会主義派）と南ベトナム（親資本主義派）との間の戦争である。1959年には当時の実情に応じた第2次ベトナム憲法が策定された。今回の北ベトナム（ベトナム民主人民共和国、Vietnam Dan Chu Cong Hoa）憲法は、旧ソ連・東欧圏の他の社会主義諸国憲法の大きな影響を受けて作成されたものである7)。この1959年憲法8)では、とくに軍の戦争遂行を支える責任との関連では、<u>市民の責務が人権に優位する</u>とみなされていた。同憲法の構成は、旧ソ連諸国、東ドイツ、ブルガリアの憲法と同じであった。

　ベトナム戦争が1975年に終結すると、2つのベトナムが合併して統一国家となった。その後、1959年憲法は1980年憲法によって取って代わられるが、後者は戦勝の影響を大きく受けて作成されたものである。その後、この国はベトナム社会主義共和国の名を冠するようになった。共産党の指導的・支配的役割は、同憲法4条で初めて制度化された。この憲法では市民の多くの権利と責任が宣言されたが、それは現実の状況ではなく高尚な夢想に基づくものであった。<u>あらゆる基本的権利が承認され、国の責任のもとに保障されることになった。</u>

　1980年憲法に代わって制定された1992年憲法は、より「現実的な」憲法

---

7) 時間と情報の制約のため、1956年と1967年に南ベトナムで制定されたベトナム共和国（Vietnam Con Hoa）憲法についての詳細な分析は、本稿では行うことができなかった。

8) この第2次憲法は1960年1月1日に共和国主席によって公布されたため、1960年憲法と呼ぶべきであるとする論者もいる。しかし筆者は1959年憲法としたほうがよいと考える。この憲法は1959年に国民議会によって作成・承認されたからである。

の必要性が急速にあらわになってから、ドイモイ後の経済的・政治的生活の要求に応じて策定されたものである。同憲法では、ベトナムは人民の、人民のための、人民による社会主義的法治国家であると宣言されている（第2条）。憲法50条では、<u>経済的・政治的・社会的権利からなるベトナム人民の人権が承認されており、それらの権利はベトナム市民の権利として具現化されることになる</u>と定められている。1992年憲法では、立法および監視における議員の役割、人民に対する議員の説明責任、行政府に対する議員の権限も強調されている。1992年憲法は2001年に改正されたが、これは主として裁判所制度の再編成と、自国の資源に対する国家主権をめぐる他の若干の問題に関するものであった。後者は米国との二国間貿易協定の締結および世界貿易機関（WTO）への正式加盟のための対応である。

20世紀全体を通じて戦争が延々と続いたこと、またベトナムにおける共和国の地位や国家観念が未熟であることから、市民社会や非政府組織の概念は、理論的議論の面でも、現実のモデル構築という点でも、この国ではようやく形をとりつつある段階にとどまっている。これとは対照的に、国の命運を決定することへの人民参加という考え方は戦争前後を通じてきわめて一般的であり続けてきたし、よく実践されてきた。ベトナムでは、隣国の中国やタイとは異なり、草の根レベルで存在する多くの問題について決定を行うのはコミュニティや村であって、王の意思は無関係であるとされてきた。「王の意思も村の慣習にはかなわない」9)という、広く知られた諺はこのことをはっきりと示している。

開発とソーシャルワークは5つの成熟段階を経てきたといえるかもしれない——人道援助、慈善活動、セクター開発、統合的開発、そして開発政策アドボカシーである。第3段階と第4段階では、サービス提供があらゆるNGOにとって優勢なアプローチであった。第5段階に至り、人権基盤型開発が多くの国で議論・経験されるようになってきている。

人権アプローチによって議論にもたらされる主な違いは、人権アプローチは次の3つの基本的主張を出発点としているということである。

① 世界のすべての人々は人間であり、人権の面で平等である。
② 貧困は、不公正によって引き起こされる人権の否定である。
③ 国には、自国の市民の人権を尊重し、保護し、かつ履行する責任がある。

ベトナムに話を戻すと、この国でNGO活動が始まったのがあまり早くなかったのは、それほど驚くべきことではない。1950年代後半に設立されたベトナム赤十字社が、当時この国で活動するようになった最初のNGOである。戦

---

9) "Phep vua thua le lang".

争中、北ベトナムは社会主義諸国からも非社会主義諸国からも支援を受けていた。そのなかで、西側諸国としてはスウェーデンが初めて、開発援助・開発機関を通じた支援をベトナムに送るようになった。南部では、ベトナムはさまざまな国々から有償・無償の開発援助を受け取っていたが、主たる援助国はもちろん米国である。南ベトナムは、1955～1975年の20年間に、約2億ドルを無償資金援助として米国から受け取ったほか、24億1,700万ドル以上の融資を受けた[10]。このことは、戦争中の開発活動がどのように実施されていたかを物語るものである。ケア・インターナショナルやプラン・インターナショナルといったアメリカのNGOは、南ベトナムのへき地で大規模なプログラムを運営していた。

　活動が本格化したのはベトナムの再統一後であり、とくに1986年のドイモイ以降である。政府は、ベトナムにおける国際NGO (INGO)のプロジェクトや代表事務所の創設・再開を承認し始めた。INGOの数は政府開発援助とともに増え続けている。ベトナムでもっぱら小規模プロジェクトを実施していた登録INGOが1990年代に100団体あったが、2005年には約400のINGOが活動しており、現在では600団体近くに達した。INGOのプロジェクト資金の出所は、主としてベトナム国外で集められた寄付金[11]か、出身国政府、ないし欧州委員会、各国大使館、世界銀行、アジア開発銀行のような多国間金融・開発機関による開発援助である。

　ここでINGOに対する資金拠出、さらにはベトナムにおける地元NGOの開発活動に対する資金拠出について考えてみなければならない。資金拠出のあり方によって、開発プロジェクトや開発プログラムで適用されるアプローチが決まってくるためである。1990～1998年には、ベトナムで実施される開発プロジェクトのほとんどが「統合的開発」の名称を冠していた。その後、2000年から現在は「ガバナンス」「民主主義」「人権」「市民社会開発」「参加」等の名称を冠するプロジェクトがますます承認・実施されるようになっている。

　この30年の間にベトナムが達成した貧困削減面での印象的な成果、そしてこの国がとってきた開発政策にもかかわらず、貧困や、富裕層と貧困層との格差は増大しつつある。人権基盤型開発の視点から貧困に取り組むということは、不公正と貧困の根本的原因に対応するということになろう。

　ますます多くのNGOや社会団体が上部構造に関する取組みを始めており、まずは自分たちの開発プログラムのあらゆる段階への住民参加から手をつけるようになった。これにより、あらゆるNGOやドナーにとっても課題が生じている。以前とは異なり、(対象グループの)住民は、NGOが地元にやって来

---

10) Tran Van Tho 2000.
11) 現在に至るまで、INGOが開発活動を目的としてベトナム国内で公に募金を行うための法的枠組みはまったく定められていない。

てプログラム／プロジェクトを立案するときに行われる伝統的なPRA（参加型農村調査法）に参加するだけではない。今やプログラム／プロジェクトのあらゆる段階で住民が意見を言い、また住民の声に耳を傾けることが求められているのである。これにより、説明責任に関わる問題も、政府、ドナー、市民社会組織のいずれによるものであるかにかかわらず、あらゆる政策議論やキャンペーンの主流に近い場所に位置づけられるようになっている。25のNGOから構成される援助監視グループ——国際NGOとベトナムのNGOの両方が参加——も創設され、援助の実効性および説明責任の問題に専門に取り組んでいる。

GDDにより、一般の村民が、自分たちの生活に影響を及ぼす開発プロジェクトについて知り、決定を行い、直接参加し、監視するための法的枠組みが存在することとなった。これは、ベトナム戦争終結以来、ベトナムの政治的・社会的・経済的環境を支配してきた中央計画システムからの大きな飛躍である。

4. 地方分権化、GDD、およびベトナムにおける開発プログラムへの人権アプローチの適用にとってそれが意味するもの

世界銀行とその職員の多くにとって、地方分権化は複雑な現象であり、それはより幅広い政治的・経済的改革のプロセスゆえに起こりつつものである[12]。社会活動家やNGOワーカーの多くにとっては、地方分権化が起こりつつあるのは草の根から地域住民としての要求が出されているため、また政府が地域コミュニティの必要によりよい形で、より前向きに応えなければならないためであり、それは世界中で生じている民主化プロセスの一環にほかならない。

世界銀行にとって、地方分権化とは民間部門が公共サービスを引き受ける道を開くということである。かつては公共サービスが国の管轄と責任に委ねられており、そのため国は住民の人権保障に関する説明責任から免れていた。

地方分権化は、東アジアや東欧ではここ25年で広く起こってきた現象である。ベトナムでは、それは常に身近なものであった。「王の定めも村の慣習にはかなわない」という諺は、ベトナム人は誰もが自分で判断して実行に移し、誰が支配者であろうがかまわないという慣習を言い表している。この要素は、地方分権化のプロセスと、それがベトナムの地方自治に与える影響を考える場合にきわめて重要である。

その地方自治についてであるが、この短い論考では、①法の支配、②透明性、③説明責任、④参加の側面から地方自治について考えていく。

---

12) Rethinking Decentralisation in Developing Countries, the World Bank 2007. p.4.

1990年代後半から2000年代初頭にかけてターイビン省等で起きた農民の抗議行動をきっかけとして、国を支配しているベトナム共産党は、それ以来「草の根民主義（dan chu co so）」として知られるようになる新たな政策を打ち出した13)。この政令は、自分たちに影響を及ぼす政府の活動について情報を得る権利、一定の政策について議論し、その策定に貢献する権利、地域開発活動に参加する権利、一定の政府の行動を監督する権利を市民が行使できるようにするための、新たな仕組みについて定めたものである。これらの権利は、「人民が知り、人民が議論し、人民が実行し、人民が監督する（dan biet, dan ban, dan lam, dan kiem tra）」という、ベトナムの有名な表現に要約されている。政令29号（1998年5月15日付）、それに代わる政令79号（2003年7月7日付）、そしてGDA14)は、市民による地方自治への直接参加の余地を意味のある形で広げた。

　市民参加と地方自治改革に新たに焦点が当てられるようになったことは、開発論議における国際的傾向と軌を一にするものである。国際的には、エンパワーメントや市民参加について、また地方分権化や市民社会・民間部門の参加拡大を通じて政府のサービスを改善していく必要性について、語られるようになっている。この新しい法的環境を、より応答性の高い地方自治への一歩と捉えるドナーやNGOは多い。他方、より懐疑的な目で見ている人々もベトナム内外におり、このような人々は、GDDは農村部の混乱を食い止めるための弥縫策と解釈している。党はこの新しいアプローチが大成功していると喧伝してきたが、GDDの公布後も、地方政治への人民参加の質や程度はそれほど変わっていないと強調する人々もいる15)。

　本稿では、地方自治への市民参加の水準や、参加を増進させるための努力に対する政府の応答性の高さについては取り上げない。むしろGDDと、ベトナムにおけるINGOのコミュニティ開発活動および地方自治に影響を及ぼすその実施のあり方に焦点を当てる。

　GDDは、議会、大衆組織16)およびメディアから全般的・包括的な支持を得ている。当初は各行政レベルで多く

---

13) 新たな政策の最初のものは党指令30/CT-TW（1998年2月18日付）である。これはその後、1998年に政令29号として発布され、2003年には政令79号によって置き換えられた。いずれの政令も公式名称は「コミューンにおける民主主義の実施についての規制の発布に関する政令」だが、一般には「草の根民主義令」として知られるようになった。したがって本稿では簡便を期してGDDと称することにするが、これは政令79号と、他の分野における民主主義の増進について規定した同様の政令の両方を指している。後者でいう他の分野には、国有企業（国有企業における草の根民主主義の実施に関する1999年2月13日の政令7号/1999/ND-CP）や行政機関（政府機関における草の根民主主義の実現のための規制の公布に関する1998年9月8日の政令71号/1998/ND-CP）などがある。
14) 2007年4月20日、草の根民主義令（GDD）は草の根民主義法（GDA）によって置き換えられた。実際にはGDAはGDDを格上げしたものであり、地方住民による、民主主義に対する権利の行使の余地を拡大・向上させている。
15) GDDに関する党の評価は、Voice of Vietnam 2004bおよびTuoi Tre 2004を参照。より批判的な評価としては、Tran Thi Thu Trang 2004およびZingerli 2004を参照。

のためらいを生み出すことになったが、その後は前向きなフィードバックや革新的なコミュニティ・モデルが生まれ、GDDの精神が行動に移されるようになっている。

GDAは全6章・28条から構成されており、どのような問題について人民との協議、人民による意見表明、議論または投票が必要か、定められている。従来の政令79号（79/2003/ND-CP）に比べ、GDAでは相当の改善が少なからず行われた。第1に、法律の実施方法がはるかに明確かつ具体的になっている。たとえば社会経済開発計画は、国民議会による承認後、遅くとも2日以内に発表されなければならない。コミューン当局は、同計画について、コミュニティ・ラジオのシステムを通じて発表するか、村の会合を通じて発表するかを選ぶことができる。情報伝達手段としてラジオを選んだ場合、計画に関するニュースは少なくとも3日連続で発表しなければならない。このような規定は政令79号には含まれていなかった。

第2の大きな改善点は、同法の実施を担当する国の機関または政府職員に関わるものである。とくにコミューン・レベルで同法の実施に誰が責任を負うのかについて、明確な定めが置かれた。

同法による第3の改善点は、人民による投票によってどのような権限が生じるのか、透明な形で明らかにされているところである。たとえば、地域住民によるコミューンの官吏の選出または免職の結果は、区またはコミューン・レベルの人民委員会に直ちに通知される。人民委員会は、休日を除いて5日以内に、その結果を公式に認める決定を言い渡さなければならない。人民委員会がそのような決定を言い渡さないときは、地域住民に対し、その正当な理由を書面で通知することが求められる。

しかしGDAは最も「微妙な分野」には触れなかった。どのような監視体制を設け、それをどのように運営するか、また紛争が生じた場合に区／コミューンから郡／特別区へ、省／直轄市へ、最終的に中央政府へ報告する手続をどうするかという点である。また、同法の規定を実施するための資金をどこから得られるかについてもほとんど情報がない。コミューン／区のレベルで、とくにへき地や少数民族地域において地方官吏の能力格差が生じている問題も、法律では明らかにされておらず、これに関する定めも置かれなかった。

全体として、GDAは地域レベルで行政の透明性を増進させるための大いなる機会をもたらしたといえるし、人民による良質な参加も強調している。ベトナムのNGO、INGOおよび市民社会組織（いずれのグループもここではCSOと

---

16) ベトナムの大衆組織には、女性同盟、退役軍人同盟、農民同盟、共産党青年同盟、ベトナム共産党、労働組合、弁護士連合、ジャーナリスト連合、赤十字など30団体がある。30の大衆組織はすべて祖国戦線の傘下にあり、祖国戦線が、（とくに人民評議会と村長の）選挙を組織・監督し、政策の策定・見直しのための協議を実施し、人民査察委員会を組織し、選出された官吏の信任投票を組織し、また市民の意見を上級官吏に伝達することになっている。祖国戦線は、地方官吏の品行調査など、他の役割も担うことになっている。

呼びたい）にとっても、GDAはきわめて広範かつ深遠な意味をもつ。CSOは、自分たちのプログラムに──受益者としてではなく変革の主体としての──地域住民の参加を受け入れなければならないのである。CSOのプロジェクトでは、プロジェクト予算も住民全員に対して透明なものとすることが予定されている。CSOは、草の根レベルで積み重ねてきた経験とつながりをもとに、次のような取組みを進めてきた。

① GDAと、地元の住民および地方当局にとって同法が何を意味するのかについて、多くの研修講座を開催する。

② とくに社会経済開発および予算の監視について、市民からのフィードバックを受け付けて対応するための体制を組織化・試行する。

③ 自分たちの生活に影響を及ぼす政策決定にアクセスし、かつフィードバックを与える住民の権利を尊重・充足するよう、地方当局への圧力を増大させる。

地域コミュニティおよび市民の参加を阻む第1の制度的障壁は、政策、法律・規則、村落開発計画（VDP）や政府の社会経済開発戦略・計画に関する情報が欠けていることである。「飢餓の根絶と貧困削減のための全国ターゲット・プログラム（TNP）」(略称「プログラム133」）と、「極度の困難を抱えるコミューンにおける社会経済開発のためのプログラム135」はいずれも、1999年から2000年にかけての2年間で管理運営権限の委譲と地域コミュニティの参加促進を進めようという趣旨で行われているものであるが、その一環としてUNDPが実施したアセスメントでは、ほぼすべての地域コミュニティが、意思決定、管理運営および監視の過程に参加する権限をまだ与えられていないことが明らかになっている。プログラムの受益対象者の特定、実施のための計画立案、結果および支出の監視において地域コミュニティが役割を果たすことも、今なお実現されていない。意思決定は主として省レベルで行われており、プログラムは地元住民のインプットを反映させられるほど柔軟なものとはなっていないためである。他方、地域住民には、プログラム活動の面で何を期待できるのかについてほとんど情報が提供されていない。情報共有や協議の回路として大衆組織に頼ることには問題があることがわかっている（World Bank 2000）。

もうひとつの阻害要因は、地域コミュニティや市民の参加を促進する手段が存在しないことである。プログラム133および135でUNDPが実施した上記アセスメントによれば、計画・実施過程に地元コミュニティの参加を得るようプログラムで要求されているにもかかわらず、この要求を実現するための有益かつ詳細な指針はまったく整備されていない。その他の課題は、社会経済開発戦略・計画案に関して市民からのコメントを集めることと関連するものである。市民が全面的に参加してコメントを述べることを促進するような情報処理の方法が確立されるまでは、あらゆ

る文書の公開が象徴的価値をもつ。ベトナムのNGOとINGOは、このようなギャップを埋めようと試みてきた。

草の根レベルでは、天然資源および持続可能な生計維持手段の開発を管理するために住民が自発的に創設した、数多くの形態のコミュニティが存在する。このようなコミュニティのひとつがベトナム各地で設けられている水利用者グループであり、これは草の根NGOと捉えられている。カムフー・コミューン（タインホア省カンティウィ郡）のタイロン貯水池プロジェクトは、国際NGO、アメリカ・フレンド奉仕団委員会（クウェーカー奉仕団ベトナム）による支援を受けてきた。このプロジェクトは、草の根コミュニティの能力を実証する成功例のひとつである。草の根コミュニティである「水利用者協同組合」では、水利権を地元コミュニティに委譲するという政府の政策を背景として、地元農民が自分たち自身の水資源を自分たち自身のために管理している。このケースは、コミュニティ開発において、また国が履行してこなかった福祉分野の職務に代わるもの（コミューン・レベルでの水の供給）を提供するにあたって、NGOが役割を果たしうることを実証しただけではない。プロジェクトの実施にあたって地元NGO、国際NGOおよび政府が緊密なパートナーシップをとることこそプロジェクトの成功のための重要な要因であることも示している。

開発への住民参加に関するもうひとつの成功例は、アクションエイド・インターナショナル・ベトナムが主導した「経済リテラシー・予算分析グループ（ELBAG）」である。ハティン省で2005年に開始されたこの取組みはその後、全国の他の8省にも広がった。ELBAGのメンバーは農民と、コミューン・レベルの人民評議会および祖国戦線の構成員である。メンバーは、コミューン予算書や社会経済開発計画を読み、理解し、分析し、これについての質問を考えるにあたっての法的枠組みやスキルに関する訓練を受ける。ハザン省では、郡レベルの人民評議会の委員を務めるある女性が次のように語った——「ELBAGに参加するまで、予算については何もわかりませんでした。予算について投票・承認するよう言われたときは、その言葉どおりに手を挙げるだけだったんです。今では予算書が読めるようになったし、全体会議でどんなふうに、何を質問すればいいのか、わかるようになってきました。地元にいる少数民族の子どもたちのための教育に、もっと投資してほしいと思っています」。ハティン省では、地元で進められている道路敷設プロジェクトの予算書に地元のELBAGグループが目を通したことにより、いくつかの汚職事件が発覚した。地域レベル・国レベルで活動するベトナムのNGO約20団体が集まって、「全国ELBAGネットワーク」が結成されている。同ネットワークは、対外債務、予算配分、草の根民主主義の問題に関する国会議員や国民議会予算委員会委員との政策討議のまとめ役を、国民議会で何度か務めてきた。

草の根民主主義は、住民による地方

73

当局の理解およびこれとの協力のあり方にも前向きな変化をもたらしている。やはりハティン省では、地元農民が次のように語った――「今までは、自分たちが払っている税金がどこに行くのか、わかりませんでした。今ではこういう歳入からどういう配分が行われているのかわかって、以前より進んで税金を払おうという気になります」。

ベトナムでは、行政改革・サービスを監視するためのモデルも開始された。ホーチミン市では、世界銀行の資金提供により、5特別区の土地管理・行政事務所における公務員サービス満足度について市民が成績表をつけるという試みが、2004～2005年にかけて行われている。コミュニティ・プロジェクトの社会監査を開始するための第一歩も準備されてきた。これらの取組みはいずれも、NGOによる相当の貢献を受けながら実施されている。

以上のことからもわかるように、ベトナムのNGOはGDDを活用しながら開発活動に人権基盤型開発を応用してきた。

参加の促進がうまくいっているところとそうでないところがあるのはなぜだろうか。ある場所で成功をもたらし、ある場所で失敗に至らしめる構造的要因は何なのだろうか。地域的計画、予算策定および監視が参加型で行われ、選挙で選ばれた官吏との活発な議論に市民が日常的に参加している、よき「モデル」となっているところはほとんどない。それどころか、参加が完璧に実施され、地方自治の劇的向上や開発上の成功につながった地域は、ベトナムでは皆無である。もちろん徐々に進む変化はいくつか見られるが、透明性、説明責任、そして参加型アプローチの採用という3つの分野すべてで高得点を収めているところはない。このことは、ベトナムのあらゆる場所で参加を増進させるために活用できる万能のアプローチなどは存在しないことを示唆するものである。

南アジアのパンチャヤート・モデル17)をベトナムでも検討してはどうかという提案もある。だとしても、大衆組織と伝統的共同体の慣習が独自の役割と影響力を有しているベトナムの文化的・歴史的・政治的状況に適合するよう、パンチャヤート・モデルの強力な地域化を推し進めるべきだという見解もあろう。

これまでに示唆されてきた、参加の成功を示しているのではないかと考えられる指標には、次のようなものがある。

・ボトムアップの参加型計画アプローチ（たとえばVDPの活用）を採用した地域的計画およびプロジェクトの数
・村の会合への参加率（女性・貧困層の参加率を含む）
・村の会合の質（取り上げられた議題の数および発言者数によって判断）
・住民の勧告に基づいて上層部に受け入れられた地域的計画の数

---

17) パンチャヤートとは、インド憲法（第9編）で定められた農村地域のための自治組織のこと。

- コミューン以下のレベルの地域計画会合で決定された予算の数
- 参加型予算策定を通じて決定された資金拠出総額
- 効果的な参加のためのファシリテーション・スキルを身につけた村・コミューンのスタッフの人数
- 参加型プロセスを支えることを意図して実際に実施された研修行事の回数および参加者の幅

最終的には、どのような指標を用いるにせよ、草の根民主主義の成功は2つの主要な分野で判断されるべきである。

① 行動および自治への参加の面で、市民のエンパワーメントはどの程度達成されたか。

② 国は、市民への応答性、説明責任および透明性の面でどの程度変わったか。

より積極的な市民参加に対応するための官僚制——立法府・司法府・行政府を含む——の能力向上は、依然としてGDDの最大の弱点である。参加の増進に対してほとんど反応を示さない政府部門も存在し、そのために参加型草の根民主主義の希望は、あるベトナムの諺を借りれば「来るときは象の頭、出るときは鼠の尾」という状態になってしまっている。コミューンは資源面では依然として郡・特別市・省に依存したままである。立法府は行政府よりも根本的に力が弱いままであり、有権者ともほとんど接触していない。今のところ、信任投票や選挙が本質的には形式的なものにとどまっているため、地方官吏が人民に対して明確な説明責任を負うようにもなっていない。

さらに、ベトナムでは多くの公共政策立案の過程で女性の声に今なお耳が傾けられていない。女性はより低い行政レベルや村レベルの問題の意思決定において二次的な立場に就くことが多く、女性は男性ほど公共のことを志向しないという誤った見方につながっている[18]。しかし、地方政治でより積極的な役割を果たす女性も出てきた。ほとんどの村で女性同盟の支部が設置されたことにより、女性は行政上の問題について発言権を有するようになっている。しかし農村部では女性の村長や党支部長はほとんどおらず、最上級ポストは男性が握ったままであるのが通例である（内務省の推計によれば、党書記のうち女性が占める割合は10%に満たない）。しかし女性のために「留保」されている上級職は少なからず存在し、そのためジェンダーの公正度は行政レベルに伴って向上する傾向にある。農村部と都市部の格差も大きく、都市部のほうが、選挙・任命による政治的機関に女性が積極的に参加している。

公的生活への少数民族集団の参加も限られたままである。少数民族は「能力が低い」「知的水準が低い」と広く考えられている。上級当局も抱いていることの多いこのような偏見は、少数民族

---

18) 女性同盟政策委員会の委員へのインタビュー（ハノイ）。

地域での地方分権化と参加の拡大を相当に妨げる障壁である。実際には、民族地域でこそきわめて強いコミュニティの連帯や参加行動が見られることが多い。少数民族コミュニティの多くは関係が緊密で非常に平等主義的であり、公式には認められていない場合もあるにせよ、相互扶助の伝統、相互支援組織・ネットワークを組織化する伝統を古くから有していることも多い。中央経済管理研究所のある所員もこのような評価に同意し、当局は農村部や少数民族の間で教育水準が低いとしきりにこぼすけれども、実際には、社会的連帯は農村部や少数民族のほうが都市部や多数派のキン民族よりも強いと指摘した。したがって、農村部や少数民族地域のほうが参加への動員は容易なはずである。そうなっていないとすれば、責められるべきなのは少数民族の「能力の低さ」ではなく官吏の側でなければならないと、この所員は主張した[19]。少数民族幹部の研修を強化し、また少数民族言語による情報を(印刷物・口頭の両方の手段で)普及することにいっそう焦点を当てれば、状況の改善に役立つ見込みがある。

農村部と都市部の格差は依然として課題である。都市部の市民がマスメディアを通じて情報によりアクセスしやすい立場にあり、地元代表機関の事務所もすぐ近くであることが多いが、農村部の住民は人民評議会の事務所まで丸一日かけて歩かなければならない場合がある。孤立とインフラの未整備は、これらの地域における参加型自治を妨げる障壁である。しかし都市部も問題に直面している。家族が小規模化し、アパートや団地に引っ越すようになるにつれて、コミュニティの絆をますます失いつつある人々が多い。ホーチミン市の500世帯を対象にしたある調査によると、都市部のベトナム人のうち「隣近所は家族のようなもの」と答えたのはわずか15%だった(Carpenter et al. 2004)。都市部の住民の多くは隣近所の人を知らず、地域グループや区の活動にもあまり時間を割かない。自治へのより直接的な参加を奨励するようなプログラムに対し、コミュニティを基盤とした支援が都市部で得られないことは、ベトナムにおける懸念事項のひとつである。

ホーチミン大統領はかつて、「人民に対し、やらなければならないことを指示するのではなく権利について知らせることは、ベトナムの大きな課題である」と述べた。市民のエンパワーメントを図り、GDDその他の法律に基づく法律上の権利を行使できるようにするためには、国、大衆組織およびNGOによる相当の努力が必要である。GDDを実施することにより、とくに監視との関わりで市民社会が活躍する余地を拡大することができる。これこそが、市民社会組織が世界の他の場所で果たしている役割だからである。他国の経験は、市民社会と政府が革新的なやり方で相互

---

19) 中央経済管理研究所(CIEM)所員へのインタビュー(ハノイ)。

補完を図りながら共通の目標の達成に向けて努力できることを示している。

　たとえばNGOの作業部会を通じてエンパワーメントについての学習・交流を進める余地は、拡大中である。ベトナムのNGOの多くは、社会一般との関係で国内NGOを強化し、経験を学習・共有する方法を見出す目的で、このような余地を拡大するためのドナーやINGOとの連携を歓迎してきた。提案されている方法には、会議の開催、学術誌やニュースレターの発行、国内NGOの能力構築のための資金提供などがある。草の根民主主義の分野で他の似たような団体が行っている活動を知らない国内NGOやINGOが多いとも指摘されてきた。いくつかの国内NGOが市民の権利行使を支援するための似たようなブックレットを制作したりしているほか、多くのGDD支援プロジェクトにも相当の重複がある。毎回白紙の状態から取組みを開始するのではなく、グループが共同で資料を作成し、それをより幅広く普及することもできるはずである。すばらしい実践に関する情報を共有し、直接民主主義の実施について議論するためにドナーと政府が共通の場を持てるよう、「人民参加作業部会」が設置された。

　エンパワーメントのための回路を改善する必要などない人々もいる。ベトナムには、新聞に投書し、国民議会に苦情を申し立て、改善のための提案を長々と列挙したものを党大会に送付する市民がたくさんいるのである。新聞は、地方で起きた汚職事件を明るみに出し、ハノイの官僚を悩ませる内部告発者についての記事をしばしば掲載する。こうした告発者の多くは退職した官吏や退役軍人で、批判や提案に物怖じすることがない。政府にコネがある人々、親戚が政府で働いている人々、都市部の人々、マスメディアにアクセスしやすい人々のほうが、このような役割を果たしやすい可能性がある。ホーチミン市の当局者によれば、ホーチミン市民はテレビやマスメディアを通じてさまざまな問題について熟知しており、したがってGDDに基づく権利についても断固として譲らない。逆に、コネ、情報経路、自信のない人々の場合には声が届かない可能性が高くなる。フィードバックのためのより明確かつ正式な回路が最も必要とされるのは、このような人々である。

　調整を、政府とNGOとのパートナーシップを通じてという形がいいと思われるが、強化していくことにより、能力の問題に関する交流の余地が拡大し、単発的に研修を実施するという現在のシステムから包括的な能力開発プログラムへと移行していくことが可能になるだろう。

5.おわりに

　当然のことながら、ベトナムの開発における人権アプローチは、GDDによって生み出された新しい法的環境とともに始まったわけでもなければ、そこで終わるわけでもない。この枠組みによって、人々が自分たち自身の生活を規律

するという行為により意味のある形で参加するための「扉が開かれた」ことは事実だが、議論しなければならないことはまだまだたくさん残っている。

本稿では、GDAの約束は未だ履行されていないと論じてきた。GDAの枠組みが設けられたことにより、ベトナムの市民社会組織が、住民によるさらなる参加を得ながら開発プロジェクトの実施に貢献してきたことには、留意しておかなければならない。しかし多くの人々にとっては、システムは依然としてアクセスしにくいままである。傾向としては、貧困層、女性、少数民族、社会的に排除されている人々、農村部の人々、政府にコネがない人々などがこのような状況に置かれている。クアンビン省における森林地配分問題でも見られたように、人々は、とくにへき地や農村部では、広大な土地の管理についてあまり発言権を有していない。ハータイ省のように急速に都市化しつつある地域では、国の機関が行う不透明な土地取引により、農民が公正な補償を受けられずに騙されていると感じている。多くの場合、参加が行われていないために、政府職員の説明責任も弱められてきた。

ベトナムは集中的かつ同時並行的な経済的・政治的変革のさなかにある。ベトナムが世界貿易機関に加盟したことにより、改革は加速し、あらゆる経済部門に甚大な影響が及ぶことになろう。経済はますます複雑化し、これまでになく多様な管理手法が必要とされるようになるはずである。その過程では、開発政策・実践における国以外の主体、とくに協同組合、国際金融機関、海外援助の役割がはるかに重要なものとなろう。したがって市民社会組織は、開発において人権アプローチを適用する際に生じる可能性があるリスクをいっそう警戒することにより、周縁化された集団の声に耳が傾けられ、対応がとられるようにしなければならない。

同時に、ベトナム人民の政治的洗練の度合いも高まっていくことになろう。ベトナム人民は、公的制度がどのように運営されているかについて知り、自分たちに影響する決定について影響力を行使したいと望むはずである。このような双子のプロセスをさばいていくのは、容易なことではない。ベトナムの諸条件にぴったり合った青写真やモデルは存在しないためである。現在生まれつつあるモデルは、今なお形が定まっていない。国内NGOとINGOから構成されるベトナムの市民社会組織は、民主的市民性、人権への参加、すべての人の経済的繁栄を促進するような民主主義を創り出すことに貢献していく。

（訳：平野裕二）

● コラム

草の根民主主義法（GDA）
34/2007/PL-UBTVQH（2007年4月20日付）〔抜粋・非公式訳〕

第2条：GDAを実施する際の原則
1．公の秩序、憲法の規則および法律の規定を確保すること。
2．人民の知る権利、意見を述べる権利、決定する権利、実施する権利、および、地域レベルでの本法の実施について監督する権利を確保すること。
3．国益、諸機関の法的権利および資格ならびに個人を保護すること。
4．コミューン・レベルで民主主義を促進する過程全体を通じ、開かれた、かつ透明な対応をとること。
5．党の指導性および国による管理を確保すること。

第3条：GDAを実施する責任
1．コミューン・レベルの人民評議会および人民委員会、ならびに、関連の権利および職務を有する諸機関および個人は、その職務および責任の範囲内で、コミューン・レベルにおける草の根民主主義の促進の組織化について責任を負う。
2．コミューン・レベルの人民評議会および人民委員会は、同じレベルにある祖国戦線およびその構成員とともに、コミューン・レベルで草の根民主主義を促進する過程の組織化の調整について責任を負う。
3．コミューン・レベルの祖国戦線委員会およびその構成員は、コミューン・レベルで草の根民主主義を実施するために地方人民の意識喚起および動員を実施すること、およびこれに参加することについて責任を負う。

第5条：公衆によるアクセスのために公開されるべき情報
1．社会経済開発計画、経済構造の変革に関わる選択肢、ならびに、コミューンの年間予算および貸借対照表。
2．投資プロジェクトおよび投資事業（その優先順位を含む）、進行日程、補償計画、土地取得支援、コミューン現地における構造物またはプロジェクトに関わる移転、土地利用に関するマスター計画および詳細計画、土地区画整理、ならびに、コミューンにおける居住の手配。
3．人民が提起する問題に直接対応するコミューン・レベルの幹部職員の職務および権利。
4．コミューン・レベルで利用可能な、プログラムまたはプロジェクトに基づく資金、投資品目または提供資金の利用および管理。地域の人民による拠出が必要な品目。
5．生産力開発ならびに飢餓の根絶および貧困削減を目的とした、人民に対する信用融資支援のための戦略および計画。生産力開発のための信用融資支援、社会手当、「情愛館」*建設、無償の健康保険証の発給に関する審査手続を貧困世帯が受けるための方法およびその結果。
6．行政単位を新たに設置、併合もしくは分割し、またはコミューン・レベルに直接関わる行政区画を修正するための提案。
7．コミューンおよび村のレベルにおける幹部の汚職の査察、調査および汚職事件への対応の結果および認定事実。コミューン・レベルの人民評議会および人民委員会の議長および副議長の信任投票の結果。
8．コミューン・レベルの当局の責任の範囲内にある問題であって、本法第19条に定められたコミューン当局による協議を経たものに関する、人民からのフィードバックのフォローアップの内容および結果。

9．コミューン・レベルの当局が直接徴収する手数料、税その他の財政負担の費目および額。
10．コミューン・レベルの当局の責任の範囲内にある人民の問題について設けられている行政手続に関する法律および法的規則。
11．その他の情報であって、法律によって定められているもの、国の当局が求めているもの、またはコミューン当局が必要に応じて求めるもの。

第10条：人民が直接議論し、かつ決定する問題
　コミューンまたは村の管轄内にあるインフラまたは公共福祉施設であって、その建設のための財源のすべてまたは一部を人民が拠出するものについては、その建設のための指針および拠出額は人民が直接議論し、かつ決定する。法律に従ってコミュニティの責任の範囲内にあるとされているその他の問題についても、同様とする。

第13条：人民が議論し、かつ投票するが、決定は上級公的機関に委ねられる問題
1．村の条例および規則。
2．村長の選出、免職または解任。
3．人民査察委員会およびコミュニティ投資監視委員会の委員の選出および解任。

第19条：人民との協議の対象とされる問題
1．コミューンの社会経済開発計画の提案原案、経済構造および生産構造の修正に関わる選択肢、定住および移転に関わる計画、新経済区、ならびに、コミューン・レベルにおける生計手段開発の新たな選択肢。
2．土地利用に関するマスター計画案および詳細計画、その修正に関わる選択肢、ならびに、コミューンの管理責任下にある土地の管理および使用。
3．コミューンにおける開発プログラムおよびプロジェクトの展開計画案、土地の立退きおよびインフラ建設に関わる補償または支援のための戦略および選択肢、ならびに、移転および居住地域の選択肢。
4．コミューンに直接関わる行政区画の新設、併合または分割に関する計画原案。
5．法律の定めにより、または権限のある国の当局の要請により、もしくはコミューンの当局が必要と認めた場合に、人民の意見を必要とするその他の問題。

第23条：人民が監督しかつ監視する問題
　人民は、本法第5条、第10条、第13条および第19条で定められているすべての内容の実施を監視する。

第26条：信任投票
1．コミューン人民評議会の各任期中2年ごとに、同じレベルにあるベトナム祖国戦線の常任委員会は、コミューン・レベルの人民評議会の議長および副議長ならびに人民委員会の議長および副議長について信任投票を実施する。
2．当該信任投票に参加するのは、ベトナム祖国戦線の構成員、コミューン・レベルの大衆組織の常務委員会を構成する常務委員、人民査察委員会の議長、（存在する場合には）コミュニティ投資監視委員会の議長、コミューン党細胞の書記長、村長、居住ブロック長、ならびに、生活ブロックおよび村のレベルに設けられている祖国戦線の長とする。
3．コミューン・レベルに設けられているベトナム祖国戦線の常務委員会は、この信任投票の結果および常務委員会としての勧告を、同じレベルにある人民評議会および他の関連機関に送付する。

＊　情愛館（kind-hearted house）とは通常、国以外の主体、とくに祖国戦線、大衆組織、個人、協同組合およびNGOからの財政支援を得て、貧しい人々や窮乏した人々のために建設される施設を指す。

《参考文献》
・ActionAid International (2006). *Rights to End Poverty Global Monitoring Framework (Internal Discussion Paper)*, ActionAid International.
・CIA Statistical Book (2007). <https://www.cia.gov>
・Tran Thi Thu Trang (2004). "Local Politics and Democracy in a Muong Ethnic Community" in Kerkvliet, B. and Marr, G. *Beyond Hanoy,* NIAS Press.
・Tuoi tre Daily Newspaper Online <http://www.tuoitre.com.vn>
・World Bank (2007). *Rethinking Decentralisation in Developing Countries (Discussion Paper),* the World Bank.
・Zingerli, C. (2004). "Politics in Mountain Communes: Exploring Vietnamese Grassroots Democracy" in McCargo, D. ed., *Rethinking Southeast Asia,* University of Leeds.

The Role of the United Nations in Developing the Human Rights-Based Approach: In Search of Policy for the Socially Vulnerable

人権基盤型アプローチの発展における国連機関の役割
脆弱な社会層への政策を求めて

勝間 靖 ●KATSUMA Yasushi

1. 社会開発と人権

　社会開発の理論と実践において、人権が注目されるようになってきた。その理由として、少なくとも以下の3点を挙げることができる（勝間2007）。第1に、国際人権法をめぐる国連での議論において、第3世代の人権とも呼ばれる「発展の権利」が近年になって再び注目を浴び、その法理論を開発の政策と実践へ結びつけようという動きが活発化している。第2点として、途上国開発において社会開発が重視されるようになり、基礎的な社会サービスへのアクセスこそが、国際社会が達成すべきミレニアム開発目標そのものだとされるようになった。そして、第3に、国連システム改革の文脈において、開発において人権を主流化させようという機運が高まっており、それが各国連機関だけでなく、一部の二国間援助機関やNGOへも波及している。

　以上のような3つの視角から、開発において人権が重視されるようになった経緯を振り返りながら、国連機関、なかでも国連児童基金（以下、ユニセフ）を事例として、人権基盤型アプローチ（human rights-based approach）の展開について論じたい。

⑴　「発展の権利」による社会開発と人権との結合

　まず、「発展の権利」（United Nations 1986）は、自由権的人権と社会権的人権とを統合する包括的な人権アプローチとして理解されるようになってきている。そこでは、発展または開発とは人権そのものであると捉えられる（Alston & Robinson 2005）。つまり、社会開発には国際的に普遍性のある規範が付与されるようになった。筆者は、その考え方が開発政策の形で具体化されたものとして、国連総会の場で世界のリーダーによって決議された『国連ミレニアム宣言』と、そこから派生したミレニアム開発目標とを位置づ

けていいのではないかと考えている。

(2) 国連開発における人権の主流化

グローバルなレベルでは国連開発グループを通して、それぞれの途上国においては国連開発援助枠組みというメカニズムを通して、開発における人権の主流化が進展している。その過程において、これまで、国連人権高等弁務官が重要な役割を果たしてきた（United Nations 2005）。人権を侵害するような開発は論外なのは当然であるが、そこでは、さらに踏み込んで、人権を実現するための手段として開発を捉える考え方が強い（OECD 2006）。とくに、子どもの権利条約の実現を目的とするユニセフにおいては、基礎的な社会サービスの重視が非常に顕著である。そこでは、たとえば、教育は経済発展のための手段としてではなく、教育そのものが人権を実現するための目的として理解される傾向にある。2005年の国連総会決議による国連人権理事会の創設によって、国連開発における人権の主流化という傾向はこれまで以上に強化されるのではないかと思われる。

(3) 基礎的な社会サービス――権利 vs ニーズ

人権アプローチにおいては、子どもの生存・発達・参加などを権利として捉えたうえで、その権利の実現について履行義務を負う主体を想定している。これは、基本ニーズ・アプローチ（basic human needs-based approach）とは大きく違う。たとえば、子どもの権利条約において、子どもは権利主体として位置づけられる。そして、この条約を署名および批准した国は、履行義務を負う主体である。たとえば、子どもの権利条約を組織の目的とするユニセフは、保健や教育といった基礎的な社会サービスについて、ニーズを満たすというよりも、権利を実現するためのものと捉え直してきた。そこでの考え方は、ニーズは満たされるものでしかないが、権利は普遍的に実現されるべき、というものである（Jonsson 2003）。その結果、「非差別（non-discrimination）」の原則から見て、社会における格差を拡大するような開発協力は許容されないと同時に、最も脆弱な社会層に置かれた人々のエンパワーメントをめざした開発を優先させなければならなくなる（勝間 2005）。

2. ユニセフにおける人権アプローチの発展

開発における人権の主流化について、国連開発グループに焦点を絞りながら、もう少し詳しく論じたい。まず、国連開発グループと国連人権高等弁務官との関係をみたのち、国連開発グループ執行委員会のメンバーであるユニセフにおける人権アプローチの発展を論じる。

(1) 国連開発グループと国連人権高等弁務官

国連事務総長が設立した4つの執行

委員会の1つである国連開発グループを見ると、その基本目的として、国連人権高等弁務官との協力によって、国連の開発活動に人権を組み入れることが明記されている(UNDG 1997)。1998年2月3日の国連開発グループ執行委員会において、国連人権高等弁務官は、国連の開発活動に「発展の権利」を導入する枠組みづくりについて質問した。それを受けて、執行委員会は、「発展の権利」暫定サブ・グループを設置することを決議した。その目的は、開発活動における人権の側面を強化するために必要とされる国連開発グループとしての共通アプローチの定義づけ、国連開発グループ全体とそのメンバー各機関の人権目標の設定、国連開発グループの職員のための「発展の権利」に関する訓練教材の作成である。

1998年2月27日の「発展の権利」暫定サブ・グループの第1回目の会合では、国連開発援助枠組みに重点を置くことと、国連開発援助枠組みの基本文書の中に「発展の権利」を取り入れることを決定した(UNHCHR 1998)。これによって、「発展の権利」が、国連開発機関が一緒に活動するための中心的な組織文化となったといえる(勝間 2004)。

(2) 世界子どもサミットから子どもの権利条約へ

これまでユニセフは、子どもへ基礎的な社会サービスを提供する機関として捉えられてきた。予防接種などの活動は、その典型的なイメージであろう。このようなユニセフの側面は、1990年の世界子どもサミットで合意された2000年までに達成すべき目標に具体的に表れている。乳幼児死亡率、妊産婦死亡率、栄養不良率の引下げ、安全な飲料水や衛生へのアクセス、基礎教育へのアクセス、成人非識字率の引下げ、とくに困難な状況にある子どもの保護は、その具体的な例である。このような基礎的な社会サービスの提供は、現在でもユニセフの中心的な活動である。しかし、1989年に採択された子どもの権利条約は、ユニセフの開発への取組みを、基本ニーズ・アプローチから、人権アプローチへと転換させていくことになる。この転換により、従来からの基礎的な社会サービスの提供が、権利の実現という観点から捉え直されると同時に、自由権的人権という新しい分野における活動が開始されるのである。

ユニセフ執行理事会は、決議1991/9 (E/ICEF/1991/15)によって、子どもの権利条約の45条をフォローアップすることを重要な活動とした。つまり、子どもの権利条約を批准した国において、国内法をそれに調和させるための法律分野での活動を始めた。ユニセフが活動している国のほとんどにおいて批准されているため、事実上、ユニセフのフィールドにおける活動の重要な柱のひとつとして位置づけられている。さらに、子どもの権利条約を「看板」とした資源動員が謳われるようになった(Himes & Saltrarelli 1996)。1959年の子どもの権利宣言は国際法上の拘束力がなかったため、それまでユニセ

フでは人権が前面に出されることはあまりなかったが、1989年の子どもの権利条約の採択によって、子どもの人権という観点からのアドボカシーが重視されるようになった。しかし、当初は、政府や国連人権機関との渉外関係として扱われることが多く、ユニセフの開発政策と実践における人権の主流化はすぐには進まなかった (Black 1996)。そこで、フィレンツェに所在するユニセフのイノチェンティ研究センターは、世界子どもサミットの目標と、子どもの権利条約の条項との相互補完性という考え方を打ち出すことによって、人権の主流化を促進した。その後の1996年には、子どもの権利条約の実現を明確に謳った基本目的文書が採択されている。

こういった政策の変化に伴い、ユニセフ本部では、子どもの権利を活動の軸とするための組織改革が進められた。当初、子どもの権利は、「とくに困難な状況にある子どもの保護」と同一視されるという混乱があったが、次第にすべてのプログラムを横断する枠組みとして捉えられるようになってきた(勝間2004)。

⑶ ユニセフの「人権アプローチ」

いかに子どもの権利条約を国内的に実施していくべきかについては、法律の観点から、『子どもの権利条約を実施するためのハンドブック』に詳細にまとめられている (Hodgkin & Newell 2002)。しかし、具体的にどのような方法論を用いてユニセフの開発政策および実践へ取り入れるかについては、いまだに試行錯誤が続いている。

政策レベルでは、基本ニーズを満たすというこれまでの目標を拡大し、子どもの基本的権利を遵守することをユニセフの活動目標とすることとされた。ユニセフにとっては、従来までの基礎的な社会サービス分野の開発活動は社会権的人権として捉えられるようになり、子どもの権利条約による新しい分野として自由権的人権が加えられた。たとえば、名前や国籍への権利(第7条)は、新しい活動分野として急速に発展した。

開発の実践への導入については、1998年4月に人権を基盤としたアプローチのためのガイドラインが出された (UNICEF 1998)。そこでは、第1に、子どもの権利条約は、これまでユニセフの活動を規定してきた倫理的な原則に対して法的根拠を与えるものとして位置づけられている。第2に、ユニセフによる子どもの現状の把握と分析は、子どもの権利条約遵守のための政府のモニタリングや報告の義務と関連づけることによって、より効果的に活用される。第3に、ユニセフの政府への協力は、市民社会との連帯を伴うことによって、インパクトを高めることができる。第4に、ユニセフは、政府の社会政策に対する影響力を高める必要がある。そして、政府だけでなく市民社会の資源のより多くが子どものために効率的に使われるよう働きかけていくべきであろう。最後に、短期的には子どもの生存や保護といった緊急なニーズに応えつつ、長期的には子どもの権利の実現を可能とす

る社会、経済、法的な変革を進めていくために、よりいっそうセクターを統合した形で開発実践を進めていくことが求められている。

3. エクアドルにおける経済危機と社会政策

エクアドルは、1999年から2001年まで、前例のない経済危機に直面した。ブラジル、メキシコ、ロシア連邦、アジア諸国で起こった経済危機は、石油の国際的な需要を縮小させ、原油価格の下落をもたらしたが、それは世界経済に対して波及効果をもたらしていった。当時のエクアドルは、一次産品、とくに原油の輸出に過度に依存していたことに加え、国内総生産に匹敵するほどの債務を負っていたため、輸出する原油価格の下落はエクアドル経済を崩壊させるまでに至った。具体的には、1999年には国際通貨基金に対して債務不履行に陥った。そして、半分以上の銀行は閉鎖されるか国家に収用され、エクアドル国内で用いられる通貨は米ドルへと移行した。このような経済危機にあって、1998年から2000年までの間に、エクアドルでは、国内総生産が45%減少したのである。

この経済危機は、財政面にとどまることなく、社会面および政治面においても危機をもたらした。とくに、貧困層が400万人から840万人へと増加したことは特筆すべきことである。つまり、このエクアドルを襲った危機は、最も脆弱な社会層に大きな影響を及ぼし、市民の政治参加を低下させると同時に、エリート層によるトップダウンの政策形成を招くこととなり、民主主義のプロセスを危うくしたのである。

こうしたなか、ユニセフのエクアドルにおける活動は、従来からのプロジェクトを中心とした草の根の開発支援から、財政政策や社会政策への影響力行使へと移行していった。なぜなら、このような大きな社会変動のなか、草の根レベルでのプロジェクトでは、急増した脆弱な社会層へ支援を届けることが不可能と見られたからである。つまり、財政政策は、脆弱な社会層が最も必要とする社会セクターへの歳出を維持・増加するための政策提言の場として捉えられた。そして、社会政策は、危機に対応するための新しいプログラムを企画・実施するために必要とされる議論であった。

(1) 子どもと青少年の権利のための監視機関

危機に面したエクアドルにおいて、1999年末、ユニセフは財政政策と社会政策に焦点を絞ることに決め、内外の専門家から構成される研究チームを発足させ、経済危機の子どもに対する悪影響について調査を開始した。この報告書は、財政危機と社会危機との相互連関性を分析したうえで、危機に対して包括的なアプローチの重要性を指摘しながら、経済政策だけでなく、脆弱な社会層への社会政策を提案した。また、保健と教育のセクターにおける予算配分が極度に削減されているだけで

なく、地域間に不平等をもたらしている問題を指摘した。そして、保健や教育といった社会セクターへの歳出が、最貧困層に向けられておらず、社会的な投資としては非効率的であるとした。さらに、債務返済や非社会セクターへの予算配分と比較しても、保健や教育のセクターへの支出が少なすぎており、是正されるべきと提言した。

この調査結果は、エクアドルにおいて影響力をもつ人々に報告された。そのなかには大統領、大臣、政党の幹部も含まれていた。とくに社会福祉大臣にとっては、2000年度の予算獲得の論拠となるデータとして有効に活用された。その結果、当初の予算案から15.5％増の予算配分を受けることができた（Raphael 2002）。その後、大統領は、ユニセフに対して、子どもが直面する危機と、社会支出をモニターするよう正式に要請した。その結果、ユニセフは、財政経済省のデータベースへのアクセスを認められ、データを分析することが可能となった（Raphael 2002）。そのことにより、2001年度にはより多くの予算が保健・教育分野に配分されるようになった。

2000年初め、ユニセフの協力によって、「子どもと青少年の権利のための監視機関（Observatorio de los Derechos de la Niñez y Adolescencia）」が設立された（国連児童基金2006）。この監視機関はエクアドルにおいて影響力のある著名なメンバーによって構成されるNGOであるが、その目的は、子どもと青少年の権利が遵守されているかどうかをチェックし、この分野に十分な社会的な投資がされているかどうかを報告することである（Observatorio de los Derechos de la Niñez y Adolescencia, et. al 2006）。そして、その結果をもとに、政策決定者に対して働きかけを行う。具体的には、子どもが直面している状況について意識を高めてもらい、社会セクターへの投資を増やすよう影響力を行使する。そのプロセスにおいては、企業家、社会組織、メディアを含めた市民社会のメンバーにも関与してもらおうとする（UNICEF 2005）。

⑵　財政に関する監視機関

2000年9月からは、財政データを使った『社会支出はどうなっているのか？（Cómo Va el Gasto Social?）』という名称の情報誌がユニセフによって不定期に発行されるようになった。保健、教育、社会福祉への予算の使われ方についてわかりやすく説明したもので、1,500部が立法者、NGO、企業家、メディアへと配布された。これは、財政に関する情報を「民主化」する効果をもたらし、社会的正義の視点から市民が監視できるようになった。

こうした動きは、「財政に関する監視機関（Observatorio de la Política Fiscal）」（詳しくは、http://www.observatoriofiscal.orgを参照）の活動として継続されてきた。この財政に関する監視機関は、政府からも一目置かれているような著名な市民によって構成されるNGOであり、国連開発計画

(UNDP)とユニセフから協力を受けている。この監視機関の目的は、公平性を伴った経済発展の基盤となるような、持続可能な財政政策の促進である。そこでは、持続的な人間開発が重要だとされている。こうした目的を達成するために、財政に関する監視機関は、財政のマネジメントと透明性についてモニター・評価し、勧告を公開で出し、市民社会に対して情報を提供する。また、市民に対しては財政についての意識を向上させると同時に、財政担当者に対しては説明責任を求めていくのである(UNICEF 2005)。

こうした努力もあり、社会セクターへの歳出は、2000年に1人当たり55米ドルだったのが、2001年には83米ドルへと引き上げられた。それに伴い、子どもの教育へのアクセスも、危機以前の水準に回復した(UNICEF 2005)。

4. 社会政策への人権アプローチ

以上のようなエクアドルにおける社会政策への働きかけは、3段階からなるプロセスを経て行われたと評価されている(United Nations 2003)。

第1段階として、倫理上の変革を求める声を拡大することに力が注がれた。つまり、企業家、NGO、メディアといった社会組織に声をかけて、共通した目標を表現したメッセージが作られた。そして、その共通のメッセージは、子どもの権利条約の原則の具体的な適用を求める呼びかけとして発信された。とくに、最も社会的に排除されている最貧困層、先住民、村落地域の子どもの権利を守るために、非差別の原則と普遍性の原則が強調された。さらに、すべての子どもは健康であるべきで、学校で学ぶことができるべきである、といったメッセージを繰り返し発信することによって、エクアドルにおけるユニセフの倫理的な権威性を高めていった。

第2の段階においては、社会緊急計画の作成がめざされた。これは、危機に対応するなかで、優先順位の高いプログラムを企画するための具体的な提案である。そこでは、費用と効果を計りながら、何が最も優先されるべきかが論じられた。実際には、4つの作業が同時に進められた。1つは、政府や市民社会組織との協働による、保健・栄養・教育のための優先プログラムの企画である。2つ目に、社会緊急計画における役割分担であり、国家レベルや現場レベルにおいて責任の所在が明確化された。3つ目は、貧困層への到達、既存のプログラムとの相互補完性、サービスの質について、優先プログラムがより効果的に運営されるような手法を見出すことである。最後に、短期的な危機が終わることを見据えて、中期的および長期的なビジョンを準備しておく作業である。

第3の段階では、履行義務を負う主体(duty bearers)に説明責任を果たしてもらえるよう、コミュニティによる参加と監視が強化された。コミュニティ参加の拡大のためには、いくつかの方法が用いられた。つまり、会議や協議会

における市民参加の奨励、わかりやすく視覚に訴えるコミュニケーション手法、情報を共有するよう各団体への働きかけ、そして最後に、上記のような常設的な監視機関の設置である。

こうした、国家レベルにおける社会政策への人権アプローチは、ユニセフにとって新しい試みである（Freeman 2005）。従来からユニセフは、コミュニティにおける草の根レベルでの開発プロジェクトについて人権アプローチを数多くとってきており、豊富な経験が蓄積されている。しかし、国家レベルにおける人権アプローチについては、エクアドルやメキシコ（勝間1999）などのラテンアメリカの中進国において展開されてきているのみであった。

もっとも、政策レベルにおける人権アプローチが、ユニセフにとってまったく新しいものかというと、そうでもないように思える。子どもの権利条約以前にも、1980年代中頃に、世界銀行の構造調整に対抗して、ユニセフ本部の政策研究者たちは「人間の顔をした構造調整（Adjustment with a Human Face）」（Cornia, Jolly & Stewart 1987）を提示している。ただ、この頃には、「人権」という視点よりは、開発経済学の中で「社会的正義」を伴った経済発展のあり方を論じたのだといえよう。その後、1990年代中頃になって、再び社会政策を論じようという機運がユニセフの政策研究者たちのなかで生まれた結果、「グローバル化における子どもたち（Children in a Globalising World）」研究プロジェクトが立ち上げられ、筆者も当時の勤務地であったメキシコから参画した（Katsuma 1998）。ところが、残念ながら、ユニセフ本部の当時のトップ・マネジメントのコミットメントが不十分だったこともあり、この研究プロジェクトは頓挫してしまった。しかしながら、そうした機運がメキシコやエクアドルのユニセフ事務所に残り、上述の人権の主流化とあいまって、社会政策への人権アプローチという新しい取組みがユニセフの中で発展していったのではないかと考えている。

［追記］本稿は、早稲田大学2006年度特定課題研究助成費（2006A-933）による研究成果の一部である。

《参考文献》
・勝間靖（2007）「社会開発と人権」佐藤寛＝アジア経済研究所開発スクール編『テキスト社会開発——貧困削減への新たな道筋』日本評論社
・勝間靖（2005）「人権アプローチの視点からみた子どものエンパワーメント」佐藤寛編著『援助とエンパワーメント——能力開発と社会環境変化の組み合わせ』アジア経済研究所
・勝間靖（2004）「開発における人権の主流化——国連開発援助枠組の形成を中心として」IPSHU研究報告シリーズ［人間の安全保障論の再検討］31号（広島大学平和科学研究センター）、pp.85-111.
・勝間靖（1999）「グローバリゼーションの社会的弱者への影響——メキシコの現状と政府の果たすべき役割」ラテンアメリカ・レポート16巻1号
・国連児童基金（2006）『世界子供白書2006——存在しない子どもたち』日本ユニセフ協会
・Alston, P. & Robinson, M. (2005). *Human Rights and Development: Towards Mutual Reinforcement.* Oxford University Press.
・Black, M. (1996). *Children First: The Story of UNICEF, Past and Present.* New York: Oxford University Press.
・Cornia, G.A., Jolly, R. & Stewart, F. (Eds.) (1987). *Adjustment with a Human Face: Protecting the Vulnerable and Promoting Growth.* Clarendon Press.
・Freeman, T. (2005). Country programme

evaluation in an era of change. Evaluation Working Paper, UNICEF Evaluation Office.
・Himes, J. R. & Saltrarelli, D. (1996). *Implementing the Convention on the Rights of the Child: Resource mobilization in low-income countries [Summary]*. Florence: UNICEF.
・Hodgkin, R. & Newell, P. (2002). *Implementation Handbook for the Convention on the Rights of the Child*. New York: UNICEF.
・Jonsson, U. (2003). *Human Rights Approach to Development Programming*. UNICEF Eastern and Southern Africa Regional Office.
・Katsuma, Y. (1998). Children in a globalising world: Increased vulnerability of Mexican children and recommendations for action, Paper presented at the UNICEF EPP Review Panel meeting on Children in a Globalising World, New York, 28-29 September.
・Observatorio de los Derechos de la Niñez y Adolescencia, Observatorio Social del Ecuador & UNICEF (2006). *Estado de los Derechos de la Niñez y la Adolescencia en el Ecuador 2005*. UNICEF Ecuador Country Office.
・Organisation for Economic Co-Operation and Development (2006). *Integrating Human Rights into Development: Donor Approaches, Experiences and Challenges*, OECD.
・Raphael, A. (2002). UNICEF-Ecuador: Budgets and rights, *mimeo*.
・UNDG (1997). Statement of purpose: United Nations Development Group (UNDG) and the Executive Committee of the UNDG, November. *mimeo*.
・UNHCHR (1998). A background paper on the right to development. Paper prepared for UNDAF training session, Rome, 30-31 March. *mimeo*.
・UNICEF (2005). *Investing in Children and Adolescents: Arguments and Approaches for Advocacy*. UNICEF.
・UNICEF (1998). A human rights approach to UNICEF programming for children and women: What it is, and some changes it will bring. (CF/EXD/1998-04), April.
・United Nations, Economic and Social Council (2005). The right to development: Report of the United Nations High Commissioner for Human Rights (E/CN.4/2006/24), Commission on Human Rights.
・United Nations, Economic and Social Council (2003). Summary of mid-term reviews and major evaluations of country programmes: Americas and the Caribbean region (E/ICEF/2003/P/L.24), United Nations Children's Fund.
・United Nations, General Assembly (1986). Declaration on the right to development (A/RES/41/128).

A Reading Guide on Human Rights-Based Approach to Development

人権アプローチに関する文献案内
これから人権基盤型アプローチを学ぶ人へ

岡島克樹●OKAJIMA Katsuki

　「人権と人間の安全保障研究会」は、メーリングリストと会合を通じて、「人権基盤型アプローチ」(以下、人権アプローチと略) について情報交換し、メンバーの研究・実践の改善につなげることを意図して、2006年4月に発足した。同研究会では、人権アプローチを実践する国連機関やNGOのスタッフを招いて彼らからの発表を聞き、それぞれの組織における人権アプローチの動きの背景や内容、意義を学ぶということのほか、これまで、人権アプローチに関連する文献のいくつかを取り上げ、概容を確認し、その価値を検討するということも行ってきた。本稿では、そうした同研究会の成果を下敷きにしつつ、筆者が収集した文献のなかからいくつか重要であると思われる文献を加えて紹介し、今後、人権アプローチについて学ぶ人への助けとしたい。

　本稿の構成としては、まず、①そもそも人権アプローチとは何かという人権アプローチの定義、人権アプローチがなぜ唱えられるようになってきたのかという人権アプローチ議論の背景、「人権アプローチ」といっても必ずしも1つの共通理解があるのではなく、実際には多様な議論が展開されているので、人権アプローチの多様性などについて扱う文献を紹介する。続いて、②人権アプローチは、現在では、いくつかの多国間開発協力機関、二国間開発協力機関、開発系大手国際NGOのなかでも、その機関の事業全体に影響を及ぼす政策にも取り入れられてきている。したがって、人権アプローチがこうした開発協力機関の政策レベルでどのように扱われているのかということに関する文献を紹介する。最後に、③人権アプローチは、政策レベルのみならず、実際の開発協力の事業でも実践に移されている。そして、人権アプローチ実践の開始からすでに一定の時間が経過し、現在、それがいったいどのような効果と影響をもたらしてきたのか、どのように「よい」ものなのか、より「よく」するために

はどのような課題や教訓があるのかを検討する評価的な動きも存在する。そこで、人権アプローチの実践およびその評価に関する文献を紹介する。

なお、実際の文献は、上記①②③という3つのカテゴリーをまたがる形で議論を進めているものがほとんどであり、このカテゴリー分けは、あくまでも便宜的なものであることをあらかじめお断りしておく。

また、紹介する文献がインターネット上に存在し、ダウンロードが可能である場合は、文献名の後にURLを付記しておいた。しかし、本稿に記載されたURLは本稿執筆時点である2008年1月において参照可能であったものであることを申し添える。

1. 人権基盤型アプローチとは何か

そもそも人権アプローチとは何か。この問いに対して、おそらくもっとも平易な言葉で、かつ、一定の包括性をもって一般的な理解を示している文献は、国連人権高等弁務官事務所が世界保健機関やユニセフ、国連開発計画、国連女性開発基金、国連人口基金の協力を得て作成したOHCHR（2006）*Frequently Asked Questions on a Human Rights-Based Approach to Development Cooperation* (http://www.un.org/depts/dhl/humanrights/toc/toc9.pdf) と題するものである。この文献は、国連職員を主要読者として設定し、国連内においては、職員が人権アプローチに関する基本的な知識を獲得することを通じて、国別に策定される国連開発協力機関共通の事業方針である「国連開発援助枠組み」やそれのもとになる「共通国別アセスメント」および具体的な事業において人権アプローチをより主流化しようとするものである。また、国連の外に対しては、途上国政府や他開発協力機関から出てくると想定されるさまざまな反応に備えるために作られた問答集である。そのため、この文献は、4つの章にまたがる計30のQ&Aの中で、「規範的には国際人権基準に基づき、実践的には人権を促進し保護する人間開発のプロセスのための概念的枠組みである。それは開発問題の中心に位置する不平等の分析と、開発の進捗を妨げる、差別的な行動と不公正な権力配分の是正に努めるものである」という人権アプローチの定義(p.15)を紹介するとともに、①法学以外の学問領域で専門的なトレーニングを受けてきた大半の国連職員のために、「人権」とは何か、「人権」の諸原則（普遍性と非剥奪性、不可分性、相互依存・関連性、非差別と平等、参加と包摂、アカウンタビリティと法の支配）を確認する。また、②開発協力関係者の間で頻繁に使われる用語と人権との関係について、それぞれ半ページから1ページ程度の短い解説を行っている。この用語とは、1990年代以降、とくに頻繁に議論されてきた「貧困削減」や「経済成長」「グッド・ガバナンス」「MDGs」「ジェンダー主流化」「紛争予防」「キャパシティ・ビルディング」

「オーナーシップ」「政府の役割」(「大きな政府」vs.「小さな政府」)である。このほか、開発ワーカーの勤務地が途上国であるということを反映して、この文献は、③もちろん、人権と資源の不足や文化との関係についても記述を置き、また、人権アプローチの採用が開発援助の実際の業務に具体的にどのような違いをもたらすのかということについても触れている。非差別原則やアカウンタビリティ原則、参加原則といった人権自体もしくは人権アプローチの諸原則から導かれる変化として、最貧困層や複数の差別を受けている人々への注目と、これを具体化する超セクター的（trans-sectoral）な案件形成の推進、責務履行者および権利保持者双方の意識と能力の向上、不服申請メカニズムの構築・強化、参加をいっそう「積極的で、自由で、意味のある」ものにする努力などを挙げている。そのような案件形成の際に用いる具体的な手法についても、被差別層ごとに分類した（disaggregated）データ収集・分析、因果関係分析（causality analysis）、役割・責務分析（role/obligation analysis）、キャパシティ・ギャップ分析（capacity gap analysis）といったツールを紹介している。さらに、この文献は、「一般的レファレンス」「概念的文書」「技術的・政策的文書」「その他、有益なウェブリンク」に分類して、すべてウェブ上で入手可能な文献36点をリストアップしている。

　人権アプローチに関する議論のなかで主要論点を相当に包括的に列挙し、わかりやすく短く解説するこの文献は、人権アプローチを研究するうえで思考の基本的枠組みを提供してくれるものである。しかし、他方でこの文献は、文章の性質上、その包括性がミニマムなレベルでとどまっており、必ずしも網羅的であるとはいえない点、また、人権アプローチをすでに確立したひとつの概念・アプローチとしてスタティックに扱う傾向があるという点において、完全なものではない。換言すれば、扱われていない、もしくは、扱われていたとしても、実際に存在する議論の深さを十分に反映しない程度でしか言及されていないイシューもあるのであり、（人権アプローチという枠組みをあまりにもルースに定義して、人権アプローチに無関係なものまで人権アプローチに込めることはもちろん有害であるものの）人権アプローチの多様性、すなわち、複数形としての人権approachesという、現在、繰り広げられている人権アプローチ議論の豊かな姿を紹介できていないのである。

　以下では、人権アプローチとは何か、人権アプローチを定義するうえで議論されているさまざまな論点のなかから「人権アプローチ生起の背景」と「人権アプローチとその隣接概念との関係」という2つのポイントについて取り上げ、いくかの文献を紹介する。

(1) 人権アプローチ生起の背景

　上記国連人権高等弁務官事務所が作成した文献は、市民的・政治的権利と社会的・経済的・文化的権利からな

る人権のうち、後者の保障については必ずしも積極的でなかった「人権」レジームと、人間の尊厳の実現を一応の理念とし途上国における搾取や社会的排除といった問題に取り組んできたものの、「人権」という枠組みでの保障に対しては懐疑的・消極的であり続けてきた「開発」協力レジームとが、なぜ今、統合しようとしているのか、上記国連人権高等弁務官事務所の問答集における、歴史的・政治的な背景についての記述は薄い。

　この人権・開発統合について充実した言及を行っているのは、UVIN, Peter（2004）*Human Rights and Development*, Kumarian Press: Bloomfield CTである。このUvinの著作は、人権・開発の乖離および統合の歴史に関して、冷戦の終了による市民的・政治的権利の自明化と社会的・経済的・文化的権利への注目、世界銀行による構造調整プログラムの失敗とこの失敗に由来する民主主義への注目、開発協力レジーム内における社会開発・人間開発の主流化という角度からより丁寧に解説するものである。この著作は、このような人権・開発統合が進んだ背景要因のみならず、さらに、統合のパターンの変遷についても議論を展開していることが特徴となっている。Uvinによれば、統合のパターンは、「レトリック上の結合」「政治的コンディショナリティ」「肯定的サポート」1)「権利基盤型開発アプローチ」の4つに分類でき、前者3つの統合パターンが内包する、表明と実践の不一致（レトリック上の結合の欠点）、適用の不一貫性、効果の限界や逆効果の存在（以上、政治的コンディショナリティの欠点）、市民的・政治的権利への一義的な注目と社会的・経済的・文化的権利の二次的位置づけ、社会工学的介入主義的傾向、政治的ナイーブさ（以上、肯定的サポートの欠点）を克服する人権・開発統合の最高次として人権アプローチを位置づけているのである。

　Uvinが全体的な傾向をいくぶん抽象的に解説したのに対し、より具体的な人権・開発統合の事例について論じているのが、本書でも執筆している勝間靖の（2004）「開発における人権の主流化──国連開発援助枠組の形成を中心として」『人間の安全保障論の再検討』IPSHU研究報告シリーズ31号、広島大学平和科学研究セミナー（http://home.hiroshima-u.ac.jp/heiwa/Pub/31/katsuma.pdf）である。この文献は、国連「開発」協力機関であるユニセフにおける「人権」の主流化について取り上げたものである。すなわち、1990年代後半、同機関が置かれた国連システム改革というコンテクスト、とりわけ当時のコフィ・アナン事務総長による「国連の再生：改革のためのプログラム」に基づく国連開発グループの設置とそこへの人権高等弁務官事

---

1) Positive supportを「積極的サポート」ではなく「肯定的サポート」と訳しているのは、「政治的コンディショナリティ」が「……しなければ」という否定的条件付けであるのに対して、positive supportが「……するならば」という肯定的条件づけであるというUvinの議論の内容を反映させているからである。

務所の参加を通じて、人権が主流化していったプロセスを片目に眺めつつ、さらに、国連内の開発に関わる諸機関が「1つの声」を持つために統合されようとするなかで、ユニセフが子どもの権利条約を前面に出し、組織の独自性をアピールし生き残りを図るという戦略を選択した背景が報告されているのである。

　他方、人権アプローチとその生起の背景について、上で紹介した説明とは異なるポイントに焦点を定めて説明しているのが、本書でも執筆を担当している三輪敦子の**橋本ヒロ子＝三輪敦子(2006)「『権利をよりどころにするアプローチ』の展開とアジアの女性のエンパワメント」アジア女性研究15号、アジア女性交流・研究フォーラム**という文献である。この文献は、基本的に、インドとネパールで人権アプローチを実践する3つのNGOを対象に行った聞き取りを通じて得た情報をもとに人権アプローチの実践上の課題を整理したものであるが、同時に、この文献は、人権アプローチの生起の裏にある背景についても議論を展開している。すなわち、人権アプローチを実践するローカルNGOで働く者のなかには、植民地支配からの独立運動、その後の学生運動や特定ODA事業に反対する社会運動に取り組んできた者も少なくないのであって、そうした彼らにとって、人権アプローチとは「むしろ自分たちの後からやってきた名称であり、開発協力『業界』における流行とは無縁のところで、以前から地道に追求してきた」ものである。「運動の歴史のなかから到達したアプローチ」(p.66)という南のローカルNGOの視点を紹介しているのである。

　このような視点は、他の文献でも見受けられる。たとえば、**NYAMU-MUSEMBI, Celestine and Andrea Cornwall (2004) *What is the "Rights-Based Approach" all about?: Perspectives from International Development Agencies* (IDS Working Paper 234) Institute of Development Studies**（http://www.ids.ac.uk/ids/bookshop/wp/wp234.pdf）がその一例である。人権アプローチの地政学的出自、すなわち、人権アプローチとはどこのどのような機関が唱え始めたものであるのかにこだわりながら人権アプローチ生起の背景を説明するこの論文は、上記の橋本＝三輪の文献同様、途上国における人権の歴史的な動向により敏感なまなざしを持つものである。この文献によると、人権アプローチを考えるうえでは、①植民地支配からの独立のために（一部の）途上国には民族自決権などの「人権」が盛んに語られていた時期があること、ところが、②独立以後、開発援助機関の支援を受けながら、近代国民国家の政府として一応の形態を整えていくにつれて、開発というものが急速に脱政治化していったこと、他方で、③独立後は国際政治の中で「新国際経済秩序 (NIEO)」や「発展の権利」を唱えてきた経緯があること、さらに、④最近では、ウイーン宣言を採択した世界人権会議 (1993年)、とりわけコペンハー

ゲンで開催された世界社会開発サミット(1995年)をきっかけにして、開発系の大手国際NGOと途上国出身のNGOによる人権主流化を求める運動があったことを踏まえることが求められる。「人権アプローチは北側の押しつけではないのか」、「南の人々は人権を理解することができないのではないか」といった、人権アプローチにかかる、さまざまな実践的な問いを考えるうえでも、多角的な背景理解は重要であり、その意味では、種々の文献を読むことが求められよう。

⑵ **人権アプローチの意義──その隣接概念との関係**

開発協力をめぐっては、唱えられ始めた時期は異なるにしても、おおよそ1990年代以降、数多くの新しい概念やアプローチが広範囲で唱導されてきた。さっと思いつくかぎりでも、「参加型開発」「エンパワーメント」「ソーシャル・キャピタル」「セレクティビティ」「グッド・ガバナンス」「一般財政支援」「貧困削減」「平和構築」「持続的な生計」、そして「人間の安全保障」などがこの「新しい概念・アプローチ」に該当する。本稿では、こうした「参加」「エンパワーメント」「人間の安全保障」など、人権を含めて語られ、密接な関係がある概念・アプローチを、人権アプローチと同じくカバーする範囲の広い「人間の安全保障」概念を検討した望月克哉(〔2006〕「序章 アフリカにおける人間の安全保障の射程」『人間の安全保障の射程』IDE-JETRO研究双書No.550、アジア経済研究所)に倣って、人権アプローチの「隣接概念」と呼ぶことにするが、人権アプローチとこのような隣接概念の間にはいったいどのような関係があるのであろうか。すでに紹介したように、国連人権高等弁務官事務所の問答集も、貧困削減やグッド・ガバナンス、MDGs、ジェンダー主流化などと人権アプローチの関係について言及し、人権アプローチは既存の隣接概念を補完する関係、あるいは、既存の隣接概念に付加する価値があると説明しているが、以下では、人権アプローチおよびその隣接概念との関係について、さらに詳細に論じた文献をいくつか紹介したい。

まず、日本語の文献については、本書を含め、これまで、いくつかの論文で人権アプローチに関する議論を展開してきた川村暁雄の(2006a)「参加・エンパワメントと人権──『人権に基づく開発アプローチ』の付加価値の検証」神戸女学院大学論集53巻2号、神戸女学院大学が人権アプローチと「エンパワーメント」と「参加型開発・ガバナンス」との関係を論じている。この論文は関連する文献のレビューを行いつつ、①「参加型開発」「エンパワーメント」、人権アプローチのいずれも、途上国社会における権力関係に着目するという共通点を有すること、②しかし、前者2つの実践の現状は、「参加」「エンパワーメント」という概念の多義性ゆえに、政策用語としての弱さを持ち、他方、人権は「エンパワーメント」や「参加型開発」よりも、規範上、有する正当性が強いこ

と、政府と住民のいずれか一方に注目するのではなく、「権利保持者」と「責務履行者」の双方、およびその関係性に対するまなざしをもつことなどの長所を有することを主張している。

　海外の文献としては、上でも紹介したNYAMU-MUSEMBI, Celestine and Andrea Cornwallの文献が、「権利言説が開発に何を提供するか」というセクションにおいて、ネオリベラリズムによる参加型開発の道具化（instrumentalization）が進んでいる現状で人権アプローチが参加型開発に政治性を再付与し、強化するという補完的役割について触れている。

　ほかにも、GASPER, Des (2007) *Human Rights, Human Needs, Human Development, Human Security: Relationships between four international 'human' discourses* (ISS Working Paper No. 445) Institute of Social Studies（http://adlib.iss.nl/adlib/uploads/wp/wp445.pdf）という文献もぜひ紹介しておきたい。「ニーズの充足」にのみフォーカスしていたニーズ・アプローチ（したがって、そのニーズを満たすものが誰であっても、また、どのような態度に基づくものであっても、問題はない）とは異なり、人権アプローチは「ニーズが充足されていないことの諸要因」に着目するものであり、人権アプローチに基づく開発協力機関による実際の事業はその諸要因に対する働きかけを行うという説明がなされることも少なくない（たとえば、橋本＝三輪2006：p.62や川村2006a：p.15、後の2で紹介するHARRIS-CURTIS et al. 2005：pp. 14-15）。このように、人権アプローチがその意義を強調し、他の既存の概念・アプローチとの差別化を図る形で自らを確立しようとするなかにあって、このGasperの文献はユニークである。すなわち、①弱者に防御を提供すること、②さらに、この防御を人間の尊厳といった独立した規範に根拠づけて強化すること、③法体系という一定の安定性をもったもののなかで具体化されていること（人権には特定の基準と射程があること）、④「人権」というレンズを通して見ることによって何にフォーカスし（貧困の根本原因を見る）、それをどのように見るか（分析方法を変える）、どのように解決するのか（援助の内容を変える）ことにつながること、⑤責務履行者を設定し、一定の強制力をもって人権侵害状況の回復を図れることといった「人権」の強みを解説し人権アプローチがもつ可能性に一定の理解を示しつつも、人権アプローチや、Nussbaumなどの「ニーズ・アプローチ」「人間の安全保障」という隣接概念がそれぞれの旗の下で他の概念・アプローチを「統一（unification）」しようとするのではなく、人権アプローチと隣接概念との「有益な交換（fruitful exchange）」を提唱している。「人権」には、本稿でもすでに述べたように、不可分性や相互依存・関係性という原則がある一方で、Uvinなども相当のページ数を割いて議論しているように、資源が非常に限られているという途上国コ

ンテクストにおいては、権利間のトレードオフが存在し、必然的に権利に優先順位を決めて開発政策選択を行わなければならないという事情が存在する。Gasperによれば、「ニーズ」や思想的にはその延長線上に位置する「人間の安全保障」に関する議論は優先順位づけに慣れ親しんできた経緯があるのであり、ニーズの態様（mode）とレベルの検討が人権アプローチの議論をより豊かなものにするのである。

2. 人権基盤型アプローチの政策への取込み状況

このような人権アプローチは、政策レベルで、どのような開発協力機関に取り入れられているのだろうか。

この問いに関して、国連の動向として頻繁に引用されているのは国連開発グループが2003年に開催した国連機関間ワークショップに基づき作成したUNDG (2003) *The Human Rights Based Approach to Development Cooperation: Towards a Common Understating Among UN Agencies*（http://www.undg.org/archive_docs/6959-The_Human_Rights_Based_Approach_to_Development_Cooperation_Towards_a_Common_Understanding_among_UN.pdf）である2)。このわずか3ページからなる短い文章は、国連開発協力機関が行うすべての事業が人権の実現を目的とすることや、そのため、共通国別アセスメントおよび国連開発援助枠組み、それに基づく事業の形成・実施・モニタリング・評価の全プロセスに世界人権宣言に書かれている人権基準と、そこから導かれる人権原則を適用すること、とりわけ「権利保持者」「責務履行者」の特定とその双方のキャパシティ・ビルディングに国連開発協力機関のエネルギーを傾注することを宣言する内容のもので、国連開発グループに属する国連機関が人権アプローチを正式に組織の指導原理として取り込んだことを示す文献である。

なお、国連開発グループは、このような政策の内容を説明し、国連職員に普及させることを目的として、本稿冒頭に紹介した国連人権高等弁務官事務所の問答集に加えて、「Human Rights-Based Approach to Development Programming」と題したウェブサイトを設けている（http://www.undg.org/index.cfm?P=221#s3）。そこでは、人権アプローチに関する「政策と指針」、上述の問答集や「人権基盤型アプローチに関する国連共通学習パッケージ」を含む「ツールと研修」、主に人権アプローチを使った共通国別アセスメント・国連開発援助枠組み形成に関する事例を集めた「事例と経験」、「その他のリソース文献」という4項目の情

---

2) このUNDGの文献は、和訳されており、本文でも紹介している川村暁雄（2006b）の「参考資料1」として全文掲載されている。

報を公開している。

　国連内でも人権の取扱いにはそれぞれの機関によって温度差があろうが、二国間開発協力機関では、その対応はさらに多様である。OECD (2006) *Integrating Human Rights into Development: Donor Approaches, Experiences and Challenges,* OECD Publishingは、10を超える多国間・二国間開発協力機関に聞き取りを行い、開発協力政策レベルにおける人権・開発統合状況を「総合的人権政策なし」「セクター政策に限定した人権への言及」「人権政策の確立」「『第2世代』の政策を最近策定した、もしくは、現在策定中」「人権と開発に関する機関間もしくは多国間取決めもしくは言及」の5つのカテゴリーに整理している。また、実際の人権に関する取組みを「人権基盤型アプローチ(HRBA)」「人権主流化」「人権対話」「人権プロジェクト」「非明示的人権ワーク」の、同じく5つのカテゴリーに分けて分析している。これによると、ますます多くの開発協力機関が人権をその政策レベルで考慮するようになっている。

　なお、二国間開発協力機関にとって、上記の国連開発協力機関の「Common Understanding」と厳密な意味で同じ位置づけの文書は存在しないが、二国間開発協力機関内において人権アプローチを推進するうえで類似の機能を意図した文献は、本書でも訳文を掲載しているOECD/DAC (2007) *DAC Action-Oriented Policy Paper on Human Rights and Development* (http://www.oecd.org/dataoecd/50/7/39350774.pdf)と題するものである。この文献は、DAC内の部会のひとつGOVNET (Network on Governance)に設けられた「人権タスクチーム」が中心になってまとめたものである。人権・開発統合やその意義についての記述にとくにユニークなものがあるわけではないが、①最近の開発協力をめぐる主要な変化として、人権を自らの機関の指導原理としてより明確に取り込む開発協力機関が増加したことを確認するとともに、その正当性の論理構成や実際の事業には多様性があること、②2005年の「援助効果向上に関するパリ宣言」が出されたことを踏まえ、「国際人権枠組みとパリ宣言が相互に強化しあい、利益を得あう可能性は大いにある」(p.9)と指摘し、人権アプローチを援助効果向上や国家脆弱性(state fragility)と結びつけて考えているところがこの文献の特徴となっている。そのため、人権アプローチの主流化のために、ドナーの協調が重要な分野およびアクションとして、10の原則(たとえば、「人権と援助効果向上原則との間の相互強化を検討すること」「悪化する人権状況に対しては協調・漸次的アプローチをとること」)を掲げ、また、DAC自身が行う3つのアクションの提示を行っている(詳細は「資料2」を参照のこと)。今後は国連で見られるようなインターネット、その他の場所での人権アプローチの情報普及がなされることが予想されるので、今後の文献収集には、この点に留意が必要である。

日本語の文献では、本稿でもすでに紹介した川村暁雄の別の文献である（2006b）『独立行政法人国際協力機構　客員研究員報告書——環境社会配慮における人権配慮』独立行政法人国際協力機構国際協力総合研修所（http://www.jica.go.jp/branch/ific/jigyo/report/kyakuin/pdf/200503_aid.pdf）が国連開発計画やユニセフ、その他の国連開発協力機関（および世界銀行、二国間機関ではスウェーデン国際開発協力庁、イギリス国際協力庁、ノルウェー開発協力庁）の動向について政策文書をレビューし、その概要を紹介している。

最後に、すでに紹介したNYAMU-MUSEMBI, Celestine and Andrea Cornwallの文献も多国間援助機関・二国間援助機関に並んで、2つの開発系国際NGOが取り上げられ、人権アプローチの取組み状況とその特徴を記述している。また、開発系国際NGOの動向について全部で17団体を調査し、分析する、**HARRIS-CURTIS, Emma et al. (2005)** *The Implications for Northern NGOs of Adopting Rights-Based Approaches* (Occasional Paper Series No. 41) INTRAC (International NGO Training and Research Centre)（http://www.intrac.org/docs/OPS%2041.pdf）という文献もある。これによると、人権アプローチの意義について、組織のミッション自体を組み替えることにあるとするNGOもあれば、組織のミッションを達成するための手段として人権アプローチを見るNGOもあること、現場で使う問題分析ツールについては、「権利分析マトリックス」(Novib)を使うところから「原因・責任分析マトリックス」(CARE International)を使うところまで非常に多様であることがわかるが、同時に、人権アプローチを組織に取り込むNGOが増えていることが見て取れる。

3. 人権基盤型アプローチの事業への取込み状況とその実際の成果

すでに紹介したNYAMU-MEUSEMBI, Celestine and Andrea Cornwallが言うように、前セクションで紹介したような「政策文書は、1つの組織のなかでも場所が異なれば異なる響き方をするものであり、それ自体がその組織全体に及ぶアプローチや実践上の変化を示す証拠として考えることはできない」のであり、「書かれた政策は組織内における意味と権力をめぐる闘争をとらえることがあるかもしれないが、それ自体で伝えることはない」(2004：p.14)。そこで、実際に人権アプローチが誰によってどのように実践されているのか、また、それが実際にどのような効果とインパクトを住民に、また、どのような影響を開発協力実務家にもたらしているのか、フィールドレベルで検証することが重要である。

こうした視点から、実際に人権アプローチの実践をフィールド・レベルでと

らえようとした文献としては、すでに紹介したDAC（2006）がいくつかの具体的なプロジェクトの経験に基づいて（つまり机上の議論ではなく）、人権アプローチの貢献として、ガバナンスや参加型開発の強化や貧困削減を図るうえでの構造的・根本的要因についての着目といった点を、他方で、人権アプローチの課題として、開発協力機関の体制整備や途上国政府のコミットメントの弱さ、援助効果向上にかかる原則と人権アプローチのつながりについての検討といった点を抽出している。このほか、GREADY, Paul and Jonathan Ensor ed. (2005) *Reinventing Development?: Translating Rights-Based Approaches from Theory into Practice*, Zed Booksはウガンダやインド、アフガニスタン、ルワンダ、ネパールなど、多くの事例研究から、人権アプローチの多様性とともに、「人権」概念を使うことによって一定の共通した効果や課題を導き出している。

日本語による文献としては、**橋本ヒロ子＝三輪敦子（2007）「『権利』の実現に向けた女性への支援とは——権利をよりどころにするアプローチとジェンダー」アジア女性研究16号、アジア女性交流・研究フォーラム**がある。この文献は、インドとスリランカの3ローカルNGOの関係者に対するフォーカス・グループ・インタビューから、人権を抽象的な概念として「学ぶ」のではなく、具体的な生活に関連づけて「感じる」ことがもたらす自尊感情の向上や内面化された差別への気づきといった人権アプローチの効果、またフィールドワーカーの人権理解の質や深さ、あるいは、人権実現とニーズの関連を踏まえたうえでのサービス提供をいかに担保するかといった課題を抽出している。

一部の開発協力機関では、すでに人権アプローチの政策的な取込みが一段落し、第2世代ともいうべき政策展開に移行しようとする時期にある今日、人権アプローチの実践も一定程度蓄積され、人権アプローチを使った事業の効果評価報告書も数多く執筆されてきている。したがって、今後の文献収集においては、こうした報告書とともに、それらの報告書に書かれた効果評価のシンセサイズを試みる理論的な文献にも留意する必要がある。

資料 1

人権基盤型アプローチ[1]：共通理解声明

コフィ・A・アナン国連事務総長は、国連の全機関に対し、それぞれの委任事項の枠組みのなかでその活動およびプログラムの主流に人権を位置づけるよう呼びかけてきた。多くの機関がすでにこのようなアプローチを採用して実施の経験を積み重ねてきており、現在ではそれが何を意味するかという共通理解を発展させつつある。

共通理解声明[2]

1. 開発協力、開発政策および技術的援助に関わるあらゆるプログラムにおいて、世界人権宣言をはじめとする国際人権文書に掲げられた人権の一層の実現がめざされるべきである。

人権の実現にたまたま寄与するだけのプログラム活動は、かならずしもプログラミングに対して人権基盤型アプローチをとっているとはいえない。人権基盤型アプローチにおいては、あらゆる活動の目的が、ひとつまたは複数の人権の実現に直接寄与しなければならない。

2. 世界人権宣言をはじめとする国際人権文書に掲げられた人権とそこから導き出された諸原則は、すべての部門で、そしてプログラミング過程のすべての段階において、あらゆる開発協力およびプログラムの立案・実施の指針となる。

人権諸原則は、保健、教育、ガバナンス、栄養、水および衛生、HIV/エイズ、雇用・労働関係、社会保障、経済安全保障といったすべての部門で、プログラミングの指針とされなければならない。そこには、ミレニアム開発目標およびミレニアム宣言の達成に向けたあらゆる開発協力も含まれる。すなわち、人権基準と人権諸原則は、コモン・カントリー・アセスメントと国連開発支援フレームワーク双方の指針になるということである。

人権諸原則は、プログラミング過程のすべての段階において、すべてのプログラミングの指針となる。評価・分析、プログラムの計画・立案（達成目標、目的および戦略の設定も含む）、実施・モニタリング・評価などである。

人権諸原則としては、普遍性および不可譲性・不可分性、相互依存性および相互関連性、差別の禁止および平等、参加および包摂、説明責任および法の支配などを挙げることができる。

・人権は普遍的であり、譲り渡すことができないものである。世界のすべての人々に、人権を享受する資格がある。人権は、みずからの意思で放棄すること

---

[1] 原文は、Rights-Bssed Approachを「人権に基づくアプローチ」と訳されていたが、本書では「人権基盤型アプローチ」に統一した。
[2] 国連改革の文脈における人権基盤型アプローチについての機関横断ワークショップ（2003年5月3日～5日）で策定。

も、他人が取り上げることもできない。世界人権宣言第1条で述べられているように、「すべての人間は、生まれながらにして自由であり、かつ、尊厳および権利について平等である」。

・人権はばらばらにすることができない。市民的、文化的、経済的、政治的または社会的性質のいずれを有するかに関わらず、いずれもすべての人の尊厳にとって固有のものである。したがって、いずれも権利として平等な地位を有しており、階層的な優劣はつけられない。

・人権は相互に依存・関連している。ひとつの権利の実現は、完全にまたは部分的に他の権利の実現に依拠していることが多い。たとえば健康に対する権利の実現は、ある状況においては、教育または情報に対する権利の実現に依拠している場合がある。

・すべての個人は、人間として、またひとりひとりの固有の尊厳によって、平等である。すべての人間に、人種、皮膚の色、性別、民族、年齢、言語、宗教、政治的その他の意見、国民的もしくは社会的出身、障害、財産、出生、または人権条約機関が挙げるその他の地位によるいかなる種類の差別も受けることなく、人権を享受する資格がある。

・すべての人およびすべての人民に、人権と基本的自由の実現の基盤である市民的、経済的、社会的、文化的および政治的発展に、積極的に、自由にかつ意味のある形で参加し、貢献を行ない、かつこのような発展を享受する資格がある。

・国またはその他法律上の義務を負う者は、人権の遵守に関して応答責任を負う。これとの関連で、国等義務を負う者は人権文書に掲げられた法規範と基準にしたがわなければならない。国等の義務を負うものが怠った場合には、人権を侵害された権利の保有者には、法律で定められた規則および手続にしたがって、権限のある裁判所またはその他の裁定者に対し、適切な救済を求める訴えを起こす資格がある。

3．開発協力プログラムは、義務を負う者がその義務を果たす能力と、権利を保有する者がその権利を主張する能力の発達に寄与するものである。

人権基盤型アプローチにおいては、正当な権利を有する個人および集団（権利の保有者）と、それに対応した義務を負う国または国以外の主体（義務を負う者）との関係は人権によって決定される。人権基盤型アプローチは、だれがどのような権利を有しているか、それに応じてだれがどのような義務を負っているかを特定するとともに、権利を保有する者がその権利を主張する能力と、義務を負う者がその義務を果たす能力を強化することに向けて活動する。

人権基盤型アプローチの意味するもの

よいプログラミング実践を行なえば、それだけで人権基盤型アプローチをとっているということにはならない。それに加えて、いくつかの要素が必要である。

以下の要素は、人権基盤型アプローチにとって必要かつ特有のものである。

a）　評価と分析を通じて、権利を保有する者による人権の主張、それに対応した義務を負う者の人権上の義務、な

らびに権利が実現されていない場合にはその直接的・根本的・構造的原因を特定すること。

b) プログラムにおいて、権利を保有する者がその権利を請求する能力と、義務を負う者がその義務を果たす能力を評価すること。その後、これらの能力構築のための戦略を策定すること。

c) プログラムにおいて、人権基準および人権諸原則を指針としたことの結果およびプロセスの双方をモニター・評価すること。

d) プログラミングにおいて、国際人権機関・機構の勧告を充分に反映させること。

これに加えて、以下のことが必要不可欠である。

1. 人々を、物資やサービスを受け取るだけの受け身の存在ではなく、自分たち自身の開発事業における最重要な主体として認める。
2. 参加を、手段と目標の両方に位置づける。
3. エンパワーメントにつながる戦略を用いる。
4. 結果とプロセスの両方をモニター・評価する。
5. すべての関係者が分析に参加する。
6. プログラムにおいて、周縁に追いやられたグループ、不利な立場に置かれたグループ、排除されたグループに焦点を当てる。
7. 開発プロセスを地元の人々中心のものとする。
8. プログラムにおいて格差の縮小をめざす。
9. トップダウン・アプローチとボトムアップ・アプローチの両方を相乗的に活用する。
10. 開発上の問題の直接的・根本的・基本的原因を特定するために状況分析を利用する。
11. プログラミングにおいて、測定可能な目標を重視する。
12. 戦略的パートナーシップを構築・維持する。
13. プログラムにおいて、すべての関係者に対する説明責任が果たされるようにする。

（ユニセフ『世界子供白書2004』より引用）

資料2

人権と開発に関する行動志向ポリシー・ペーパー（抄訳）

2007年2月23日、原文英語
経済協力開発機構（OECD）／開発協力局（DCD）／開発援助委員会（DAC）

＊この文書は、一定期間内に反対がなければ発効するという条件のもと、2007年2月15日のDACの会合で承認されたものである（2007年2月23日発効）。

要旨

本ペーパーは第1に、この10年間に国際的背景およびドナーの経験に生じた変化が反映されるよう、人権と開発に関するDACの立場を新たな形で明らかにするものである。第2に、開発プロセスの重要な一部としての人権促進に関わってどのような課題と機会が新たに生じているかを浮き彫りにしている。第3に、将来の行動に向けた原則と勧告を掲げた。

1990年代中盤にDACは──ハイレベル会合の支持を得て──開発協力の不可欠な一部としての人権促進における主要な原則と優先的行動課題を定めた。その後、DACが定めた主要なガイドラインではいずれも人権に言及されるようになっている。これらの文書に掲げられたコミットメントと勧告は今なお失効していない。しかし、国際的背景の変化、ドナーの政策および実践の進展、これらの実践から得られた証拠の増大、いくつかの新たな課題と機会の発生はいずれも、DACがこの問題をあらためて取り上げる時期に来たことを示唆するものである。

開発をめぐる国際的背景が変化し、また国際援助システムの野心的改革のあり方が明らかになりつつあることによって、人権の保護・促進の面でも新たな課題と機会が生じている。ドナーもパートナー諸国の政府も、脆弱な国家におけるものも含む援助の実効性の向上にますます焦点を当てるようになってきた。このことにより、参加、包摂、説明責任といった主要な人権原則をいっそう体系的な形で開発プロセスに統合する機会が生じている。このことはまた、ドナーに対し、人権侵害が特徴として見られる国々で援助を実行する際に重要な課題を突きつけるものでもある。

開発における人権促進をより効果的なものとするため、本ペーパーでは、ドナーによる調和のとれた行動がとりわけ重要となる主要な分野・活動での基本的な方向性を示すものとして、DACが以下の原則を支持するよう提案している。

1．人権法上の義務と開発における優先課題との結びつきに関する共通の理解を、対話を通じて構築していくこと

2．パートナー諸国の政府に対して人権に関する支援を提供すべき分野を特定すること

3．国家構築のプロセスにおいて人権を保障すること

４．人権の需要側を支援すること
５．より包摂的かつ安定した社会の基盤として差別の禁止を促進すること
６．アラインメントや援助手段の決定において人権を考慮すること
７．人権原則と援助実効性原則との相互強化性を考慮すること
８．危害を加えないこと
９．人権状況の悪化に対して調和のとれた段階的アプローチをとること
10．援助の段階的増大が人権に資するようなものとなることを確保すること

ドナー機関はこれらの原則を活用し、人権政策・プログラムを策定する際に参考とするよう求められる。各国政府および国家以外のパートナーとの対話の基盤としてこれらの原則を活用することも期待されるところである。

本ペーパーでは最後に、いっそうの努力と新たな取組みが相当の効果を発揮しうる３つの優先行動分野について概観している。これらの行動のいくつかについては、DACおよびその下部機関が、その具体的責任と比較優位に鑑み、前進のための取組みを進めるうえで他のどの機関よりもふさわしい立場にある。他の行動についいては、OECD全体を通じて横の取組みを進めることで望ましい結果が生じよう。一部の行動については、DAC以外の他の場所で取り組むことが必要になると思われる。３つの優先行動分野とは次のとおりである。

・アクション１：原則を活用する。
・アクション２：人権活動に従事している人々とその他の開発活動に従事している人々との対話および連携を促進する。
・アクション３：OECD全体を通じた横の取組み等により、人権の評価・指標を強化するための活動において他の機関のリソースとなる。

本ペーパーの趣旨および射程

1．10年前、DACはハイレベル会合の支持を得て、人権促進が開発協力の不可欠な一部であることを確認した。それ以降、人権と開発の収斂が進んできた。人権侵害、貧困、排除、脆弱性および紛争の間に重要な結びつきがあることがますます認識されるようになっているのみならず、社会変革のきっかけをつくり、国と社会の関係を変容させ、貧困層がサービスにアクセスする際に直面している障壁を取り除き、かつダイナミックな市場基盤型経済の勃興のために必要な情報サービスと司法制度の完全性の基盤を整備するうえで、人権がきわめて重要な役割を果たすこともますます認知されるようになっている。これにより、OECD－DACメンバーおよび多国間ドナーの多くが、開発協力の質を高めるための手段として人権をより綿密に検討するようになってきた。開発機関の多くも人権を取り入れた政策を採択し、これを実践するようになっている。

2．このような実践から得られた経験と、より幅広い国際的背景のなかで生じているさまざまな新しい課題および変化をきっかけとして、DACは人権と開発についてあらためて検討することとした。このような検討を行う目的は、DACメンバーの間で多様な実践が行われていることを認めつつ、開発政策および開発実践においてより戦略的な形で人権に取り組んでいくた

めの方法に関するドナー間の合意を促進することである。このような方法には、ガバナンスに関わるより一般的なアジェンダの一環として人権をいっそう効果的に促進・保護していくことと、開発プロセスに人権原則をいっそう体系的な形で統合していくことの両方が含まれる1)。

3．本ペーパーの目的は次のとおりである。

　・この10年の間に国際的背景およびドナーの経験に生じた変化が反映されるよう、人権と開発に関するDACの立場を新たな形で明らかにすること

　・人権の保護および開発への人権の統合に関わって生じている新たな課題を浮き彫りにすること

　・DACメンバーの支持を得られるであろう、将来の行動に向けた原則と勧告を掲げること

4．本ペーパーは5つのセクションに分かれている。第1セクションでは、人権と開発の関係に関する合意の発展について若干の背景を提示している。第2セクションでは、人権に関してDACがすでに表明しているコミットメントについて概観するとともに、このような作業のきっかけとなった、国際的背景およびドナー実践の近年の変化について述べている。第3セクションでは、援助の実効性や国家の脆弱性といった新たな焦点分野と、これらの分野が人権とどのように関わるかを明らかにしている。第4セクションでは、人権に関する効果的取組みのための諸原則を勧告し、最後の第5セクションでは、DACメンバーがとるべき具体的行動を提言している。

人権と開発──合意の発展

人権をめぐる国際的合意

5．人権は国際的に共有・受容されている類例のない規範的枠組みであり、そこには世界的な道徳的・政治的価値が反映されている。国際人権法は、国家に法的義務を課すことによって個人の不可侵性と尊厳を保護・保障するために発展してきた。市民的、政治的、経済的、社会的および文化的権利は、人間の尊厳および安全が有するさまざまな、しかし不可分の側面に言及している。人権そのものは普遍的なものであって、あらゆる場所のあらゆる人にとって同一である。ただし、その実施のあり方は地域・国によってさまざまに異なる。

6．世界人権宣言は、この50年間に策定されてきた国際人権条約の基礎である。今日ではすべての国連加盟国が7つの中核的人権条約を少なくとも1つ批准しており、80％が4つ以上批准している。国レベルでは国内憲法で人権が保障されており、国の機関がその政策および意思決定において人権を尊重・保護・履行するよう義務づけている。議会、国家人権委員会、オンブズパーソン、市民社会組織のような国内諸機関は、人権の実施状況の監視および政府の説明責任の確保の面できわめて重要な役割を果たしている。

1）　人権と開発を結びつけていくことはDACガバナンス・ネットワーク（GOVNET）の優先課題のひとつである。本ペーパーの作成にあたっては、GOVNET人権・開発タスク・チームの活動、とくに「開発への人権の統合」に関するワークショップ（2005年10月）と、人権に関するドナーのさまざまな政策と経験を検討して主要な課題を明らかにした2005年の研究を大いに活用した。OECD, *Integrating Human Rights into Development: Donor Approaches, Experiences and Challenges*, OECD The Development Dimension Series, Paris 2006参照。

人権と開発の関係に関する理解の発展

7. 開発にとって人権が重要であることは広く認識されているところである。人権と公平かつ持続可能な開発はお互いに強化しあう関係にある。人権には固有の価値があり、人権の達成はそれ自体が目的であると見なされるが、人権は開発の長期的な持続可能性にとってもきわめて重要な要素のひとつである。

8. 差別と排除、説明責任の欠如、国の権力の濫用が貧困の構造的原因であることは広く認識されているところである。人権は、基本的権利とそれに対応した義務を確立することにより、市民と国家との関係の基盤となる。人権は、公平な成果と最貧層に一貫して焦点が当てられることを確保することにより、国家開発戦略に質的側面を加えるものでもある。ミレニアム開発目標（MDG's）を人権の視点から捉えることは、開発と安全保障の基盤として人権、民主主義およびグッド・ガバナンスを促進することが重視されているミレニアム開発宣言に一致した対応である。

9. 人権は、実効的国家、民主的ガバナンスおよびエンパワーされた市民の中核である。実効的国家とは、自国の領域を統括できており、開かれた、透明な、説明責任を履行する包摂的な政治制度を有しており、経済が繁栄しており、汚職の水準が低く、かつ法の支配の原則のうえに建設されている国家を指す。このような国家は、貧困および差別に取り組み、管轄下にある人々の人権を保護する決意と能力を有した国々である。また、人権は市民のエンパワーメントをもたらし、説明責任を確保するための諸機構を強化・補強する。人々は、救済のための適切な機構を通じて自国の政府に説明責任を果たさせることが可能である。このような機構は権力濫用やエリート占有を抑制するための重要な手段でもある。

10. 暴力的紛争は人権侵害につながることが多く、また権利の継続的否定と差別的政策も暴力を引き起こし、紛争の根本的原因のひとつとなることがある。したがって、紛争の防止および削減に対して積極的・統合的アプローチをとろうとするのであれば、住民および特定集団が有している人権関連の懸念を考慮に入れ、これに対応していくことが必要である。

11. また、人権は貧困者優先の公平な経済成長に向けた努力を強化することにもつながりうる。人権が保護されている場合、人権は投資と成長につながるような安全で予測可能な環境を発展させていく支えとなるほか、成長の利益が社会のあらゆる集団にもたらされることを確保する一助ともなる。さらに、成長しさえすればいいというわけではなく、またすべての権利が資源に依存しているわけでもないにせよ、良好な成長パフォーマンスは社会的・経済的権利の漸進的実現のために必要な資源の増加にもつながる。

12. 良質かつ持続可能な開発実践にとって人権原則[2]――参加、差別の禁止、説明責任など――がいかに大切なものであるかについては、ますます合意されるようになってきている。これらの原則を適用することは、プロセスと成果に平等な注意を向ける良質かつ持続可能な開発実践をさ

---

[2] 国連機関は人権原則に次のものが含まれることについて合意している。すなわち、普遍性と不可譲性、不可分性、相互依存性と相互関連性、平等と差別の禁止、参加と包摂、説明責任と法の支配である。

なぜ今になって人権と開発についてあらためて検討すべきなのか

13. 1990年代にDACは──ハイレベル会合の支持を得て──開発協力の不可欠な一部としての人権促進における主要な原則と優先的行動課題を定めた。これらの原則と行動課題は、最初に「参加型開発とグッド・ガバナンスに関するDACの方向性（DAC Orientations on Participatory Development and Good Governance）」（1993年）で、次に「参加型開発とグッド・ガバナンスに関するDAC特別作業部会最終報告書（Final Report of the DAC Ad hoc Working Group on Participatory Development and Good Governance）」（1997年）で明らかにされている[3]。その後、開発協力におけるジェンダーの平等および女性のエンパワーメント（1999年）、貧困削減（2001年）、暴力的紛争の防止の援助（2001年）などに関するDACの主要なガイドラインでも人権への言及が見られるようになった[4]。

14. これらの文書に掲げられたコミットメントと勧告は今なお失効していない。しかし、国際的背景の変化、ドナーの政策および実践の進展、これらの実践や政策研究・経験的分析から得られた証拠の増大、いくつかの新たな課題と機会の発生はいずれも、DACがこの問題をあらためて取り上げる時期に来たことを示唆するものである。

国際的背景の変化

15. 開発協力と人権に関わる国際的背景は変化してきた。グローバル化により、世界的な社会経済的不公平とリスクに対応するための諸原則を探求する動きが活発化し、人々のエンパワーメントの手段としての人権への関心も高まっている。さらに、開発協力の強力な枠組みが次のような形で新たに定められてきたことにより、開発における人権の役割も増進している。

・「ミレニアム宣言」（人権の保護・促進に力強く言及）

・ミレニアム・レビュー・サミットに先立って提出された国連事務総長報告書（『より大きな自由のなかで（In Larger Freedom）』、開発・安全保障・人権がいずれも欠かせない課題であり、相互に強化しあうものであることに留意）と、このメッセージを反映する形で策定された「2005年世界サミット成果文書」

・OECD－DAC「援助の実効性に関する2005年パリ宣言（Paris Declaration on Aid Effectiveness）」（援助のあり方を改革し、世界的貧困との闘いにおいていっそう効果的なものにしていくという合意と決意をかつてない水準で明確にするとともに、とくに説明責任および調和のとれたアプロー

---

[3] DCD/DAC(93)20/REV3およびDCD/DAC/PDGG(96)4/REV2参照。
[4] 開発の文脈における人権の重要性はDAC以外のOECDの活動、とくに投資分野における活動でも取り上げられている。「OECD多国籍企業行動指針（OECD Guidelines for Multinational Enterprises）」（2000年改訂）と、新たに策定された「多国籍企業を対象とするOECDガバナンス脆弱地帯リスク啓発ツール（OECD Risk Awareness Tool for Multinational Enterprises in Weak Governance Zones）」（OECD理事会が2006年6月に採択）を参照。

チを確保するためのより強力な機構を創設）

ドナーの政策および実践

16. 国際社会がこのような重要なコミットメントを新たに表明したことに伴って、1990年代から2000年代初頭にかけて多くのドナー機関が人権に関するさまざまな政策を採択した。これらの対応の多くは、DACメンバーが1993年に表明した、「人権を踏まえた開発協力の指針とするための明確かつ信頼のおける政策を策定する」5)というコミットメントを実行に移したものとして捉えることができる。最近になって、実際の経験を踏まえて政策を改訂したドナーもある。人権政策の実施に対するドナーのアプローチは、表には見えにくい人権活動から人権基盤型アプローチまでさまざまである。政策実施に対するドナー機関のアプローチも、その任務、政策枠組みおよび主要な活動形態を反映してさまざまに異なっている。

17. 国連システムは1997年以降、人権の主流化のプロセスを先導してきた。2003年には「開発プログラムの実施に対する人権に基づくアプローチについての国連諸機関の共通理解（UN Interagency Common Understanding on a Human Rights-based Approach to Development Programming)」に関して合意が成立し、人権に関する国連全体の連携が促進されている。2005年の世界サミットでは、世界各国の指導者が自国の国内政策に人権の促進・保護を統合していくと約束した。

18. より一般的なガバナンスのための課題の一環として人権を支持するドナー機関も増えている。ガバナンスは、ドナーの政策およびプログラムでも優先課題に位置づけられるようになってきた。ガバナンスはパートナー諸国の国家開発戦略の中心だからである。ドナーの資金拠出を得て策定されたガバナンス・ポートフォリオには、人権、民主化、法の支配と司法へのアクセス、公共セクター改革、公的財政管理、地方分権化、汚職対策といった一連の要素が含まれていることが多い。開発協力において、ガバナンスに対してこのような幅広いアプローチをとることが適切であることについては、ますます合意されるようになってきている。

19. 政策レベルで人権の枠組みを明示的に活用していない機関も存在するが、そのような機関の政策およびプログラムの諸側面は、エンパワーメントや包摂に焦点を当てることなど、明示的な人権アプローチにおいて求められている内容と一致している。たとえば開発プログラム従事者は、国民的・民族的・宗教的・言語的マイノリティに属する人々や先住民族が具体的な形で開発のための努力に包摂されるようにする方法を検討してきた。セクター・レベルでも、たとえばジェンダー平等化との一致が強力に追求されている場合もありうる。

20. 多くのドナー機関が採択してきたジェンダー平等化政策では、ジェンダーの主流化と、ジェンダー平等化をとくに目標とする介入策がともに要求されている。ジェンダー平等化を含む差別の禁止は基本的

---

5)　「参加型開発とグッド・ガバナンスに関するDACの方向性（DAC Orientations on Participatory Development and Good Governance)」（1993年）。

な人権原則のひとつである。一部のドナー機関では、人権活動とジェンダー平等化活動との連携をいっそう強化するための機会も設けられている。

21．多くのドナーは人権プロジェクトへの資金拠出を通じて人権支援のための活動を行っている。プロジェクトの目的としては、人権機関の能力構築、人権研修の実施、また人権に関わる具体的な成果を向上させるための条約批准や法改正の支援などが挙げられよう。セクター別のプログラムも、市民社会に関わる要素を導入して改革の「需要側」に対応しようとしている場合がある。

22．司法へのアクセス向上の取組みを通じて人権を促進しようとする傾向も、多くのドナー機関の間で見られる。司法へのアクセス向上のための介入は、説明責任と法の支配という人権原則の制度化を図るものである。このような表題の下で進められる介入では、人権原則が尊重される公式・非公式の司法制度を通じて貧困層や周縁化された人々が権利を主張できるようにすることや、これらの司法制度が利用者のニーズを満たす適切なサービスを提供できるようにすることにも焦点が当てられている。

23．多くの機関は、人権プログラムに対する直接支援や人権機関を支援する独立プロジェクトにとどまらず、開発援助全体にまたがる問題として人権の主流化を図ろうと努めている。人権は、保健（HIV/AIDSの問題を含む）、教育、持続可能な生計手段の確保と天然資源管理といった諸セクターに統合されつつある。各機関は、ジェンダーの平等、子どもの死亡率、妊産婦の健康などのMDG'sと結びついた子どもの権利および女性の権利の問題についても相当の進展を示してきた。

24．何らかの形で「人権基盤型アプローチ」を実施している機関も存在する。このようなアプローチのあり方はさまざまだが、参加、包摂、説明責任といった人権原則を政策やプログラムに統合することが特徴となっているのが一般的である。また、開発目標の設定やプログラム行動の焦点化の一助とするため、表現・結社の自由のような具体的な人権基準も参考にされている。

25．ただし、ドナーがとっている種々のアプローチの間に明確な境界線が引かれているわけではない。たとえば主流化アプローチや人権基盤型アプローチの構成要素として人権プロジェクトが実施されるということも考えられる。さらに、パートナー諸国との政治的対話に人権問題を含めることも十分に確立された慣行であり、これは人権に対する上述の諸アプローチとは別に追求することが可能である。政治的対話は、パートナー諸国における人権プロジェクトの段階的導入を促進するためにも活用することができる。

26．人権は、国別プログラムや国際的イニシアチブを立案する際の参照概念としても戦略的に活用されている。このような形で人権を活用することにより、紛争と排除に関する分析が強化されるとともに、貧困や不安定の根本的原因を明らかにして対応を図ることも容易になっている。新たな革新的手段の開発は、人権分析・評価を支援するとともに、文化的配慮を備えたアプローチを促進する一助ともなっている。

27．ドナーは、このような対応の多くを進めていくにあたり、人権に注意を向けるようになりつつある市民社会組織や、人権

の促進・保護における責任を果たすようになりつつある民間セクター機関の影響をますます受けるようになってきている6)。市民社会組織の多くは、サービスを直接提供することから、政府や国・地方のサービス提供機関による義務の履行を支援することへと活動のあり方を変えつつある。また、人々が権利を主張することを支援し、それによってサービスおよび意思決定プロセスへのアクセスを向上させるという取組みも行っている。

28. ドナーは、地域的・国際的レベルにおける国際的行事、調査研究およびネットワーク化のための資金を拠出することにより、開発における人権の考慮が国別プログラムや直接介入のレベルを超えて促進されるようにするための取組みも行ってきた。

政策研究・経験的分析から得られた証拠

29. このような多種多様な実践の発展と並行して、種々の権利同士の関係や人権と具体的開発問題との関係を探求する政策研究や経験的分析もますます行われるようになっている。世界銀行7)や国連開発計画8)が最近発表した報告書は、深く根づいた不平等によって経済成長やMDG'sの達成の見通しがいかに阻害されうるかを示すものである。成長／貧困／権利の結びつきを分析した他の研究では、政治的・市民的権利の実質的侵害が低い経済成長率と関係していることがわかっている9)。最低限の生活条件、それどころか生存そのものが、市民的・政治的権利、とくに民主的説明責任に関わる権利の存在次第であることがいかに多いかについても同様である。調査研究によって実証されているとおり、人権は司法制度へのアクセスの前提条件であり、したがって市場経済が機能するために必要な契約の執行にとっても欠かせない10)。他の一連の調査研究は、保健や教育といった基本的社会サービスへの権利を主張できるよう人々がエンパワーされることの機能的重要性を明らかにしている11)。

30. 市民的・政治的権利、経済的・社会的・文化的権利および開発の結びつきは、世界銀行研究所による詳細な調査研究の焦点となっている12)。国境を越えて収集された大規模な経験的データの評価に基づく予備的知見が示唆するところによれば、市民的・政治的権利の状況が原因となって国の社会経済的成果およびパフォーマンスに影響が生じている可能

---

6) 90カ国以上の3,000社を超える企業が国連グローバル・コンパクトに署名し、人権を支持・尊重すること、人権侵害の共犯者にならないようにすることを誓約している。さらに国際金融公社（IFC）もプログラムや政策において人権にいっそうの注意を払うようになってきた。IFCは最近になってパフォーマンス・スタンダードにおける人権関連の要件を強化したほか、企業向けの人権影響評価を発展させる取組みの共同後援者となっている。

7) World Bank (2005), *Equity and Development. World Development Report 2006,* Washington, DC.（国際復興開発銀行（田村勝省訳）『世界開発報告2006』（一灯舎、2006年））。

8) UNDP (2005), *Human Development Report 2005. International Cooperation at a Crossroads: Aid, Trade and Security in an Unequal World,* New York.（国連開発計画（横田洋三ほか訳）『人間開発報告書〈2005〉――岐路に立つ国際協力：不平等な世界での援助、貿易、安全保障』（国際協力出版会、2006年））。

9) Robert J. Barro (1997), *Determinants of Economic Growth: A Cross-Country Empirical Study,* MIT Press, Cambridge, Mass.

10) Mancur Olson (2000), *Power and Prosperity: Outgrowing Communist and Capitalist Dictatorships,* Oxford University Press, Oxford.

11) Varun Gauri and Daniel Brinks (forthcoming), *The Impact of Legal Strategies for Social and Economic Rights in Developing Countries.*

性がある。しかしこれとは逆の因果関係が存在することを示す徴候はない。ポジティブ・フィードバックをもたらす機構がこのように存在しない理由を説明しようとすれば、とくに国家的規模の買収（state capture）という現象、より幅広くは汚職の存在に行き当たる。したがって汚職は、市民的・政治的権利のなかでも重要な諸権利と経済的・社会的・文化的権利との連関を阻害する重要な役割を果たしている模様である。このことは、ひいては、汚職に対応するための努力における市民的・政治的権利と、参加や説明責任といった人権原則の重要性を裏打ちしている。

31．より成熟した調査研究が行われている分野では、女性の権利（教育や経済活動に関わる権利等）と経済開発全般との関係に焦点が当てられている。人口の半分を占める層が――ジェンダー差別のために――自分の能力を開発・活用し、社会的・経済的・政治的生活に参加することができない状態に置かれているかぎり、そのために生じる非効率のために社会全体にも経済開発にも悪影響が生じることは、豊富な証拠が明らかにしているとおりである。非公式な社会制度や文化的・伝統的慣行、所有権、市民的自由を含む多くの革新的指標を活用したOECDの「ジェンダー・諸制度・開発データベース」13）などの新しい手段が開発されることにより、ジェンダーの（不）平等をより洗練された形で測定することが可能になり、女性の権利侵害に表面的にではなく根本的に対応するような政策のあり方を明らかにする一助となっている。

32．最後に、新たな調査研究が示唆するところによれば、貧困と紛争の関係についてはより丁寧な見方をしなければならない可能性がある。貧困／紛争の関係に存在する決定的側面は、貧困の絶対的水準ではなく、不平等と差別であるように思われるのである。したがって、貧困削減のためのアジェンダに差別についての理解と差別への対応が十分に反映されていない場合、紛争防止に関して所期の効果をもたらすことができない可能性がある。このことは、開発に対する人権アプローチ（そこでは平等および差別の禁止が突出した課題となる）を理解・模索することの重要性を裏づけるものである14）。

新たな焦点分野

33．開発をめぐる国際的背景が変化し、また国際援助システムの野心的改革のあり方が明らかになりつつあることによって、人権の保護・促進の面でも新たな課題と機会が生じている。ドナーもパートナー諸国の政府も、脆弱な国家におけるものも含む援助の実効性の向上にますます焦点を当てるようになってきた。このことにより、参加、包摂、説明責任といった

---

12) Daniel Kaufmann (2005), "Human Rights and Governance: The Empirical Challenge", in Philip Alston and Mary Robinson (eds.), *Human Rights and Development: Towards Mutual Reinforcement*, Oxford University Press, Oxford, pp. 352-402（http://www.worldbank.org/wbi/governance/pdf/humanrights.pdfからも入手可）。
13) The Gender, Institutions and Development Database <http://www.oecd.org/dev/institutions/GIDdatabase>
14) Oskar N. T. Thoms and James Ron (2006), "Do Human Rights Violations Cause Internal Conflict?". Paper commissioned by CIDA.

主要な人権原則をいっそう効果的な形で開発プロセスに統合する機会が生じている。このことはまた、ドナーに対し、人権侵害が特徴として見られる国々で援助を実行する際に重要な課題を突きつけるものでもある。

援助の実効性

34．「援助の実効性に関するパリ宣言」は、援助の質を向上させ、貧困と不平等の削減、成長の増進、能力開発およびMDG'sの達成の加速の面で援助がもたらす効果をより大きなものとするための、実践的かつ行動志向型の枠組みを定めている。パートナーシップに関わる同宣言のコミットメント――オーナーシップ、アラインメント、調和化、成果志向のマネジメント、相互説明責任――がこれから実際にどのように実行され、それによって援助の提供・管理運営のあり方がどのように変わっていくかは、人権を含む実質的な開発協力政策分野全体にとってさまざまな意味をもつことになろう。

35．国際人権法上の枠組みとパリ宣言が相互に強化・受益しあう余地は小さくない。パートナーシップに関わるパリ宣言のコミットメントを適用していくことは、より調節・調和化の図られた援助および新たな援助方式という背景の変化のなかで人権を――そして人権への取組み方を――増進させる一助となりうる。同時に、人権実践から得られた経験やアプローチは、パートナーシップに関わるパリ宣言のコミットメントを達成するうえで有益となる可能性がある。このことは、オーナーシップや相互説明責任との関連でとくに明らかである15)。

脆弱な国家

36．より統合され、相互依存性も高まりつつある世界では、国家が脆弱な状態に陥ればその影響が国境内にとどまることはない。とくに、ガバナンスのための制度が弱く、規制と執行のための機構が十分に整っておらず、司法機関・法執行機関が説明責任を問われずまともに機能もしていない状況下では、不安定と慢性的低開発の状態が容易に生じ、広範囲にわたって影響を及ぼすことが明らかになっている。安全と基本的サービスを確保し、貧困層優先の政策を実施しようという政府の政治的コミットメントないし能力が限られている（または存在しない）場合、その国が脆弱な状態にあることは明らかである。脆弱な国家は人権の視点からも具体的な課題を突きつける。人権侵害と組織的差別は多くの脆弱な国家に共通する特徴であり、それどころかそれこそが不安定および安全の欠如の主要因となっている場合もあるのである。

37．したがって、人権が十分に保障されなければ脆弱な国家における開発の展望は深刻に損なわれてしまう。同時に、能力の弱さ、需要の競合、政治的意思の欠如のため、ドナーがパートナーである政府と協力して人権問題に取り組むことも著しく

---

15) Marta Foresti, David Booth and Tammie O.Neil, "Aid effectiveness and human rights . strengthening the implementation of the Paris Declaration". Paper commissioned by the GOVNET. Overseas Development Institute, London (September 2006); Paolo de Renzio, Verena Fritz and Zainab Kizilbash with Marta Foresti and Tammie O.Neil, "Illustration papers on human rights and the partnership commitments of the Paris Declaration". Papers commissioned by the GOVNET, Overseas Development Institute, London (September 2006).

困難になろう。パートナーである政府のアプローチとの調節を図ることに関心を示す際には、危害の可能性を認識する必要性、また人権侵害の共犯者と見なされないようにする必要性とのバランスをとらなければならない。そこにはトレードオフが存在する。国家以外の回路を通じて援助を実施することが望ましい場合もあるかもしれないが、そうすれば国家の長期的な能力と実効性が阻害されかねない。

38. 重要なのは、人権および国際人道法を国家が最低限尊重するようにすることは脆弱な国家においても確かに可能であることを認識することである。とはいえ、前向きな展望を見出すためには、ドナーは人権に対するアプローチの探求と、優先順位に従って序列化された、脆弱な国家における限られた範囲の目標に焦点を当てる必要性との間で折り合いをつけることも必要になる。

39. DAC「脆弱な国家における望ましい国際的関与のあり方に関する原則(DAC Principles for Good International Engagement in Fragile States)」は国レベルで適用されるものなので、人権の実現に資するような環境が維持され、増進させられるようにすることがきわめて重要である。この点では人権実践に関わるこれまでの経験が貴重な形で役立ちうる。

開発における人権の促進と統合のための原則

40. DACは、人権を促進・保護し、かつ開発にいっそう体系的な形で統合していくための方法に関する国際的合意を醸成するようさらに努めていくつもりである。以下の諸原則は、ドナーによる調和のとれた行動がとりわけ重要となる主要な分野・活動での基本的な方向性を指し示している。ドナー機関はこれらの原則を活用し、人権政策・プログラムを策定する際に参考とするよう求められる。その他の関係者、各国政府および国家以外のパートナーとの対話の基盤としてこれらの原則を活用することも期待されるところである。

1. **人権法上の義務と開発における優先課題との結びつきに関する共通の理解を、対話を通じて構築していくこと**。人権法上の義務と開発における優先課題との結びつきは、政治的レベルでの対話か開発レベルでの対話かにかかわらず、パートナー諸国の政府との対話で常に取り上げる問題のひとつとされるべきである。ドナー諸国は、パートナー諸国の政府と協働しながら、国際人権法上の自国の義務を履行する方法について検討することが求められる。各国が置かれている状況はそれぞれ異なるはずであり、対話においてはパートナー諸国の政府が現時点で有している義務を出発点とすることが必要となろう。ドナーとパートナー諸国との間で人権問題に関する理解を共有することは、援助のパートナーシップを持続させるためにも、援助の予期可能性と実効性を確保するためにも必要不可欠である。

2. **パートナー諸国の政府に対して人権に関する支援を提供すべき分野を特定すること**。人権法上の義務を実行に移そうとするパートナー諸国の政府の行動を支援するうえで、ドナーは重要な役割を担っている。ドナーは、共有された評価と分析に基づき、パートナー諸国の政府がよりよい形で人権を尊

重・保護・履行できるようにするために必要な優先分野と資源を特定するよう努めるべきである。ドナーはパートナー諸国の政府に対し、これらの評価の成果を開発戦略に組み込むよう奨励することが求められる。ドナーはまた、人権問題の構造的原因を特定し、実際的解決策を発展させるための分析能力の強化を援助することもできる。

3．**国家構築のプロセスにおいて人権を保障すること**。自国の管轄下にある人々の人権を保障することは国家の最も本質的な機能のひとつである。これによって、国民から見て国家がどの程度の正統性を有するかが——部分的にではあるが——決定される。国家構築には、国家の中核的機能を果たす能力の構築だけではなく、法の支配および権利と責任の枠組みに基づいた国家と社会の関係を強化することも含まれる。ドナーがこのようなプロセスを支援するためには、説明責任を確保するためのさまざまな機構と協働することが必要になろう。それは国家人権委員会、オンブズマン、裁判所、議会、市民社会、メディアその他の機関であり、地域公聴会のようなそれほど形式的ではない政治的舞台・現場も含まれる。

4．**人権の需要側を支援すること**。経験の示すところによれば、政府に対する支援は、説明責任と人権尊重の確保を目的とした、市民社会その他の主体に対する支援によって補完されなければならない。権利の「需要側」を支援することは、最も被害を受けやすい立場に置かれ、排除されている人々の声を強めるとともに、社会のあらゆる構成員が自己の権利の行使・防御に参加するための政治的余地を拡大する一助となるはずである。ドナーは、市民社会ネットワークと連合関係を結ぶことを通じて意識啓発を図り、貧困下で暮らしている人々が自己の権利を主張して履行させることを支援することができる。これは貧困を削減し、ミレニアム宣言を実施するための戦略の一環でもある。

5．**より包摂的かつ安定した社会の基盤として差別の禁止を促進すること**。差別と排除は紛争および不安定の主要な原因に含まれる。国家は、たとえ能力や資源が限られている場合であっても、最低限、特定集団を差別するような措置をとらないようにしなければならない。差別を禁止し、包摂に取り組むことは、ドナーとパートナー諸国の政府が対話と関与を開始する出発点にふさわしい問題である。

6．**アラインメントや援助手段の決定において人権を考慮すること**。オーナーシップについて評価し、政府の戦略を踏まえたアラインメントについて決定を行う際には、政府の戦略がどのぐらい包摂的なものであるか、また国内のさまざまな利益集団および主体——周縁化された人々や最も被害を受けやすい立場に置かれた人々を含む——の視点をどの程度踏まえているかを考慮に入れることが重要である。ドナーによる援助手段の選択や、国家およびそれ以外の主体を対象とした支援の適切なバランスに関する決定においても、人権に関わる事情を——部分的に——考慮することが求められる。説明責任を強化するうえで役に立ち、サービスへのアクセスや自己の権利の行使の面で困難を抱えている人々に資源が配分されるよう

にするためのさまざまな手段が考慮されるべきである。

7. **人権原則と援助実効性原則との相互強化性を考慮すること**。DACメンバーは、パートナーシップに関わるパリ原則のコミットメントを拡大実施していくうえで人権原則、人権分析および人権実践を考慮するべきである。逆に、人権プログラムの立案・実施においてはパリ原則に従うことが求められる。

8. **危害を加えないこと**。ドナーの行動は開発途上国における人権上の成果に肯定的にも否定的にも影響を及ぼす可能性がある。信仰、民族、ジェンダーの問題が十分に考慮に入れられなければ、ドナーの行動によって、社会的分断が取り返しのつかないほど強化され、汚職がますますひどくなり、暴力的紛争が悪化し、脆弱な政治的連合が損なわれかねない。ドナーは、基本的人権、公平および社会的包摂を促進し、政策とプログラムにおいて人権原則を尊重し、危害につながるおそれがある実践を特定し、かつ、危害のおそれを緩和するための短期的・中期的・長期的戦略を策定するべきである。

9. **人権状況の悪化に対して調和のとれた段階的アプローチをとること**。深刻な人権状況に対応する際には、調和のとれた明確なシグナルを送ることと、社会で最も被害を受けやすい立場に置かれた人々の処罰につながらないような、射程の明確な行動をとることに焦点を当てるべきである。ドナーは、人権上の懸念への対応として真っ先に援助を減らすのではなく、さまざまな援助手段および援助回路を通じて援助を提供することにより、貧困削減を引き続き支援するとともに、可能であれば人権面での前進を達成することにつながるような焦点化された援助を行うことが求められる。開発パートナーシップの一環に人権を位置づけることは、予期可能性を高めるうえで役に立つとともに、必要に応じて開かれた透明な対話を行うための基盤となる。

10. **援助の段階的増大が人権に資するようなものとなることを確保すること**。援助が段階的増大の対象となっている時期には、追加的資源の提供が人権面での不十分な実績を支持したものと受け取られないようにすることが重要である。さらに、説明責任を確保することと、深く根ざした問題に対応しようという政府の意思に悪影響が生じるおそれを回避することもきわめて重要となる。したがって、援助を増やすための努力は、人権に関わる諸制度、説明責任を確保するための諸機構および関連の能力を強化する取組みと並行して進められるべきである。

DACがとるべき優先的行動

41. 人権と開発の分野における活動を継続していくにあたって次にとるべき措置は、人権を促進・保護し、かつ開発プロセスにより体系的な形で統合していく方法についての共通理解を深めていくことである。DACおよびその下部機関は、その具体的責任と比較優位に鑑み、いくつかの行動を進めていくうえで他のどの機関よりもふさわしい立場にある。以下に掲げる優先行動ポイントは、努力の増進と新たなイニシアチブによって相当の変化を見

込むことができる、限られた数の行動に焦点を当てたものである。このような行動は以下の3つのカテゴリーに分類される。①本文書に掲げられた諸原則を、DACが現在有している政策上の関心事および中期的活動を支える共通指針として活用すること。②DACの「活動予算計画（PWB）2007-2008」の一環としての具体的イニシアチブ。③DACもしくはその下部機関またはOECDの他の機関が有する人権関連の専門的知識を求める要請に応じるための活動。

アクション1：原則を活用する
42. 前掲「開発における人権の促進と統合のための原則」は、DACから承認されると同時に共通指針として扱われるべきである。ドナー機関は、政策立案の参考として、また他の関係者との対話の基盤として同原則を活用するよう求められる。また、同原則はドナーの国別援助計画を立案するときにも役に立つかもしれない。GOVNETは同原則と、この行動志向ポリシー・ペーパーの中心的メッセージが、ドナー機関の本部およびパートナー諸国のドナー機関事務所で働くスタッフにいっそう幅広く普及されることを確保していく。
43. さらに、DACは2つの具体的分野で同原則の活用を積極的に促進していく。
・DAC援助審査（ピア・レビュー）プロセスにおいて人権問題が扱われるときは、同原則は有用な参照文書として活用できる可能性がある。
・同原則はDAC「脆弱な国家における望ましい国際的関与のあり方に関する原則」を補完するものであり、脆弱な国家で生じている深刻な課題への対応においても有用な参照文書となろう。
　DACガバナンス・ネットワーク（GOVNET）が2008年にDACに進捗状況を行うことを提案する。

アクション2：人権活動に従事している人々とその他の開発活動に従事している人々との対話および連携を促進する
44. 人権活動に従事している人々とその他の開発活動に従事している人々との間の望ましい実践やアイデアの交流は前進してきた。橋渡しの努力には弾みがつきつつあるが、お互いの強みをより体系的に活かし、それぞれの特有の言葉遣いや考え方を学び、かつ種々の手法および接点の相互補完性を理解するためには、人権専門家、その他の政策関係者、援助統括者との間でいっそうの対話が必要である。
45. DACおよびその下部機関はこのような相乗効果を高めていくうえで他のどの機関よりもふさわしい立場にある。DACは、その「活動予算計画2007-2008」16)の一環として、援助の実効性、平和・安全保障および成長戦略の分野におけるドナーの政策と実践にいっそう一貫した形で人権を統合していく方法に関する指針を策定する。

アクション3：OECD全体を通じた横の取組み等により、人権の評価・指標を強化するための活動において他の機関のリソースとなる
46. 既存の手段や経験をマッピングすることは、人権状況の量的評価に対するさまざまな機関のアプローチをいっそう調

---
16) DCD/DAC(2006)30/REV1.

和させていくための、また共同アプローチを発展させていくための出発点である。GOVNETとその人権タスクチームが有している人権に関する専門性は他の機関がリソースとして利用できる。これにはたとえば、メタゴーラ・プロジェクト（よ り幅広くはPARIS21）、OECD開発センターの活動、「社会の進歩の測定」に関するOECDの国際プロジェクトといった、OECD全体のプロジェクト17)に貢献することも含まれよう。

（訳：平野裕二）

---

17) STD/CSTAT(2006)10.

資料3

人権基盤型アプローチ（HRB）に関するチェックリスト

André Frankovits, Mainstreaming Human Rights
The Human Rights-Based Approach and The United Nations System Desk Study
Prepared for UNESCO (UNESCO, 2005) Appendix 2

　以下のチェックリストはUNDP「人権レビューのための作業指針」の付属文書であり、人権に基づくアプローチをどの程度の水準で適用できているか、スタッフが自己評価できるようにすることを目的とするものである。同指針は、徹底した人権レビューを可能にするための情報を明らかにするためにもこのチェックリストを活用するよう、提案している。パイロット・レビューを評価するために2005年に開催されたワークショップでは、チェックリストに若干の加筆修正を行うことが提案された。ワークショップでは、このチェックリストそのものは支持されず、各国の常駐事務所が国内の協力機関や関係者と連携しながら独自のチェックリストを策定することが提案されている。このチェックリストをここに掲載したのは、自己評価の基礎となる可能性がある一連の問題を明らかにするためである。

UNDP　HRBAチェックリスト	提案された加筆修正
1. 国ごとの状況 ✓ その国で現在、最大の優先事項とされている人間開発上の問題は何か（上位3つまで）。 ✓ 人権促進に関わるその国の環境はどうなっているか。 ✓ 今なお国民全体に保障されていない権利にはどのようなものがあるか。その構造的原因は何か。 ✓ このような状況において関連してくる条約上の基準および条約機関の勧告にはどのようなものがあるか。 ✓ 国別プログラムは人権の実現をどのように支援しているか。 ✓ プログラム・スタッフは、人権を自分たちの業務に統合する力と、国連憲章、人権文書および国内憲法に関するしっかりした理解を有しているか。 ✓ 他の協力国際機関は人権の実現をどのように支援しているか。	**国ごとの状況** ✓ 人権文書の批准状況。 ✓ 留保の性質。 ✓ 条約機関に対する定期的報告の状況。 ✓ 条約機関から総括所見が出されているか。 ✓ 憲法で定められている権利。 ✓ 法律に掲げられている権利。 ✓ 説明責任を確保するための機構としてどのようなものが存在するか。

2. 排除された集団および脆弱な立場に置かれた集団 ✓ どのような集団が最も不利な立場に置かれているか。脆弱性および貧困はその国でどのように定義されているか。UNDPはその国で脆弱性および貧困をどのように定義しているか。 ✓ 排除された集団を特定するための手段および指標は十分に細分化されたものとなっているか。 ✓ 国別プログラム全体で排除と不利益の問題はどのように対応されているか。具体的プロジェクトではどうか。 ✓ この点、他の協力機関はどのように対応しているか。協力機関同士の調整はどのように行われているか。どのような課題が残っているか。 ✓ UNDP駐在事務所の職員構成にはその国の多様性が反映されているか。	**排除された集団および脆弱な立場に置かれた集団** ✓ プログラム／プロジェクトで、最も困窮している人々／人権を最もないがしろにされている人々に焦点が当てられているか。 ✓ 人権を最もないがしろにされている人々との協議は行われたか。細分化されたデータ／地元で把握されていることに言及したうえで。 ✓ そのコミュニティで最も不利な立場に置かれている／困窮している人々の出席は確保されているか。会合の成果は記録されているか。
	参加 ✓ 関係者はプログラム／プロジェクトの目的および趣旨に賛同し、自分たちで決めたことだと感じられているか。 ✓ プログラム／プロジェクトで、地域コミュニティの権限の持続的増大が図られているか。 ✓ コミュニティに対し、プログラム／プロジェクトの趣旨が（たとえばメディアを通じて）知らされているか。 ✓ コミュニティの代表および指導者の出席は奨励されているか。発言についてはどうか。 ✓ 政府代表等を対象にした人権問題／世界人権宣言に関する討論ワークショップが連続して開催されているか。 ✓ プログラム／プロジェクト枠組みの人権政策の策定前に地元住民との協議が行われたか。このような話合いは継続的に行われているか。 ✓ 公正かつ平等な形で代表が参加したか。 ✓ その国ですでに活動している筆頭機関や人権団体との協議は行われたか。 ✓ 人権問題に関する定期的会合がコミュニティ・レベルで持たれているか。 ✓ コミュニティで最も脆弱な立場に置かれている人々との交流を確保し、その反応を記録するという精神に則った、モニタリングのための現地訪問は実施されているか。

3. 関係者の能力 ✓ 国別プログラムまたはプロジェクトの関係者はどのような人々で、特定はどのように行われたか。 ✓ 義務を負っている関係者はどのような人々で、どのような義務を果たすものとされているか。当該関係者には義務を果たすための能力（責任、権限、データ、資源を含む）が備わっているか。 ✓ 請求権を有している関係者はどのような人々か。当該関係者には権利を請求するための能力（情報にアクセスし、組織化を図り、政策変更を唱道し、救済を得る能力を含む）が備わっているか。	関係者の能力 ✓ ドナーとレシピエントは目標と趣旨を共有しているか。 ✓ ドナーとレシピエントは関連の人権について承知・合意しているか。 ✓ アドボカシー／ロビイングを行うための方策は存在するか。 ✓ すべての関係者がプログラム／プロジェクトの内容について透明な形で理解しているか。 ✓ プロセスに関与している人々は人権に関する研修を受けたか。
4. 国別プログラム・プロジェクトのプロセス（行為） ✓ プロジェクトの設計・実施に、国際・地域条約に掲げられた人権基準が組み込まれているか。国別プログラムについてはどうか。 ✓ プロジェクトの設計・実施に、普遍性、不可分性、相互依存性、平等、参加および説明責任の諸原則が組み込まれているか。国別プログラム全体ではどうか。 ✓ プロジェクトの設計・実施・モニタリング・評価には、義務を負っている関係者と請求権を有している関係者の双方が参加しているか。国別プログラム全体の作成過程についてはどうか。	国別プログラム・プロジェクトのプロセス（行為） ✓ プログラム／プロジェクト計画で、プロジェクトに関係する人権文書が特定されているか。 ✓ プログラム／プロジェクトによって直接・間接に支援される権利にはどのようなものがあるか。 ✓ プログラム／プロジェクトの焦点である人権状況を明らかにするために十分な調査研究が実施されたか。 ✓ プログラム／プロジェクトが直接・間接にいずれかの人権を侵害する可能性はあるか。 ✓ プログラム／プロジェクトの趣旨は人権の観点から構成されているか。 ✓ 妥協の余地がない人権は特定されているか。 ✓ 権利をめぐって同意／交渉可能な条件にはどのようなものがあるか。どのような状態に至れば資金の引上げまたは打切りにつながるか。そのプロセスは参加型のものか。どのような不服申立手続が設けられているか。 ✓ MOUでは何らかのコンディショナリティが述べられているか。 ✓ コンディショナリティが（集団的・個人的・文化的）人権を阻害するようなものになっていないか。 ✓ 人権侵害に関するデータはどのように活用されているか。 ✓ プログラム／プロジェクトの協力機関には、権利を最もないがしろにされている人々の代表が十分に関与しているか。 ✓ プログラム／プロジェクトのサイクル全体を通じて政策対話が継続されているか。

	✓ 受益者自身が継続的評価に参加しているか。評価は詳細で地域に根ざしたものか。 ✓ コミュニティからのフィードバックに応じて、プログラム／プロジェクトの趣旨等を変更／修正することは可能か。 ✓ 参加を妨げる障壁は取り除かれたか。
5. 国別プログラム・プロジェクトの成果（結果） ✓ 国別プログラム全体で、その国における人権実現のための能力構築はどのように図られているか。人権が実現されない構造的原因は取り上げられているか。今後さらに実現されていくのはどのような人権か。 ✓ 国別プログラムは、権利の文化と法の支配の尊重にどのように貢献してきたか。 ✓ プロジェクトにおいて、義務を負う者が義務を果たすための、また請求権の保有者が権利を請求するための能力構築はどのように図られているか。今後さらに実現されていくのはどのような人権か。これはどのようなモニタリングおよび評価の対象とされているか。 ✓ 指標において、人権の享受と質的側面（公的機関の説明責任など）に関する情報——および捉え方——は捕捉されているか。	**国別プログラム・プロジェクトの成果（結果）** ✓ プログラム／プロジェクトの設計に、人権に関わる成果／影響を判断するための指標は含まれているか。 ✓ 人権に関わる成果はどのように評価されているか。 ✓ 評価は継続的かつ参加型のもので、プログラム／プロジェクトが人権に及ぼす影響の継続的検討も同時に行われているか。 ✓ プログラム／プロジェクトの設計において、地域の監視機関から人権状況や人権侵害について定期的フィードバックを受けられることが確保されているか。 ✓ プログラム／プロジェクトの設計において、継続的プロセスの一環としての再評価や修正の余地は残されているか。 ✓ それは環境の持続可能性を増進するようなものになっているか。 ✓ 権利義務に関するあらゆる関係者の意識を判定するための機構が設けられているか。 ✓ プログラム／プロジェクト活動が予期せぬ形でもたらす人権上の結果について、定期的に検討が行われているか。 ✓ 「人権」という言葉の理解について、ドナー、現地協力機関、フィールドワーカー、地元住民との話合いは行われたか。 ✓ すべての文書・契約書でジェンダー包摂的な言葉遣いが用いられているか。 ✓ プロジェクトの影響は他の部門／人権に関わる他の成果にも及ぶか。

（訳：平野裕二）

資料4

権利に基づく事業計画の原則

（CARE人権イニシアティブのトレーニングワークブックより抜粋）
CARE, CARE Human Rights Initiative: Basic Introduction to Human Rights and Rights-Based Programming, Facilitators' Guidebook (CARE, 28.10.2004), pp. 15-16

第8セッション：権利に基づく事業の原則

このセッションの目的：権利に基づく事業のための基本的な原則を学び、それを仕事の中にどう活かすか考えること

以下に列挙された権利に基づくアプローチの原則を読み、自国の事務所で行う活動がそれをどの程度反映しているか評価しよう。それぞれの原則ごとに、「よく反映している――反映していない」のスケールのどのあたりになるか印をつけてみよう。

原則1　私たちは、貧しく周辺化され、権利を奪われている人々と連帯し、彼らの声に私たちの声を添え、彼らが私たちの説明責任を問えるようにする。これは次のことを意味する。

(1) 反対派に直面したときも、私たちは、貧しい人と連帯してはっきりした立場をとり、原則に基づいて関与するという精神に則って、権利の否定に責任のある人々に立ち向かう。

(2) 私たちがあるところから資金を得ることについて、支援を行おうとしている貧しく周辺化されている人々のなかのかなりの人が自らの権利の実現を妨げられると考えるならば、私たちはそういう資金を獲得しない。

(3) 奉仕対象の人々に対して、私たちは体系的に次のような情報や場を提供する。
　(a)　すべての事業関係の重要事項
　(b)　事業の方向づけ、評価、方向づけの変更を行う機会

(4) 私たちは、どのようなペースで変化し、どの程度リスクをとるのかを決めるうえで貧しく周辺化されている人々が中心的な役割を果たすことを保証する。

原則2　私たちは、貧しく周辺化されている人々が、自らの生活に対して主人公となり、自らの権利、責任、そして願いを実現できるように支援する。これは次のことを意味する。

(5) 私たちは、私たちが奉仕する人々に権限を移し、彼らが事業についての決定により多く関わり、声を反映させることを保証する。

(6) 私たちは、権利と責任についての意識向上を行う。

(7) 私たちは、貧しく周辺化された人のエンパワーメントを促進し、彼らが自らの権利と責任を果たすことができるよう能力強化を行う。

(8) 私たちは、貧しく周辺化された人々とその組織が、統治のあり方（ガバナンス）

と彼らの生活に影響力のある決定に参加することができるように、力づける。

⑼　私たちは、貧しく周辺化された人々が社会変革に伴うリスクを認識し、それにうまく対処できるよう支援する。

原則3　私たちは、貧しく周辺化されている人々に対して責任を履行すべきものの説明責任を問う。これは次のことを意味する。

⑽　私たちは、他の人たちと協働して、責任を有する主体をすべてのレベルにおいて特定し、整理する。

⑾　私たちは、貧しく周辺化された人々が危険な目にあうことなく責任を有する主体と向かい合い、やりとりができるような機会を生み出したり、環境整備を行う。

⑿　原則に基づき関与するという精神に則って、私たちは責任を有する主体と向かい合い、もしそれが望ましいなら彼らが自分たちの責任を全うできるよう支援する。

⒀　私たちは、貧しく周辺化されている人たちのために権力関係を変えるよう支援する。

⒁　私たちは、貧しい人のため、権利のための政策の採用と実施を求め、他の人たちと力を合わせて活動する。

原則4　私たちは、性・ジェンダー、人種、国籍、民族、階級、宗教、年齢、身体的な能力、カースト、性的指向などによる差別に反対する。これは次のことを意味する。

⒂　私たちは、自らの事業のなかで非差別の原則の模範例を示す。

⒃　私たちは、貧しく周辺化された人々がそのような差別を乗り越えることができるよう共に活動する。

⒄　私たちは、このような差別についての開かれた対話を促進する。

⒅　私たちは、このような差別の問題を抱えているにもかかわらず、それに対して向かい合ったり、その問題を解決するという姿勢を明らかにしない団体とはパートナー関係を結ばない。

⒆　私たちは、隠れた差別を見つけ出し、その問題に取り組むために社会的な情報を（集団ごとに）分けて扱う。

原則5　私たちは、貧困と権利の否定の根本原因を検討し、それに取り組む。これは次のことを意味する。

⒇　私たちは、社会的、政治的、経済的な構造、とりわけ権力関係をすべてのレベルで体系的に詳しく検討する。

㉑　私たちは、貧しく周辺化された人々が実質的に活発な参加をしているかどうかも分析する。

㉒　私たちは、根本原因に取り組むために地方、地域、全国、国際レベルで行動する意志を持っている。

㉓　私たちは、貧しく周辺化された人々と共に、もしくはその人のために、公共空間（public sphere）のなかでの働きかけを行う。

原則6　私たちは、貧困と権利の否定につながるような紛争の民主的かつ公正な解決が非暴力的に行われるように促進する。

㉔　私たちは、自分たちの事業が暴力的な紛争につながったり、それを継続させたりしないように継続的に評価する。

㉕　私たちは、紛争に対処（認知、予防、解決）するための計画を事業のなかに組

み込む。

(26) 私たちは、私たちが奉仕する人々への、もしくはその人々による暴力行為や暴力の促進に反対する。

原則7　私たちは、貧しく周辺化された人々の人権を促進するため、他の人と協働する。これは次のことを意味する。

(27) 私たちは、他の主体の開始した活動やそのリーダーシップを支援し、従い、私たちがその活動に付加価値を加えることを努力する。

(28) 私たちは、私たちが始めた活動に他の主体が関わることを歓迎し、求める。

(29) 私たちは、手を取り合って活動することにより、私たちと、私たちが奉仕する人々の権利を実現するうえで力になるよう追求する。

（訳：川村暁雄）

第Ⅱ部

Part 2 Development of Human Rights Activities in the Asia-Pacific Region
アジア・太平洋地域の人権の動向

●国連の動向
Human Rights Activities by the UN in 2007
2007年の国連の動き

1. 人権理事会

　人権理事会の創設が2006年3月15日の国連総会決議60/251[1])で決まってから、2006年6月の人権理事会第1通常会期から2007年12月まで6回の通常会期と5回の特別会期が招集された。第5通常会期（2007年6月）で人権理事会の新たな制度づくりをし（人権理事会決議5/1）、2007年9月と12月の第6通常会期では、新たな体制の下でつくられた制度を運用するための決定がなされた。これによって人権理事会の制度構築が一応完成したとされた。

(1) 人権理事会制度構築

　最初の1年間の最後の第5通常会期で、理事会議長は、総括的な人権理事会制度案を示した。理事国間の交渉は難航し6月18日深夜にやっと妥協がまとまり、理事会の制度として決まった（人権理事会決議5/1)[2])。この内容は次のとおりである。
①加盟国すべての人権状況を定期的に審査する(Universal Periodic Review)。
②特別手続（特別報告者、作業部会など）(Special Procedures)と特別報告者の行動基準を設定する。
③人権理事会諮問委員会(Human Rights Council Advisory Committee)を人権小委員会(Sub-Commission on Promotion and Protection of Human Rights)に代えて新たに設ける。
④人権侵害通報制度(Complaint Procedure)を維持する。
⑤人権理事会通常会期の議題と会議運営プログラムの枠組みを新たに決める。
⑥人権理事会手続規則を採択する。

　全加盟国の人権状況審査は、人権状況の改善をめざして、人権保障義務履行ができるように国の能力を強化することをめざすものである。審査は、全理事国が加わる作業部会でなされるが、3理事国が審査の準備のために選ばれる。審査は1年に48カ国を1会期2週間の3会期の作業部会で行う。

　特別手続に関しては、その合理化と機能の改善を図るとされた。まず、特別報告者の資格と条件を定め、候補者を絞ることにした。理事国の代表から選ばれる諮問グループが、候補者のうちあるいはそれ以外の指名された者から特別報告者選定を理事会議長に提案する。特別報告者は、理事会議長が任命するが、その任命は理事会の承認を必要とする。個々の特別報告者は6年以上続けることができない。さらに決議5/2[3])で、特別報告者の行動基準が採択され、これまでそれぞれの特別報告者の判断に委ねられていた任務遂行のあり方に一定の枠組みが課された。

　人権理事会諮問委員会に関しては、18名の専門家からなるシンクタンクとしての機能

---

1) A/RES/60/251(15 March 2006) <http://daccessdds.un.org/doc/UNDOC/GEN/N05/502/66/PDF/N0550266.pdf?OpenElement>
2) A/HRC/RES/5/1(18 June 2007) <http://ap.ohchr.org/documents/E/HRC/resolutions/A_HRC_RES_5_1.doc>
3) A/HRC/RES/5/2(18 June 2007) <http://ap.ohchr.org/documents/E/HRC/resolutions/A_HRC_RES_5_2.doc>

をもたせることとした。委員は人権理事会で選出される。任期は3年、1度だけ再選が可能である。諮問委員会は、決議や決定をすることができず、人権理事会が決めた範囲内で提案をすることができる。

人権侵害通報制度については、通報の審査が2つの作業部会でなされる点は、これまでと同じである。通報作業部会は人権理事会諮問委員会の委員から5名、状況作業部会は人権理事会の理事国から5名の代表によって構成される。人権理事会は、状況作業部会から付託される、信憑性のある証言に基づく大規模で恒常的な人権侵害を審議する。

人権理事会通常会期の議題と会議運営プログラムの枠組みについては、まず、人権理事会の会期の運営のための原則として、普遍性、不偏不党性、客観性、非選択性、建設的対話と協力、予測可能性、融通性、透明性、説明責任、調和性、包括的総合性、ジェンダーの視点、決定の履行と監視追跡を挙げる。人権理事会通常会期の議題は常に同じ10議題である。すなわち、①会議の組織と手続、②人権高等弁務官年次報告、OHCHR報告、および事務総長報告、③開発発展の権利を含む、市民的、政治的、経済的、および文化的、すべての人権の促進と保護、④理事会の留意を要する人権状況、⑤人権機関と人権制度、⑥全加盟国の定期人権審査、⑦パレスチナおよびその他の被占領アラブ地域の人権状況、⑧ウィーン宣言と行動計画の継続履行、⑨人種主義、人種差別、外国人排斥および関連する不寛容、ダーバン宣言と行動計画の継続履行、⑩技術援助と能力向上。人権理事会は年に1度、主な会期の間に政府高官の演説のための部分を設ける。

人権理事会の手続規則については、総会または人権理事会がとくに決定するほかは、国連総会の主要委員会の手続規則を準用する。規則19条では人権理事会の会合は、理事国の3分の1の出席で成立し、決定をするためには過半数の出席を要するとした。

(2) 新制度の運用

2007年9月と12月に招集された人権理事会第6通常会期で、前会期に決まった人権理事会の新たな制度（人権理事会決議5/1）の具体的運用が、人権理事会決定6/102として採択された[4]。

決定は、①全加盟国の人権状況審査のための情報準備の指針、②特別手続の下で任命される特別報告者等の候補者の資格要件、そして、③人権理事会諮問委員会の委員候補の資格要件を具体的に列挙している。

まず、全加盟国の人権状況審査のための情報準備の指針については、政府提出の文書がどのように作られたか、幅広い関係者間の協議を経たものであるか述べること；国の背景説明、とくに人権擁護促進のための法的制度的枠組みなどについて説明すること；人権擁護促進の実態について、人権に関する国際的義務の履行、国内立法その他の政策上の公約、国内人権委員会などの業績、市民一般の人権意識、人権条約監視機関への協力について記すことが求められた。

次に、特別報告者等の候補者の資格要件については、次のように求められた。理事会事務局が、候補者の個人データ、専門分野、経験など、常に最新情報を準備し、迅速な任命に資すること；履歴には証明となる資料を添付すること；任命が行われる理事会会期の1カ月前までに諮問グループを結成し、資格を有する候補者の名簿を作成する。候補者は、適切な学歴、人権分野の職歴とともに、少なくとも国連の一公用語で十分なコミュニケーション能力があること；必要な専門知識と経験を有すること；国際人権条約その他の

---

[4] A/HRC/DEC/6/102 (27 September 2007) <http://ap.ohchr.org/documents/E/HRC/decisions/A_HRC_DEC_6_102.pdf>

基準や原則、国連その他の国際機関地域機関の人権に関する機能と活動に精通していること；人権分野での評価された活動経験を有すること；その能力が国内的、地域的または国際的に認められていること；任務を遂行する時間的余裕と意欲があることなどを満たす必要がある。

第3に、人権理事会諮問委員会の委員候補の資格要件については、人権分野での学術的経験または国内、地域または国際的レベルでの指導的役割や貢献、人権についての知識に加えて、異なる法制、文明などについての知識があることが望ましいとされた。さらに、コミュニケーション能力、時間的余裕も求められている。また、候補者の独立性と不偏不党性が強調され、一度に多くの人権専門分野の責任をもたないこと、任命に際しては、男女のバランス、異なる文明や地域への配慮を求めた。

第6通常会期では、以上のほかに7つのテーマ別と3つの国別の特別報告者、そして恣意的拘禁作業部会の制度の延長が決められた。

かつて人権保護と擁護のための小委員会の下にあった社会フォーラムは人権理事会のもとに残された5)。現代奴隷制作業部会と先住民作業部会、そして少数民族作業部会は、それぞれ新たに、現代奴隷制に関する特別報告者6)、6人の専門家からなる先住民の人権機構7)、少数民族問題フォーラム8)と形を変えることになった。2008年には、加盟国の人権審査の作業部会が3回の会期で審査を行うことが決まっている。

(白石理／ヒューライツ大阪所長)

2. 国連難民高等弁務官事務所(UNHCR)

(1) UNHCRの支援対象者数9)

2006年末におけるUNHCRの支援対象者は、2005年末の2,100万人から3,290万人となり、56%の急増となった。前年まで最大の支援対象となっていた難民は990万人で全体の30%となり、1,280万人で全体の39%を占めた国内避難民に抜かれることになった。難民については、2006年年頭の870万人から1年間で14%増えて、2002年以来の減少傾向が逆転した。UNHCRはこの理由として、イラク情勢の悪化と、難民登録システムの改善による正確な統計データの収集を挙げている。難民の約半数が女性であり、45%が18歳未満の子どもである。

難民を最も受け入れているのは、前年に引き続きパキスタンおよびイランであり、世界の難民の5人に1人が両国に滞在している。次にアメリカ、シリア、ドイツ、ヨルダンと続くが、アメリカおよびドイツでは前述の統計改善によりそれぞれ増加、減少が見られ、シリアおよびヨルダンでは急激なイラン難民の増加が記録された。

難民の出身国としては、前年より継続してアフガニスタン難民が最多となっており、210万人が71カ国に滞在している。次に多いのがイラク難民で150万人が主に近隣諸国に避

---

5) A/ HRC/RES/6/13 (28 September 2007) <http://ap.ohchr.org/documents/E/HRC/resolutions/A_HRC_RES_6_13.pdf>
6) A/ HRC/RES/6/14 (28 September 2007) <http://ap.ohchr.org/documents/E/HRC/resolutions/A_HRC_RES_6_14.pdf>
7) A/HRC/RES/6/36 (A/HRC/6/L.42)(14 December 2007) <http://daccessdds.un.org/doc/UNDOC/LTD/G07/152/58/PDF/G0715258.pdf?OpenElement>
8) A/HRC/RES/6/15(27 September 2007) <http://ap.ohchr.org/documents/E/HRC/resolutions/A_HRC_RES_6_15.pdf>
9) UNHCR, '2006 Global Trends: Refugees, Asylum-seekers, Returnees, Internally Displaced and Stateless Persons,' 16 July 2007 <http://www.unhcr.org/statistics/STATISTICS/4676a71d4.pdf>

難しており、その数は2006年１年間で５倍に膨れ上がった。３番目が68.6万人のスーダン難民で、ソマリア難民も増加した。コンゴ民主共和国とブルンジ難民は、自主的帰還により減少した。

自主的帰還については、2006年中に73万人が帰還したが、過去15年間で２番目に低い数字となった。再定住に関しては、UNHCRの支援を受けて３万人弱が第一庇護国から第三国へ受け入れられた。その主な出身国はミャンマー（ビルマ）、ソマリア、スーダン、コンゴ民主共和国、アフガニスタンである。

庇護希望者については、151カ国における政府またはUNHCR地域事務所に対して、59.6万件の申請がなされた。その主な出身国は、ソマリア45,600件、イラク34,200件、ジンバブエ22,200件、エリトリア19,400件、中国19,300件、ルワンダ19,200件である。ヨーロッパでは33,200人が難民認定を受け、さらに37,500人が人道的理由に基づいて在留を認められた。

国内避難民については、UNHCRは国連協力体制の下で1,280万人（2006年末時点）へ支援を拡大させ、前年の660万人と比べて飛躍的な増加となった。この理由としては、第１にコロンビア、イラク、レバノン、スリランカ、東ティモールでの国内避難民が増加したこと、第２に2005年より導入されたクラスター・アプローチにより支援機関の協力体制が強化され、UNHCRがウガンダ、コンゴ民主共和国等多くの国で保護、緊急シェルター設営、キャンプ運営の分野において指導的役割を担ったことが挙げられる。

無国籍者については、統計の改善により49カ国に約580万人が存在していることが明らかになった。

(2) 安全上の懸念が難民受入れに及ぼす影響

過去数年間、先進36カ国で行われた新規の庇護申請の総数は継続的に減少していたが、2006年下半期に増加に転じ、2007年上半期の庇護申請者の出身国は、申請者が多い順にイラク19,800人、中国8,600人、パキスタン7,300人となっている。UNHCRによると、現在の傾向が今後も続くと仮定すると、2007年に先進36カ国で庇護を求める申請件数は29〜32万人となると推測され、2001年以来初めての増加となる[10]。

その一方で、国際的保護に関するUNHCR年次報告[11]では、難民を含む入国希望者が国家安全保障上の脅威とみなされたり、テロ活動を疑われた難民申請者が出身国へ追放・引き渡されるなど、安全上の懸念が難民受入れの仕組みに大きな影響を与えている、と述べられた。

各国の国境線内の適正な監視枠組みの外側では、入国阻止、追放、送還が横行し、ノン・ルフールマン（追放・送還禁止）原則が阻害される風潮が拡大している。さらに、難民申請者の恣意的な拘禁と一部の国での拘禁施設の民営化により、拘禁の代替手段を模索する取組みが損なわれたり、難民とそれ以外の被拘禁者との区別がさらに曖昧にされている。ほかにも、難民条約の基準の適用が一貫性に欠けている国もあり、たとえばイラク、スリランカ、ソマリア出身者は、庇護申請先の国家によって難民認定率に大幅な相違が見られる。これらの安全上の懸念に基づ

---

10) UNHCR駐日事務所プレスリリース「イラク人庇護希望者、45パーセント増加」（2007年９月25日）<http://www.unhcr.or.jp/news/press/pr070925.html>
11) UNHCR駐日事務所プレスリリース「UNHCR難民保護に関する年次報告で、安全上の懸念を強調」（2007年10月４日）<http://www.unhcr.or.jp/news/press/pr071004.html>、UNHCR Executive Committee, 'Note on International Protection: Report by the High Commissioner,' 29 June 2007, UN General Assembly, A/AC.96/1038 <http://www.unhcr.org/excom/EXCOM/46939b882.pdf>

く措置は、人身保護令状や司法審査の対象にならないため、庇護申請者はきわめて多くの国で法的に曖昧な状況に置かれている。

この問題に対処するため、2007年1月UNHCRは「1951年難民の地位に関する条約および1967年議定書に基づくノン・ルフールマンの義務の域外適用に関する勧告的意見」を発表した。さらに、庇護を与えることは政治的行為ではなく、平和的・人道的行為であることが再確認されている。送還後の人権保障についての外交的保証が得られた場合でも、庇護希望者および難民の入国、庇護、引渡しの決定時には常に国際法上の人権遵守の義務と照らし合わせて判断される必要がある12)。

各国における難民審査の質の向上と認定の一貫性を図るため、2006年には12カ国のUNHCR地域事務所および政府に技術支援が提供され、カナダ移民難民評議会やフランス難民無国籍者保護局とUNHCRの間では人事交流も行われた。

(3) 執行委員会(EXCOM)結論

2007年には、危機的な状況下にある子どもについての結論(No. 107(LVIII) – 2007)13)が採択された。子どもの保護の原則としては、保護および支援を行う際に子どもを最優先とすべきこと、まず締約国がその管轄下にある子どもの保護のために包括的枠組みを形成すべきであり、UNHCRや他の関係機関はそれを補完・強化する役割を担うこと、常に子どもの最善の利益を第一義的に考慮すべきこと等が認識された。

とくに、子どもの身体的・精神的健康を損ない脆弱性を高めるおそれのある収容は控えるべきであり、やむをえない場合でも、最終手段として最短期間にすべきである。子どもの場合にはとりわけ、何らかの事件に巻き込まれても大人より認識されにくく、自らその事件について通報することが難しいため、専門家へのアクセスを確保するとともに、すべての子どもを登録して特別なニーズのある者のデータを収集・分析することも有益である。

子どもが危険にさらされることを予防し、その危機的状況への対応・解決策を講じるために、締約国、UNHCRおよび関係機関には、子どもに関する通報・モニタリング制度を確立し、人道援助関係者や国境警備官等の政府関係者による子どもの搾取・虐待を防止するための行動規範を実行することが求められた。また、同伴者が不在または家族から離散した子どもの難民申請者については、法的代理人へのアクセスを確保し、低年齢での徴兵、人身売買や女子性器切除等の子どもに特有の迫害事由を考慮したうえで、優先的に審査されるべきであるとされた。さらに、個別の身分証明書・出生証明書の発行、家族離散の予防、家族の追跡による再統合の促進、避難中の教育・食糧・医療サービスへのアクセスの確保、語学教育や受入国の文化・社会に関する教育を通じた定着の促進についても述べられている。

(4) 日本への難民再定住に関する検討

2007年に日本政府は、UNHCRによる第三国定住促進と国際動向を踏まえて、難民政策に関係のある省庁の担当者レベルの勉強会を立ち上げた。同勉強会は、第三国定住プログラム実施の可能性について検討するためのひとつのステップと位置づけられており、UNHCRも情報提供等で協力を行うことを表明した14)。

(板垣文子／NPO法人難民支援協会スタッフ)

---

12) UNHCR, 'UNHCR Note on Diplomatic Assurances and International Refugee Protection,' August 2006.
13) UNHCR Executive Committee, 'Conclusion on Children at Risk,' 5 October 2007, No. 107 (LVIII) – 2007 <http://www.unhcr.org/excom/EXCOM/4717625c2.html>

3. 条約委員会

主要7条約の締約国による履行を監視するために、それぞれ条約委員会が設置されている。2008～2009年のそれら委員会の会合予定は表1、2008年4月現在のアジア・太平洋地域の各国の条約の批准状況は表2のとおり。

（岡田仁子／ヒューライツ大阪研究員）

表1●2008～2009年の国連条約機関の検討仮日程（2008年4月30日現在）

委員会	会期	期間	審議される国（予定）
社会権規約委員会	第40会期	2008.4.28-2008.5.16	ベナン(2)、フランス(3)、**インド(2-5)**、ボリビア(2)
	第41会期	2008.11.3-2008.11.21	**フィリピン(1-4)**、ニカラグア(4)、アンゴラ(1)、ケニア(1)、スウェーデン(5)、国連コソボ暫定行政ミッション
自由権規約委員会	第93会期	2008.7.7-2008.7.25	フランス(4)、サンマリノ(2)、アイルランド(3)、英国(6)
	第94会期	2008.10.13-2008.10.31	ニカラグア(3)、モナコ(2)、デンマーク(5)、**日本(5)**、スペイン(5)
人種差別撤廃委員会	第73会期	2008.7.28-2008.8.15	エクアドル(17-19)、スイス(4-6)、スウェーデン(17-18)、ドイツ(16-18)、オーストリア(15-17)、トーゴ(6-17)、ナミビア(8-12)、ロシア(18-19)
	第74会期	2009.2.–2009.3.	チュニジア(18-19)、フィンランド(17-19)、トルコ(1-3)、**パキスタン(15-20)**、ブルガリア(19)、クロアチア(8)、モンテネグロ(1)、オランダ(18)、スリナム(11-12)
子どもの権利委員会	第48会期	2008.5.19-2008.6.6	ブルガリア(2)、エリトリア(2-3)、チャド(1)、セルビア(2)、シエラレオーネ(2)
	第49会期	2008.9.15-2008.10.3	英国(3-4)、**ブータン(2)**、ジブチ(2)
女性差別撤廃委員会	第41会期	2008.6.30-2008.7.18	フィンランド(5-6)、アイスランド(5-6)、リトアニア(3-4)、ナイジェリア(6)、スロバキア(4)、英国(5-6)、タンザニア(6)、イエメン(6)
	第42会期	2008.10.20-2008.11.7	ベルギー(6)、カメルーン(3)、エクアドル(7)、エルサルバドル(7)、**キルギス(3)**、**モンゴル(7)**、ポルトガル(6)、スロベニア(4)、**ミャンマー(3)**、ウルグアイ(7)、カナダ(7)、マダガスカル(5)、バーレーン(2)
拷問禁止委員会	第40会期	2008.4.28-2008.5.16	**オーストラリア(3)**、**インドネシア(2)**、アイスランド(3)、ザンビア(2)、スウェーデン(5)、アルジェリア(3)、コスタリカ(2)、マケドニア(2)
	第41会期	2008.11.3-2008.11.21	**中国(4)**、セルビア(2)、モンテネグロ(2)、**カザフスタン(2)**、ベルギー(2)、リトアニア(2)、ケニア(1)
移住労働者権利委員会	第8会期	2008.4.14-2008.4.25	ボリビア(1)、シリア(1)
	第9会期	2008.11.24-2008.11.28	エルサルバドル(1)

注1●国連人権高等弁務官事務所のウェブサイト（http://www.ohchr.org/english/）より（2008年4月30日）。審議済みを含む。
注2●審議される（予定）国の太字はアジア・太平洋地域。
注3●審議される国の後の（ ）内は対象となる報告。

---

14) UNHCR駐日事務所プレスリリース「アントニオ・グテーレス国連難民高等弁務官訪日に際する庇護プロセスに関する我が国とUNHCRの協議」（2007年11月27日）<http://www.unhcr.or.jp/news/press/pdf/pr071127HC_visit_J_v2.pdf>

表２●アジア・太平洋地域各国の人権条約批准状況

		社会権規約	自由権規約	自由権規約第1選択議定書	自由権規約第2選択議定書	人種差別撤廃条約	アパルトヘイト禁止条約	アパルトヘイト・スポーツ禁止条約	ジェノサイド条約	戦争犯罪時効不適用条約	子どもの権利条約
	採択時期	66/12	66/12	66/12	89/12	65/12	73/11	85/12	48/12	68/11	89/11
	締約国数	158	161	111	66	173	107	60	140	51	193
	アジア太平洋地域内(45カ国)の締約国数	27	24	12	6	29	14	6	26	7	45
東アジア	韓国	90/4	90/4a	90/4		78/12b			50/10		91/11
	北朝鮮	81/9	81/9*						89/1	84/11	90/9
	中国**	01/3	s			81/12	83/4	s	83/4		92/3
	日本	79/6	79/6			95/12					94/4
	モンゴル	74/11	74/11	91/4		69/8	75/8	87/12	67/1	69/5	90/7
東南アジア	インドネシア	06/2	06/2			99/6		93/7			90/9
	カンボジア	92/5	92/5	s		83/11	81/7		50/10		92/10
	シンガポール								95/8		95/10
	タイ	99/9	96/10			03/1					92/3
	フィリピン	74/6	86/10a	89/8	07/11	67/9	78/1	87/7	50/7	73/5	90/8
	ブルネイ										95/12
	ベトナム	82/9	82/9			82/6	81/6		81/6	83/5	90/2
	マレーシア							s	94/12		95/2
	ミャンマー（ビルマ）								56/3		91/7
	ラオス	07/2	s			74/2	81/10		50/12	84/12	91/5
	東ティモール	03/4	03/9		03/9	03/4					03/4
南アジア	アフガニスタン	83/1	83/1			83/7	83/7		56/3	83/7	94/3
	インド	79/4	79/4			68/12	77/9	90/9	59/8	71/1	92/12
	スリランカ	80/6	80/6a	97/10		82/2	82/2		50/10		91/7
	ネパール	91/5	91/5	91/5	98/3	71/1	77/5	89/3	69/1		90/9
	パキスタン	08/4	s			66/9	86/2		57/10		90/11
	バングラデシュ	98/10	00/9			79/6	85/2		98/10		90/8
	ブータン					s					90/8
	モルジブ	06/9	06/9	06/9		84/4	84/4	s	84/4		91/2
太平洋	オーストラリア	75/12	80/8a	91/9	90/10	75/9b			49/7		90/12
	キリバス										95/12
	クック諸島										97/6
	サモア		08/2								94/11
	ソロモン諸島	82/3				82/3					95/4
	ツバル										95/9
	トンガ					72/2			72/2		95/11
	ナウル		s	s		s					94/7
	ニウエ										95/12
	ニュージーランド	78/12	78/12a	89/5	90/2	72/11			78/12		93/4
	バヌアツ		s								93/7
	パプアニューギニア					82/1			82/1		93/3
	パラオ										95/8
	フィジー					73/1			73/1		93/8
	マーシャル諸島										93/10
	ミクロネシア										93/5
中央アジア	ウズベキスタン	95/9	95/9	95/9		95/9			99/9		94/6
	カザフスタン	06/1	06/1			98/8			98/8		94/8
	キルギス	94/10	94/10	95/10		97/9	97/9	05/7	97/9		94/10
	タジキスタン	99/1	99/1	99/1		95/1					93/10
	トルクメニスタン	97/5	97/5	97/5	00/1	94/9					93/9

*1997年8月、北朝鮮は国連事務総長に対し、規約の破棄を通告したが、同規約には破棄条項が設けられていないため、事務総長はすべての締約国の同意が得られないかぎり、そのような破棄は不可能だという見解を出している。

**香港とマカオを含む。

※奴隷条約、奴隷条約改定議定書、改正奴隷条約は、実質的に同じものとみなした。批准(加入)の時期は国連事務総長に批准書もしくは加入書が寄託された年月による。

子どもの権利条約選択議定書（武力紛争）	子どもの権利条約選択議定書（人身売買など）	女性差別撤廃条約	女性差別撤廃条約選択議定書	女性の参政権条約	既婚女性の国籍条約	結婚最低年齢に関する条約	拷問等禁止条約	拷問等禁止条約選択議定書	改正奴隷条約※	奴隷制廃止補足条約	人身売買禁止条約
00/5	00/5	79/12	99/10	52/12	57/01	62/11	84/12	02/12	53/12	56/09	49/12
120	126	185	90	122	73	54	145	34	98	122	81
22	23	41	14	22	8	7	21	3	16	18	15
04/9	04/9	84/12	06/10	59/6			95/1				62/2
		01/2									
08/2	02/12	80/11					88/10				
04/8	05/1	85/6		55/7			99/6				58/5
04/10	03/6	81/7	02/3	65/8		91/6	02/1		68/12	68/12	
s	s	84/9	s	58/12			98/10				s
04/7	02/5	92/10	s	s			92/10	07/3		57/6	s
s		95/10			66/3					72/3	66/10
06/2	06/1	85/8	00/6	54/11			07/10				
03/8	02/5	81/8	03/11	57/9		65/1	86/6		55/7	64/11	52/9
	06/11	06/5									
01/12	01/12	82/2									
		95/7			59/2					57/11	
		97/7		s						57/4	s
06/9	06/9	81/8		69/1						57/9	78/4
04/8	03/4	03/4	03/4				03/4	s			
	02/9	03/3		66/11			87/4		54/8	66/11	85/5
05/11	05/8	93/7		61/11	s		s		54/3	60/6	53/1
00/9	06/9	81/10	02/10		58/5	s	94/1		58/3	58/3	58/4
07/1	06/1	91/4	07/6	66/4			91/5		63/1	63/1	02/12
s	s	96/3		54/12	s				55/9	58/3	52/7
00/9	00/9	84/11	00/9	98/10		98/10	98/10		85/1	85/2	85/1
s	s	81/8									
04/12	02/5	93/7					04/4	06/2			
06/9	07/1	83/7		74/12	61/3		89/8c		53/12	58/1	
		04/3									
		06/8	07/11								
		92/9				64/8					
		02/5	02/5	81/9						81/9	81/9
		99/10									
s	s						s				
01/11	s	85/1	00/9	68/5	58/12	64/6	89/12c	07/3	53/12		62/4
07/9	07/5	95/9	07/5						82/1		
		95/1		82/1							
s	s	95/8		72/6	72/6	71/7			72/6	72/6	
		06/3									
	s	04/9									s
		95/7		97/9			95/9				04/2
03/4	01/8	98/8	01/8	00/3	00/3		98/8				06/1
03/8	03/2	97/2	02/7	97/2	97/2	97/2			97/9	97/9	97/9
02/8	02/8	93/10	s	99/6			95/1				01/10
05/4	05/3	80/7					99/6		97/5	97/5	

a：自由権規約41条に基づく、人権侵害に対する他国による申立ての審査についての自由権規約委員会の権限の受諾。
b：人種差別撤廃条約14条に基づく、人権侵害に対する個人・集団による申立ての審査についての人種差別撤廃委員会の権限の受諾。
c：拷問等禁止条約22条に基づく、人権侵害に対する個人の申立ての審査についての拷問禁止委員会の権限の受諾。
s：署名のみ。

135

		無国籍者削減に関する条約	無国籍者の地位に関する条約	難民条約	難民議定書	移住労働者権利条約	強制失踪条約	障害者権利条約	障害者権利条約選択議定書	合計
	採択時期	61/08	54/09	51/07	67/01	90/12	06/12	06/12	06/12	
	締約国数	34	63	144	144	37	4	24	14	
	アジア太平洋地域内(45カ国)の締約国数	3	4	18	18	5	0	3	0	
東アジア	韓国			62/8	92/12	92/12			s	16
	北朝鮮									6
	中国**			82/9	82/9			s		11
	日本			81/10	82/1		s	s		12
	モンゴル						s			18
東南アジア	インドネシア					s		s		8
	カンボジア			92/10	92/10	s		s	s	14
	シンガポール									6
	タイ									10
	フィリピン		s	81/7	81/7	95/7		08/4		24
	ブルネイ							s		3
	ベトナム							s		10
	マレーシア							s		5
	ミャンマー(ビルマ)									4
	ラオス							s		12
	東ティモール			03/5	03/5	04/1				13
南アジア	アフガニスタン			05/8	05/8					16
	インド						s	07/10		16
	スリランカ					96/3		s		17
	ネパール							s	s	18
	パキスタン									10
	バングラデシュ					s		07/11		17
	ブータン									2
	モルジブ						s	s		12
太平洋	オーストラリア	73/12	73/12	54/1	73/12			s		19
	キリバス	83/11	83/11							4
	クック諸島									3
	サモア			88/9	94/11	s				5
	ソロモン諸島			95/2	95/4					10
	ツバル			86/3	86/3					4
	トンガ							s		3
	ナウル									1
	ニウエ									1
	ニュージーランド	06/9		60/6	73/8			s		20
	バヌアツ						s	s		5
	パプアニューギニア			86/7	86/7					8
	パラオ									1
	フィジー		72/6	72/6	72/6					12
	マーシャル諸島									2
	ミクロネシア									2
中央アジア	ウズベキスタン									10
	カザフスタン			99/1	99/1					15
	キルギス			96/10	96/10	03/9				22
	タジキスタン			93/12	93/12	02/1				14
	トルクメニスタン			98/3	98/3					15

※2008年4月30日までのJournal of the United Nations (http://www.un.org/ga/search/journal.asp)、国連人権高等弁務官事務所ウェブサイト (http://www.ohchr.org)、国連難民高等弁務官事務所ウェブサイト (http://www.unhcr.ch/) 参照。

● 国連の動向

Reporting Status of Asia-Pacific Countries by the Treaty Bodies in 2007

条約委員会による2007年のアジア・太平洋地域国別人権状況審査

CESCR：社会権規約
CCPR：自由権規約
CERD：人種差別撤廃条約
CRC：子どもの権利条約
CEDAW：女性差別撤廃条約
CAT：拷問等禁止条約
CMW：移住労働者権利条約

1. 東アジア

(1) 韓国
①CESCR（90年7月10日発効）第3回報告（E/C.12/KOR/3）は07年6月27日に提出された。
②CCPR（90年7月10日発効）第4回報告の期限は10年11月2日。
③CERD（79年1月4日発効）第13、14回報告（CERD/C/KOR/14）は第72会期（08年2～3月）に審議された。総括所見（CERD/C/KOR/CO/1）に挙げられた主な懸念事項の概要は以下のとおり。
・国内法に人種差別の定義がないこと、憲法の差別禁止規定に条約1条1項の差別の根拠が含まれていないこと
・社会に移住労働者を含む外国人に対する広範な差別があること
・民族的同質性が強調され、「純血」「混血」などの用語が締約国の報告にも使われること
・憲法によると国民のみが法律の前に平等であり、憲法上の権利を享有することができること
・移住労働者が更新のない3年間の労働契約しか締結できないこと、転職に厳格な制限がつくことなど
・国家人権委員会が取り上げた人種差別に関する申立ての結果について情報が十分lenta
いこと
　主な勧告の概要は以下のとおり。
・検討中の差別禁止法において条約4条に基づき人種主義的動機による犯罪を禁止し処罰する立法措置をとること
・難民に関する法律を条約および他の国際基準に基づいて見直し、難民認定手続が公正に、速やかに行われるようにすること
・外国人妻の権利を保護し、離婚や別居の際、関係終結の責任が韓国人夫にあることを立証できる場合のみに在留が認められるのではないよう確保すること、国際結婚仲介業者による身分証や旅券の没収、相手の韓国人男性に関する情報の未提供などの行為を防止するよう規制すること
　第15、16回報告の期限は10年1月4日。
④CRC（91年12月30日発効）第3、4回報告の期限は08年12月19日。
⑤CEDAW（85年1月26日発効）第5、6回報告（CEDAW/C/KOR/5、KOR/6）は第39会期（07年7～8月）に審議された。総括所見（CEDAW/C/KOR/CO/6）に挙げられた主な懸念事項の概要は以下のとおり。
・87年雇用平等法は職場における直接および間接差別を禁止するが、公的機関および私人による、条約に挙げられるあらゆる分野にわたる直接および間接差別が国内法によって禁止されていないこと

・任意の売春従事者が起訴されうるのに対して、買春者は初犯であれば、教育プログラムに参加すれば訴追されないこと、「援助交際」が広範にみられること
・家父長的態度や男女の家庭や社会における役割などに関するステレオタイプが、とくに農村地域で根強く残り、それが女性の公的、政治的分野における限定的な参加、労働市場における不利な地位に反映されていること
・女性労働者が特定の低賃金部門や非正規労働に集中していること

主な勧告の概要は以下のとおり。
・性暴力の起訴に被害者からの告訴の要件を課さないこと、農村女性を含めてあらゆる女性がDVに対して保護命令、シェルターなどの救済措置にアクセスできるよう確保すること
・結婚仲介業者を規制する法律を早急に制定し、外国人女性をこれら業者や夫などからの暴力や搾取から保護する追加的措置をとること
・学界、民間部門も含めて、あらゆる公的部門における女性の参加を拡大するために、さらなる暫定的特別措置も含め、取組みを強化すること
・生殖医療や研究目的のための卵子採取を法律により規制し、バイオテクノロジーの応用における女性の人権を保護すること
・貧困の女性化に対して具体的な措置をとること
・女性の婚姻最低年齢を、条約16条2項や子どもの権利条約に沿って、18歳とするよう民法改正に向けて取組むこと

第7報告の期限は10年1月26日。
⑥CAT（95年2月8日発効）第3～5回報告の期限は12年2月7日。

⑵　朝鮮民主主義人民共和国

①CESCR（81年12月14日発効）第3回報告の期限は08年6月30日。
②CCPR（81年12月14日発効）第3回報告（期限04年1月1日）は未提出。
③CRC（90年10月21日発効）第3、4回報告（CRC/C/PRK/4）は07年12月10日に提出され、第50会期（09年1～2月）に審議予定。
④CEDAW（01年3月29日発効）第2回報告（期限06年3月27日）は未提出。

⑶　中国

①CESCR（01年6月27日発効）第2回報告の期限は10年6月30日。
②CCPR（中国本土は署名のみ）第3回報告の期限は10年11月1日。
③CERD（82年1月28日発効）第11～13回報告（期限07年1月28日）は未提出。
④CRC（94年4月1日発効）第3、4回報告の期限は09年3月31日。
⑤CEDAW（81年9月3日発効）第7、8回報告の期限は10年9月3日。
⑥CAT（88年11月2日発効）第4回報告（CAT/C/CHN/4）は06年2月14日に提出され、第41会期（08年11月）に審議予定。

⑷　日本

①CESCR（79年9月21日発効）第3回報告（期限06年6月30日）は未提出。
②CCPR（79年9月21日発効）第5回報告（CCPR/C/JPN/5）は06年12月20日に提出され、第94会期（08年10月）に審議予定。
③CERD（96年1月14日発効）第3～5回報告（期限05年1月14日）は未提出。
④CRC（94年5月22日発効）第3回報告は08年4月に提出。
⑤CEDAW（85年7月25日発効）第6回報告（期限06年7月25日）は未提出。
⑥CAT（99年7月29日発効）第1回報告（CAT/C/JPN/1）は第38会期（07年5月）に審議された（総括所見の仮訳は本書に全文掲載）。

⑸　モンゴル

①CESCR（76年1月3日発効）第4回報告

(期限03年6月30日)は未提出。
②CCPR(76年3月23日発効)第5回報告(期限03年3月31日)は未提出。
③CERD(69年9月5日発効)第19〜21回報告の期限は10年9月5日。
④CRC(90年9月2日発効)第3、4回報告(期限07年9月1日)は未提出。
⑤CEDAW(81年9月3日発効)第5〜7回報告(CEDAW/C/MNG/7)は07年4月12日に提出され、第42会期(08年10〜11月)に審議予定。
⑥CAT(02年2月23日発効)第1、2回報告(期限07年2月23日)は未提出。

2.東南アジア

(1) インドネシア
①CESCR(06年5月23日発効)第1回報告の期限は08年6月30日。
②CCPR(06年5月23日発効)第1回報告(期限07年5月23日)は未提出。
③CERD(99年7月25日発効)第1〜3回報(CERD/C/IDN/3)は第71会期(07年7〜8月)に審議された。総括所見(CERD/C/IDN/CO/3)に挙げられた主な懸念事項は以下のとおり。
・先住民族の権利が国の国益、近代化および経済的、社会的発展の解釈により損なわれていること
・カリマンタン国境パーム油メガ・プロジェクトが先住民族の土地と文化の権利を脅かしていること
・法律の中でイスラム教、プロテスタント教、カトリック教、ヒンズー教、仏教などを区別しており、思想、信教の自由に影響を及ぼしうること、異なる宗教の男女の結婚の登録が困難で、その子どもの出生証が発行されないこと
・98年の暴動の際に行われた人権侵害についてまだ処罰が行われていないこと
　主な勧告の概要は以下のとおり。

・一般的意見8に注意を喚起し、先住民族がどう自分たちを見るか、定義するかを尊重すること
・民族対立の再燃を防止する取組みを拡大し、国内移住プログラムのとくに現地共同体への影響を評価し、民族間の相互理解とそれぞれの歴史、伝統などの尊重を促進すること
・中国系など外国系の国民のインドネシア国民証携行義務を廃止した大統領令がすべての地域で施行されるよう確保すること、廃止周知のためのプログラムを実施すること
・パリ原則に基づき、国家人権委員会の独立を強化し、委員および職員の任務の実行にあたって免責を保障すること
　第4〜6回報告の期限は10年7月25日。
④CRC(90年10月5日発効)第3、4回報告(期限07年10月4日)は未提出。
⑤CEDAW(84年10月13日発効)第4、5回報告(CEDAW/C/IDN/4-5)は第39会期(07年7〜8月)に審議された。総括所見(CEDAWC/IDN/CO/5)に挙げられた主な懸念事項は以下のとおり。
・地方分権により、アチェを含め地域によって女性の人権の尊重と実施に格差が生じたこと
・家父長的態度や男女の家庭や社会での役割に関するステレオタイプが根強く残り、女性の人権の享有や条約の実施の重大な障害となっていること
・74年婚姻法に男性を戸主とし、一夫多妻性を認め、女性の最低婚姻年齢を16歳とするなどのステレオタイプを継続させる差別的規定があること
・家事労働者も対象に含むDV法が制定されたにもかかわらず、家事労働者が虐待され、搾取されていること、これら労働者が労働時間、休暇、最低賃金を規定する労働力法に含まれていないこと
・国籍法により、インドネシア女性は、外国人と結婚した際の国籍の維持、配偶者の国籍取得について同じ権利を有していないこと、

とくに結婚して外国に移住したり、人身売買された女性が国籍を失うおそれがあること
・女性の教育、とくに中等および高等教育へのアクセスに制限や障害があること、校長など教育の意思決定の地位に女性が少ないこと
・インドネシアからの移住者の70%を占める女性について、非正規に移住する女性の権利が十分保護されていないこと、移住労働者保護のための二国間の覚書に、雇用者が移住労働者の旅券を保管してもよいとするなど差別的な条項が含まれることがあること
・農村の女性の法的保護、医療や教育へのアクセスが不足していること、自然災害などの女性被害者の医療、住居、安全に関するニーズが満たされておらず、とくに女性が戸主の場合、食料援助や住居へのアクセスで差別されること

主な勧告の概要は以下のとおり。
・法改正を進め、遅滞なく差別的な法規則を条約に適合させること、包括的な男女平等に関する法を制定すること
・女性エンパワメント省などに十分な権限、人材および財源を提供することによって強化すること
・女性性器切除（FMG）を禁止する法律を制定し、加害者を処罰すること
・07年人身売買禁止法と行動計画を十分実施し、女性の社会的、経済的状況を改善する措置をとり、中継国、目的地国との国際的、地域的および二国間協力を強化すること
・総選挙法の各政党の立候補者の30%を女性枠とする規定を義務とし、処罰規定などにより遵守を確保すること
・女性の適切で十分な医療サービスへのアクセスを確保する努力を継続し、妊産婦死亡率を低下させること、安全でない中絶や10代の妊娠を減少させるために性／リプロダクティブ・ヘルスの情報、サービスへのアクセスを保障する措置をとること

第6、7回報告の期限は09年10月13日。

⑥CAT（98年11月27日発効）第2回報告は05年8月25日に提出され、第40会期（08年5月）に審議予定。

(2) カンボジア
①CESCR（98年8月26日発効）第1〜3回報告（期限04年6月30日）は未提出。
②CCPR（92年8月26日発効）第2回報告（期限02年7月31日）は未提出。
③CERD（86年12月28日発効）第8〜12回報告（期限06年12月28日）は未提出。
④CRC（92年11月14日発効）第2、3回報告（期限04年11月13日）は未提出。
⑤CEDAW（92年11月14日発効）第4、5回報告の期限は09年11月14日。
⑥CAT（92年11月14日発効）第2回報告（期限06年8月29日）は未提出。

(3) シンガポール
①CRC（95年11月4日発効）第2、3回報告（期限07年11月3日）は未提出。
②CEDAW（95年11月5日発効）第3回報告（CEDAW/C/SGP/3）は第39会期（07年7〜8月）に審議された。総括所見（CEDAW/C/SGP/CO/3）に挙げられた主な懸念事項の概要は以下のとおり。
・個人の地位に関して、民法とシャリア法の二重制度があり、婚姻、離婚、相続においてイスラム教の女性に対する差別となっていること
・女性の教育水準や能力に比して女性の議員が依然として少なく、閣僚に女性がいないこと、外交も含め行政、教育機関、民間の上級職に女性が少ないこと
・政府が適用する人身売買の定義が狭いこと、人身売買の被害者女性が入国管理法の違反者として扱われること
・外国人家事労働者に対して、妊娠検査が行われ、シンガポール人との結婚が禁止されること、権利を保護する法律がないこと
・家父長的な態度や家庭内および社会にお

ける男女のステレオタイプが根強く残り、公的および私的領域での女性に対する暴力やさまざまな分野における女性の不利を招いていること

　主な勧告の概要は以下のとおり。
・具体的な時間的枠組みにおいて、条約2条、11条1項および16条に対する留保の撤回に向けて取り組むこと
・憲法、あるいは他の適切な法律に女性に対する、直接および間接を含む条約1条に沿った差別の定義を取り入れること
・女性の地位向上のための国家機関の地位を強化し、権限を強化し必要な人材と財源を提供すること
・シンガポール人と結婚した外国人妻が虐待や暴力を受けた際の十分な情報やシェルターを提供すること
・条約11条1項の留保を撤回し、労働の水平および垂直分業を撤廃する実効的な措置をとること、雇用法の対象とならない管理職の女性などにも十分な妊娠出産休暇を確保すること

　第4回報告の期限は09年11月4日。

(4)　タイ
①CESCR（99年12月5日発効）第1、2回報告（期限07年6月30日）は未提出。
②CCPR（97年1月29日発効）第2回報告の期限は09年8月1日。
③CERD（03年2月27日発効）第1、2回報告（期限06年2月27日）は未提出。
④CRC（92年4月26日発効）第3、4回報告の期限は09年4月25日。
⑤CEDAW（85年9月8日発効）第6、7回報告の期限は10年9月8日。

(5)　東ティモール
①CESCR（03年7月16日発効）第1回報告（期限05年6月30日）は未提出。
②CCPR（03年12月18日発効）第1回報告（期限04年12月19日）は未提出。
③CERD（03年5月16日発効）第1、2回報告（期限06年5月16日）は未提出。
④CRC（04年5月16日発効）第1回報告（CRC/C/TLS/1）は07年3月1日に提出され、第47会期（08年1～2月）に審議された。
⑤CEDAW（03年5月16日発効）第1回報告（期限04年5月16日）は未提出。
⑥CAT（03年5月16日発効）第1回報告（期限04年5月16日）は未提出。
⑦CMW（04年5月1日発効）第1回報告（期限05年5月1日）は未提出。

(6)　フィリピン
①CESCR（76年1月3日発効）第2～4回報告（E/C.12/PHL4）は06年12月18日に提出され、第41会期（08年11月）に審議予定。
②CCPR（87年1月23日発効）第3回報告（期限06年11月1日）は未提出。
③CERD（69年1月4日発効）第15～19回報告（期限06年1月4日）は未提出。
④CRC（90年9月20日発効）第3、4回報告（期限07年9月19日）は未提出。
⑤CEDAW（81年9月4日発効）第7、8回報告の期限は10年9月4日。
⑥CAT（87年6月26日発効）第2～5回報告（期限04年6月25日）は未提出。
⑦CMW（03年7月1日発効）第1回報告（期限04年7月1日）は未提出。

(7)　ブルネイ
①CRC（96年1月26日発効）第2、3回報告の期限は08年7月25日。
②CEDAW（06年6月23日発効）第1回報告（期限07年6月23日）は未提出。

(8)　ベトナム
①CESCR（82年12月24日発効）第2～4回報告（期限05年6月30日）は未提出。
②CCPR（82年12月24日発効）第3回報告（期限04年8月1日）は未提出。
③CERD（82年7月9日発効）第10～13回報

告（期限07年7月9日）は未提出。
④CRC（90年9月2日発効）第3、4回報告（期限07年9月1日）は未提出。
⑤CEDAW（82年3月19日発効）第5、6回報告（CEDAW/C/VNM/5-6）は第37会期（07年1～2月）に審議された。総括所見（CEDAW/C/VM/CO/6）に挙げられた主な懸念事項は以下のとおり。

・娘よりも息子優先などの家父長的態度や家庭内および社会における男女の役割のステレオタイプが根強く残り、女性に対する暴力やさまざまな分野における女性の不利を招いていること
・議会における女性の占める割合がアジアで最も高いにもかかわらず、公共の意思決定機関、とくに地方の区などのレベルでの女性の代表が少ないこと
・識字率が高いにもかかわらず、学校を退学する少女が多く、農村や地方の少女は教育への十分なアクセスがないこと
・女性の性／リプロダクティブ・ヘルスケア・サービスへのアクセスが不十分で、中絶率が高いこと
・農村および地方の女性および民族的マイノリティの女性の医療サービス、教育の機会、雇用や融資へのアクセスが十分でないこと

　主な勧告の概要は以下のとおり。
・DV法の早期の制定を含む、女性に対するあらゆる暴力に対する包括的な措置をとること
・人身売買に対して包括的な法律を制定するなど取組みを強化すること、被害者の女性が帰国した際の社会復帰を促進し、彼女たちが処罰されず、人権を十分享有できることを確保すること
・経済のフォーマル部門での労働の水平・垂直分業を撤廃し、男女の賃金格差を撤廃する実効的な措置をとること、インフォーマル部門において女性に社会保障や医療サービスへのアクセスを提供するための指針や規則をつくる努力を強化すること

・男女の婚姻最低年齢を条約16条および子どもの権利条約に沿って18歳とし、低年齢の結婚を防止する措置をとること

　第7、8回報告の期限は11年3月19日。

⑼　マレーシア
①CRC（95年3月19日発効）第2～4回報告の期限は12年3月19日。
②CEDAW（95年8月4日発効）第3、4回報告の期限は08年8月4日。

⑽　ミャンマー
①CRC（91年8月14日発効）第3、4回報告の期限は08年8月13日。
②CEDAW（97年8月21日発効）第2、3回報告（CEDAWC/MMR/3）は06年8月21日に提出され、第42会期（08年10～11月）に審議予定。

⑾　ラオス
①CESCR（07年5月13日発効）第1回報告の期限は09年1月30日。
②CERD（74年3月24日発効）第16、17回報告（期限07年3月24日）は未提出。
③CRC（91年6月7日発効）第2回報告（期限98年6月7日）は未提出。
④CEDAW（81年9月13日発効）第6、7回報告（限06年9月13日）は未提出。

3.南アジア

⑴　アフガニスタン
①CESCR（83年4月24日発効）第2～4回報告（E/CN.12/AFG/4）は07年9月4日に提出。
②CCPR（83年4月24日発効）第3、4回報告（期限99年4月23日）は未提出。
③CERD（83年8月5日発効）第2～12回報告（期限06年8月5日）は未提出。
④CRC（94年4月27日発効）第1、2回報告（期限01年4月26日）は未提出。

⑤CEDAW（03年4月4日発効）第1回報告（期限04年4月4日）は未提出。
⑥CAT（87年6月26日発効）第2〜5回報告（期限04年6月25日）は未提出。

(2) インド
①CESCR（79年7月10日発効）第2〜5回報告（E/C.12/IND/5）は06年10月23日に提出され、第40会期（08年4〜5月）に審議された。
②CCPR（79年7月10日発効）第4回報告（期限01年12月31日）は未提出。
③CERD（69年1月4日発効）第15〜19回報告（CERD/C/IND/19）は第70会期（07年2〜3月）に審議された。総括所見（CERD/C/IND/CO19）に挙げられた主な懸念事項の概要は以下のとおり。
・1871年旧犯罪性部族法で「犯罪傾向」があるとされた「指定解除された部族」や「遊牧部族」が1952年常習犯罪者法の下でも被害を受けていること
・中央政府の許可がなければ、軍の構成員を起訴できないこと
・憲法による「不可触生」の廃止にもかかわらず、ダリットに対する事実上の隔離がとくに農村地域で継続していること
・ダリットの候補者、とくに女性が立候補を強制的に断念させられたり、選出されても辞職するよう強制されることがよくあること、連邦、州および地方の立法、行政に就く指定カースト、指定および他の部族の人が少ないこと
・部族の伝統的に占有していた土地に対する権利を十分に認めていないこと、マニプールや他の州で計画されているダムなどの、主に部族共同体が住む地域における大規模プロジェクトが事前の、十分な情報に基づく同意を得ずに実施されていること
・ダリットや部族共同体が土地から強制退去させられているという報告があること
・多数のダリットが手作業清掃人や児童労働者として、債務奴隷を含む搾取的で非常に不健康な労働条件で働いていること
・14歳までのすべての子どもに無料の義務教育を憲法で保障しているにもかかわらず、初等、中等教育におけるダリットの退学率が高いこと、ダリットの生徒、教員などに対する差別や隔離があること
・警察が指定カースト・部族に対する暴力や差別の訴えを適切に登録せず、捜査しないと報告されていること、89年指定カーストおよび指定部族（残虐防止）法の下で訴えられた事例の有罪率が低いこと

　主な勧告の概要は以下のとおり。
・インド政府の立場にかかわらず、差別禁止およびアファーマティブ・アクションを実施する措置についてカースト、性別、州、都市、地方などの人口別に区分した詳細な情報を報告書に含めること
・部族を、条約を含む国際法および国内法の特別の保護を享有する個別の集団であることを公式に認めること
・指定カースト、指定および他の部族の構成員に暴力に対する実効的な保護を提供すること、保護や暴力の捜査義務を怠った警察や他の法執行官に対し懲戒または刑法上の措置をとること
・難民条約および議定書加入を検討し、難民の処遇に関する包括的な法制度をつくること
・子どもの結婚の禁止や持参金禁止法、および主にダリットの少女を神に捧げる慣習を禁止する州法を実効的に実施すること、異なるカースト間の夫婦に対する暴力や差別を処罰すること
・他の宗教に改宗した指定カースト・部族の構成員のアファーマティブ・アクションの利益を受ける資格を回復すること
・インド洋沖津波後の救援や復興過程において、ダリットや他のカーストが援助を拒否されたり、差別を受けたすべての事例を調査し、被害者に対して補償すること

・指定カーストおよび部族の構成員に対して配給所、十分なヘルスケア、リプロダクティブ・ヘルスサービス、安全な飲料水への平等なアクセスを確保すること

　第20、21回報告の期限は10年1月4日。
④CRC（93年1月11日発効）第3、4回報告の期限は08年7月10日。
⑤CEDAW（93年8月8日発効）第2～3回報告（CEDAW/C/IND/2-3）は第37会期（07年1～2月）に審議された。総括所見（CEDAW/C/IND/CO/3）に挙げられた主な懸念事項の概要は以下のとおり。

・前回の勧告、とくに私人による作為、不作為に条約の基準を適用する性差別禁止法や性別に基づく暴力に対する行動計画の策定などを実施する十分な措置がとられていないこと
・条約に含まれる分野における男女の平等の実現に関わる性別、カースト、マイノリティの地位などに区分された統計データが提供されていないこと
・05年コミュナル暴動（防止、制御、被害者のリハビリテーション）法案が暴動の際に行われる性犯罪や他の女性に対する犯罪を含んでいないこと
・ダリット女性に対して残虐行為が行われていること、その加害者が罪を問われない文化があること
・指定カースト・部族やイスラム教女性と他の女性との間、州、地域間に教育の格差、男女の非識字率に格差があること
・05年国家農村雇用保障法やマイクロ・クレジットを導入した女性の自助団体の制度などが最も貧しい、周縁化された女性に利益をもたらさないおそれがあること
・法的な規制があるにもかかわらず、新生児の男女比が開いていること、法律により男女選別による中絶を強いられた女性を犯罪者とするおそれがあること
・地方政府機関の議席の3分の1を女性に留保しているにもかかわらず、国、州などの議員、公務員に女性が依然として少ないこと、高等法院、最高裁判所の裁判官に女性が少ないこと
・政府が児童労働を児童労働技術諮問委員会が「危険」と分類した職業についてのみ撤廃しようとしていること
・特別婚姻法が女性の婚姻中の財産に対する平等な権利を保障せず、婚姻とその解消における女性の平等を確保していないこと

　主な勧告の概要は以下のとおり。
・条約5条a項および16条1項の留保を見直し、該当する共同体においてジェンダーの平等と女性の人権に関する議論を促進すること
・女性団体と協議のうえ、女性のライフサイクルに基づく女性に対するあらゆる暴力に対する包括的な計画をつくること、州などと協力し、家庭内暴力法を継続的に実施し、指定カースト・部族や他のマイノリティ女性も含めたすべての女性がその利益を受けられるよう確保すること
・刑法におけるレイプの定義を女性が経験する現実に適合させ、子どもに対する性的虐待を含む他の性的虐待も犯罪とすること
・憲法253条（国際的合意実施のための立法権限）に基づいて、教育の権利を実施する法律を制定すること
・女性のライフサイクルを通して健康にいっそうの注意を払い、食料の安全、プライマリー・ヘルスケアなどとくに農村において強化し、妊産婦死亡率の削減を優先事項とすること
・早急に非組織部門労働者社会保障法案を採択し、男女の賃金格差を監視し、是正するための積極的措置をとること
・大規模開発プロジェクトの部族および農村女性への影響を調査し、彼女たちが土地から追われることや人権侵害から保護する措置をとること
・子どもの結婚撤廃に向けて児童婚姻規制法を実効的に実施する積極的措置をとること

　第4、5回報告の期限は10年8月8日。

(3)　スリランカ
①CESCR（80年9月11日発効）第4回報告（期限05年6月30日）は未提出。
②CCPR（80年9月11日発効）第5回報告（期限07年11月1日）は未提出。
③CERD（82年3月20日発効）第10〜13回報告（期限07年3月20日）は未提出。
④CRC（91年8月11日発効）第3、4回報告の期限は08年8月10日。
⑤CEDAW（81年11月4日発効）第5回報告期限は不明。
⑥CAT（94年2月2日発効）第3、4回報告（期限07年2月1日）は未提出。
⑦CMW（03年7月1日発効）第1回報告（期限04年7月1日）は未提出。

(4)　ネパール
①CESCR（91年8月14日発効）第2回報告（E/C.12/NEP/2）は第38会期（07年4〜5月）に審議された。総括所見（E/CN.12/NPL/CO/2）に挙げられた主な懸念事項の概要は以下のとおり。
・貧困や女性の地位など前回の勧告がほとんど実施されていないこと
・国内避難民が安全に帰宅できていないこと、包括的平和協定に反して、財産や土地が返還されていないこと
・法律で禁止されているにもかかわらず、少女を神に捧げたり、子どもの結婚など女性や子どもの権利を侵害する慣習が未だ実行されていること
・債務奴隷廃止後、解放された人が労働や生計へのアクセスで困難に直面していること
・農業、工業、家庭内労働で危険な条件の下で働く子どもが多いこと
・人口の4分の1が栄養不良であること、低カーストの人の公共の井戸へのアクセスが否定されること
・制服などの費用によって初等教育が完全に無料ではないこと、義務教育の政策が未だとられていないこと
　主な勧告の概要は以下のとおり。
・国家人権委員会の委員に関して透明な任命手続を確立すること
・カーストに基づく直接、間接差別を容認するすべての規定を改正するよう法律を見直すこと
・家庭内暴力に対する法律を遅滞なく制定し、周知すること
・最低賃金を、労働者とのその家族が十分な生活水準を享有できる十分な水準に設定すること
・妊産婦死亡率、乳幼児死亡率の削減をより優先すること、医療・保険制度全般を改善し、リプロダクティブ・ヘルスケアへの物理的、経済的アクセスをとくに農村地域で改善すること
　第3回報告の期限は11年6月30日。
②CCPR（91年8月14日発効）第2、3回報告（期限02年8月13日）は未提出。
③CERD（71年3月1日発効）第17〜19回報告（期限08年3月1日）は未提出。
④CRC（90年10月14日発効）第3〜5回報告の期限は10年10月13日。
⑤CEDAW（91年5月22日発効）第4、5回報告の期限は08年5月22日。
⑥CAT（91年6月13日発効）第3〜5回報告の期限は08年6月12日。

(5)　パキスタン
①CERD（69年1月4日発効）第15〜20回報告（CERD/C/PAK/20）は08年1月4日に提出され、第74会期（09年2月）に審議予定。
②CRC（90年12月12日発効）第3、4回報告（期限07年12月11日）は未提出。
③CEDAW（96年4月11日発効）第1〜3回報告（CEDAW/C/PAK/1-3）は第38会期（07年5〜6月）に審議された。総括所見（CEDAW/C/PAK/CO/3）に挙げられた主な懸念事項の概要は以下のとおり。
・DV、レイプ、名誉の名目で行われる犯罪を

含めた女性に対する暴力が行われていること
・裁判所が撤廃を求めたにもかかわらず、女性に対する暴力の実行を求める決定を行う非公式の紛争解決機関（ジルガ）が依然として機能していること
・家父長的態度や家庭、職場や社会における男女の役割に関するステレオタイプが根強く続いており、女性の人権の享有の重大な障害となっていること
・国、地方の議会に女性の議席が留保されている一方、公務員の女性が少ないこと、最高裁判所など裁判所の裁判官に女性が少ないこと
・女性の非識字率が高いこと、少女の就学率がとくに農村地域で低く退学率が高いこと
・経済のフォーマル部門において女性の失業率が高いこと、男女の賃金格差があること、労働分業があることなど、女性が差別されること
・農村地域の女性がヘルスケア、教育、安全な水、土地へのアクセスを含めた経済的手段や機会がない場合が多いこと

　主な勧告の概要は以下のとおり。
・条約1条に沿った、直接および間接差別を含む差別の定義を憲法または適切な法律に含めること
・パキスタン人と結婚した外国人の夫がパキスタン国籍を取得できない51年市民権法や女性の証言を不平等に扱う84年証拠法などを含むすべての差別的な法律を早急に包括的、体系的に見直し、改正すること
・女性開発省、女性の地位委員会などの国家機関を、その業務をより実効的に果たせるよう十分な人材および財源を提供して強化すること
・02年人身売買防止管理令を、人身売買の被害者女性および少女の人権が保護されるよう改正すること
・出生および結婚の登録が普遍的に行われ、すべての女性が身分証を持つことを確保すること

・女性のヘルスケアとくに性／リプロダクティブ・ヘルスケアへのアクセスを拡大する具体的な措置をとること、避妊手段や家族計画手段を入手しやすくするなど希望しない妊娠を防止する措置をとり、妊産婦死亡率を削減すること
・39年イスラム教婚姻解消法を、女性の婚姻最低年齢を18歳とすることを含めて、差別的な規定を廃止するよう改正すること

　第4回報告の期限は09年4月11日。

(6)　バングラデシュ
①CESCR（99年1月5日発効）第1、2回報告（期限05年6月30日）は未提出。
②CCPR（00年12月6日発効）第1回報告（期限01年12月6日）は未提出。
③CERD（79年7月1日発効）第12〜14回報告（期限06年7月11日）は未提出。
④CRC（90年9月2日発効）第3、4回報告（CRC/C/BGD/4）は07年9月4日に提出され、第51会期（09年1〜2月）に審議予定。
⑤CEDAW（84年12月6日発効）第6、7回報告の期限は09年12月6日。
⑥CAT（98年11月4日発効）第1〜3回報告（期限07年11月4日）は未提出。

(7)　ブータン
①CRC（90年9月2日発効）第2、3回報告（CRC/C/BTN/2）は07年3月21日に提出され、第49会期（08年9〜10月）に審議予定。
②CEDAW（81年9月30日発効）第7回報告（CEDAW/C/BTN/7）は06年9月30日に提出され、第43会期（09年1月）に審議予定。

(8)　モルディブ
①CESCR（06年12月19日発効）第1回報告の期限は08年6月30日。
②CCPR（06年12月19日発効）第1回報告（期限07年12月19日）は未提出。
③CERD（84年5月24日発効）第5〜12回報告（期限07年5月24日）は未提出。

④CRC（91年3月13日発効）第2、3回報告（CRC/C/MDV/2）は第45会期（07年5～6月）に審議された。総括所見（CRC/C/MDV/CO/3）に挙げられた主な懸念事項の概要は以下のとおり。

・婚外子が平等の権利を享有せず、父親に関する情報のアクセスがないこと、父親あるいはその家族から相続できないことなど事実上、法律上の差別を受けること
・男女の役割に関するステレオタイプ的な態度が継続していること、少女を学校に行かせない傾向が特定の宗教集団にあること
・憲法や他の法律により、イスラム教以外の宗教の実践が禁止されていること
・新刑法案の44条が家庭、学校および施設内での体罰を合法化していること、青少年が条約37条a項に反してむち打ちに処せられること
・高い離婚率などによる家族の不安定が子どもの養育に悪影響を及ぼすこと、離婚、経済的理由、虐待などの理由から代替養育が必要な子どもが増えていること
・法律が性的虐待からの保護を十分提供していないこと、立証責任が被害者にあること、家庭内暴力が社会において広範に容認されていること
・5歳未満の子どもの死亡率の低下が首都と環礁で相当の格差があること、子どもの栄養不良の率が高いこと
・教科書や制服の費用が低所得家族の子どもの教育へのアクセスを脅かすこと、教科書やカリキュラムなどにジェンダー・バイアスやステレオタイプがみられること
・麻薬依存が急速に増加していること、麻薬を始める平均年齢が12歳という情報があること
・刑事責任を課される最低年齢が10歳であること、刑罰に体罰があること、拘禁施設の状況が非常に悪いこと

　主な勧告の概要は以下のとおり。
・一般的意見9などを考慮し、障害をもつ子どもに対するあらゆる差別を防止し禁止すること
・乳幼児殺害を防止し、母親に対する援助を含め、婚外子を保護すること
・出生登録に関する啓発、データベース開発や担当者研修などにより、出生登録制度の改善を続けること
・多様な情報源から適切な情報への子どものアクセスを改善すること、環礁に住む子どもに子どものためのオンライン・メディアも含め、本や雑誌へのアクセスを提供すること
・障害をもつ子どもに十分な社会および保健サービスへのアクセスなどを提供すること、教育政策およびカリキュラムに十分な参加と平等の原則を反映させ、可能なかぎり障害をもつ子どもを一般学校制度に含め、必要な場合、特別なニーズに合わせた教育プログラムをつくること
・青少年がよく行く学校や他の適切な場所において性／リプロダクティブ・ヘルス教育を含む青少年の健康を促進すること
・首都と環礁間の地域格差にとくに対応して実効的な貧困削減措置を続けること、貧困にある子どもに社会および保健サービス、教育および十分な住居へのアクセスを確保すること
・教員の研修、適切な賃金確保などにより教育の質を改善すること、人権、とくに子どもの権利に関する教育を教育の全段階のカリキュラムに含めること
・雇用の最低年齢や労働条件に関する国際基準に合致し、インフォーマル部門に働く子どもも対象とする労働法を早急に制定すること

　第4、5回報告の期限は11年9月12日。
⑤CEDAW（93年7月31日発効）第2、3回報告（CEDAW/C/MDV/2-3）は第37会期（07年1～2月）に審議された。総括所見（CEDAW/C/MDV/CO/3）に挙げられた主な懸念事項の概要は以下のとおり。
・暫定的特別措置が法律にも規定されず、

政策としても採用されていないこと
・女性が家族において従属的役割を担うなど、伝統的なステレオタイプが根強く残り、女性の職業および教育の機会などに反映していること
・女性の議員が少ないこと、政府、行政の意思決定の地位にいる女性が少ないこと、女性が司法から排除されていること
・高等教育における男女の格差があること、都市部と環礁で教育の質に大きな違いがあること
・家族計画、子どもの出産の間隔について女性の選択が制限されていること

　主な勧告の概要は以下のとおり。
・女性の大統領、副大統領就任を禁止する憲法規定を廃止し、家族法の規定を見直し、条約7条a項、および16条の留保を撤回すること
・DVおよび性的暴力に対する法律を早急に制定すること
・条約11条に沿って雇用の男女平等の機会を確保すること、公的部門と民間部門との労働法規定、とくに妊娠出産休暇に関連する規定を調和させること
・具体的な時間枠において、家族法改正を行い、配偶者が婚姻およびその解消において同じ権利と責任を有するよう確保すること

　第4、5回報告の期限は10年7月31日。
⑥CAT（04年5月20日発効）第1回報告（期限05年5月20日）は未提出。

4. 中央アジア

(1) ウズベキスタン

①CESCR（95年12月28日発効）第2回報告（期限10年6月30日）は未提出。
②CCPR（95年12月28日発効）第3回報告（期限08年4月1日）は未提出。
③CERD（95年10月28日発効）第6、7回報告の期限は08年11月28日。
④CRC（94年7月29日発効）第3、4回報告の期限は10年1月28日。
⑤CEDAW（95年8月18日発効）第4回報告の期限は08年8月18日。
⑥CAT（95年10月28日発効）第3回報告（CAT/C/79/Add.1）は第39会期（07年11月）に審議された。総括所見（CAT/C/UZB/CO/3）に挙げられた主な懸念事項の概要は以下のとおり。

・刑法の拷問の定義が条約1条の「その他の公的資格で行動する者により、又はその扇動により若しくはその他同意若しくは黙認の下に行われるもの」を対象としないこと
・捜査官などあるいはその扇動、同意などにより拷問、その他残虐行為が行われること、そのような行為が正規の起訴前、公判前の拘禁中に行われると報告されていること
・05年アンディジョンにおいて、軍、治安部隊により過度の武力が使われ、多数の人が死亡し、何百もの人が拘束されたこと、過度の武力行使について十分な調査が行われていないこと、国外に逃れた後帰国した人が、未公表の場所に拘束されていること
・拘禁中の虐待、死亡が報告されていること
・人権監視機関や市民団体などが脅迫されたり、構成員が拘束されていることが報告されていること、国内および国際組織が閉鎖されていること
・拘禁場所を含め、女性に対する暴力が報告されていること
・強制退去などにおいて条約3条の保護が十分でないこと、難民、庇護申請者の退去後の状況や所在が不明であること
・死刑に処された人の家族が処刑や遺体の場所について知らされないこと

　主な勧告の概要は以下のとおり。
・とくに警察官、刑務官に対して拷問の禁止を明白に表明し、加害者、共犯は刑罰を科されることを警告すること
・拷問などの申立てを直ちに中立機関により捜査することを確保する措置をとること、容疑者を全員訴追すること、申立人、証人の保

護を確保すること
・拷問に対する刑罰が犯罪の重大さに見合うものとすること、拷問の容疑者を捜査中原則停職、あるいは配置換えとすること
・すべての拘禁場所を制度的に検査する実効的措置をとり、独立の国内または国際機関を含む専門家による、事前通告なしの調査を妨げないこと
・被拘禁者の死亡はすべて捜査し、拷問などによる場合は加害者を訴追すること
・裁判官の任期の保障も含め、十分な独立・中立性を保障すること
・拷問によって得られた証拠がいかなる審理にも証拠として採用されないよう確保すること、自白のみに基づく有罪判決を見直すこと
　第4回報告の期限は11年12月30日。

(2)　カザフスタン
①CESCR（06年4月24日発効）第1回報告（E/CN.12/KAZ/1）は07年11月13日に提出。
②CCPR（06年4月24日発効）第1回報告（期限07年4月24日）は未提出。
③CERD（98年9月26日発効）第4、5回報告（期限07年9月25日）は未提出。
④CRC（94年9月11日発効）第2、3回報告（CRC/C/KAZ/3）は第45会期（07年5～6月）に審議された。総括所見（CRC/C/KAZ/CO/3）に挙げられた主な懸念事項の概要は以下のとおり。
・立法化、独立した監視機関、国内行動計画など前回の勧告の中で十分実施されていないものがあること
・「非嫡出子」などのスティグマを与えるような用語が政府の公式文書にもみられること
・残虐で貶めるような罰がいまだに行われていると報告されていること、学校において子どもの間でいじめ、侮辱や脅迫が行われていること
・ホームレスの子どもが依然として多いこと、養育者のいない子どもが法律違反容疑の子どもと同じ場所に拘束されること
・多くの障害をもつ子どもが特別な設備、専門性のない学校にいること
・麻薬の使用、アルコール依存症、喫煙が増加していること、10代の妊娠や中絶率が高いこと
・母子感染を含む新たなHIV/AIDS感染が増加していること
・教育が無料ではないこと、学校に入学しない子どもが一部いること、とくに農村地域などで教育の質が十分ではないこと
・法律で禁止しているにもかかわらず、タバコ、綿花産業や家庭内労働で社会的に弱い立場の子どもが多数働いていること、性産業で働く子どもが多く、その子どもたちが暴力や人身売買に直面していること
　主な勧告の概要は以下のとおり。
・子どもの権利保護委員会が子どもの権利実施の任務を果たせる権限を有するよう確保し、十分な財源および人材を提供すること
・明文であらゆる場所での体罰を禁止すること
・養子縁組の際、子どもが自分の出身を知る権利を行使できる法律または他の可能性をつくること、養子縁組に関し、監視、フォローアップを含めた包括的政策およびメカニズムをつくること
・子どもの虐待の防止・削減のための包括的戦略をつくり、実施すること
・子どものいる家族、とくに貧困線以下にいる家族の生活水準向上のための措置をとること、全国で安全な飲料水と衛生設備へのアクセスを確保すること
・条約22条などに沿って難民の子どもの保護と支援のための法律を制定すること
・少年司法を条約、前回の勧告および他の国際基準などに適合させること、少年裁判所を含む十分な少年司法制度を設置すること
　第4回報告の期限は11年12月10日。
⑤CEDAW（98年8月25日発効）第2回報告（CEDAW/C/KAZ/2）は第37会期（07年1

〜2月)に審議された。総括所見(CEDAW/C/KAZ/CO/2)に挙げられた主な懸念事項の概要は以下のとおり。
・家父長的態度や家庭および社会における男女の役割のステレオタイプが根強く残り、女性の教育に関する選択や労働市場の状況に影響していること
・国、地方の議会、行政府、外交など公的、政治的分野において女性が少ないこと
・ヘルスケアへのアクセス、とくに農村女性のアクセスが限定されていること
・18歳未満の子どもの結婚があること
　主な勧告の概要は以下のとおり。
・平等に関する法律が条約1条に沿った、直接、間接差別を含み、私人による差別行為も対象とすることを確保すること
・家庭内暴力法を早急に採択し、周知すること、被害者の女性、とくに農村の女性に保護命令、安全なシェルターのアクセスを含む保護および救済措置を確保すること
・家族およびジェンダー政策委員会などの女性の向上に関する機関が実効的に活動するために必要な権限、意思決定権、人材および財源を提供すること
・男女の水平および垂直分業を撤廃し、男女の賃金格差を是正する措置をとること、女性の職業訓練へのアクセスを強化すること
　第3、4回報告の期限は11年9月25日。
⑥CAT(98年9月25日発効)第2回報告(CAT/C/KAZ/2)は06年6月19日に提出され、第41会期(08年11月)に審議予定。

(3) キルギス
①CESCR(94年10月7日発効)第2回報告(期限05年6月30日)は未提出。
②CCPR(95年1月7日発効)第2回報告(期限04年7月31日)は未提出。
③CERD(97年10月5日発効)第2〜4回報告(CERD/C/KGZ/4)は第71会期(07年7〜8月)に審議された。総括所見(CERD/C/KGZ/CO/4)に挙げられた主な懸念事項の概要は以下のとおり。
・議会、政府および公務員に民族的マイノリティ、とくにロシアおよびウズベク系の人が少ないこと
・人種差別の行為を処罰する刑法規定がほとんど裁判所で使われないこと
　主な勧告の概要は以下のとおり。
・条約1条に沿った人種差別の定義を法律に含めること
・初等、中等教育のカリキュラムおよび教科書に異なる民族的集団の歴史や文化に関する情報を入れること、それらに関する本の出版、流通、テレビやラジオでの放送を支援すること
　第5〜7回報告の期限は10年10月4日。
④CRC(94年11月6日発効)第3、4回報告の期限は10年5月6日。
⑤CEDAW(97年3月11日発効)第3回報告(CEDAW/C/KGZ3)は07年3月2日に提出され、第42会期(08年10〜11月)に審議予定。
⑥CAT(97年10月5日発効)第2、3回報告(期限06年10月4日)は未提出。
⑦CMW(03年7月1日発効)第1回報告(期限05年7月1日)は未提出。

(4) タジキスタン
①CESCR(99年4月4日発効)第2、3回報告期限は11年6月30日。
②CCPR(99年4月4日発効)第2回報告の期限は08年8月1日。
③CERD(95年2月10日発効)第6、7回報告(期限08年2月10日)は未提出。
④CRC(93年11月25日発効)第2回報告(期限00年11月24日)は未提出。
⑤CEDAW(93年11月25日発効)第1〜3回報告(CEDAW/C/TJK/1-3)は第37会期(07年1〜2月)に審議された。総括所見(CEDAW/C/TJK/CO/3)に挙げられた主な懸念事項の概要は以下のとおり。
・国家保障法が宣言的であり、どのように平

等が保障され、女性に対する差別が解決され、補償、救済されるかについて法律がないこと
・家父長的態度や家庭および社会における男女のステレオタイプが再び台頭しており、労働市場や土地の権利に関してなど女性の不利な立場を招いていること
・議会など政治的機関に女性が少ないこと、家族のうち一人、主に男性が家族分の投票を行う「家族投票」の慣行がとくに農村地域で行われていること
・初等教育において少女の不就学率が高いこと、中等教育の就学率が急激に低下すること
・女性の失業率が高く、ヘルスケア、教育、農業など低賃金の部門に女性が集中していること、男女の退職年齢が異なること
・法的効果をもたない宗教儀式だけに基づくカップルの数が増えていること、一夫多妻制が禁止されているにもかかわらず、その事例があること、婚姻最低年齢が17歳に下げられたこと、法律で禁止されているにもかかわらず、強制結婚が行われていること

主な勧告の概要は以下のとおり。
・女性および家族委員会が、ジェンダー平等の政策策定に助言し、法律を起草、見直し、監視するなどの任務を行うために十分な資源、能力および機会を有するよう強化すること
・DVを含む女性に対するあらゆる暴力を撤廃することを優先し、包括的対策をとること、家庭内暴力に対する社会的および法的保護に関する法案を遅滞なく制定すること
・女性のヘルスケア、リプロダクティブ・ヘルスケアへのアクセスを改善する措置をとること
・法、経営などの研修を行い、民営の農家登録手続の簡略化などを通して女性の戸主を含む、農村地域の女性の土地所有権、土地の運営、製品の販売の権利を確保する努力をすること

第4、5回報告の期限は10年11月25日。
⑥CAT（95年2月10日発効）第2回報告の期限は08年12月31日。

⑦CMW（03年7月1日発効）第1回報告（期限04年7月1日）は未提出。

⑸ トルクメニスタン
①CESCR（97年8月1日発効）第1、2回報告（期限04年6月30日）は未提出。
②CCPR（97年8月1日発効）第1、2回報告（期限03年7月31日）は未提出。
③CERD（94年10月29日発効）第6、7回報告（期限07年10月29日）は未提出。
④CRC（93年10月19日発効）第2～4回報告の期限は10年10月19日。
⑤CEDAW（97年5月30日発効）第3、4回報告の期限は10年5月31日。
⑥CAT（99年7月25日発効）第1、2回報告（期限04年7月25日）は未提出。

5.太平洋

⑴ オーストラリア
①CESCR（76年3月10日発効）第4回報告（E/C.12/AUS/4）は07年8月7日に提出された。
②CCPR（80年11月13日発効）第5回報告（CCPR/C/AUS/5）は07年8月7日に提出され、第95会期（09年3月）に審議予定。
③CERD（75年10月30日発効）第15～17回報告の期限は08年10月30日。
④CRC（1991年1月16日発効）第4回報告（期限08年1月15日）は未提出。
⑤CEDAW（83年8月27日発効）第6、7回報告の期限は08年8月27日。
⑥CAT（89年9月7日発効）第3回報告（CAT/C/67/Add.7）は05年4月7日に提出され、第40会期（08年4～5月）に審議された。

⑵ キリバス
①CRC（96年1月10日発効）第2～4回報告の期限は11年7月9日。
②CEDAW（04年4月16日発効）第1回報告

（期限05年4月16日）は未提出。

(3) クック諸島
①CRC（96年1月10日発効）第1回報告（期限99年6月5日）は未提出。
②CEDAW（06年9月10日発効）第1回報告（CEDAW/C/COK/1）は第39会期（07年7～8月）に審議された。総括所見（CEDAW/C/COK/CO/1）に挙げられた主な懸念事項の概要は以下のとおり。
・女性に対する暴力が継続していること、女性に対する暴力に対応する包括的な法制度がないこと、被害者への救済、保護措置などが不十分であること
・議会、地方政治など公的、政治的分野の意思決定における女性の参加が少ないこと、暫定的特別措置の導入に否定的であること
・労働法案の採択が母性保護規定に対する商工会議所の反対により遅れていること、セクシュアル・ハラスメントに関する法律がないこと
・女性を含む国外への移住が多いこと、女性の開発過程への参加促進などの対策がとられていないこと
・夫の遺書がない場合、妻の財産の保護が十分ではないこと、子どもの養育費に関する規定が差別的であり、養育費支払命令が執行されないこと
　主な勧告の概要は以下のとおり。
・憲法または他の適切な法律に条約1条に沿った、私人による差別行為も対象となる差別の定義を含めること
・直接、間接差別や形式的、実質的平等などの意味など条約および他の法律について広く広報し、啓発すること
・男女平等の原則を教育制度に導入すること、女性の人権を促進し、女性に対する差別の構造的、文化的原因に対応するカリキュラムや教授法を導入すること
・条約16条2項に沿って女性の婚姻最低年齢を18歳とすること

第2回報告の期限は11年9月10日。

(4) サモア
①CRC（94年12月29日発効）第2～4回報告の期限は11年12月28日。
②CEDAW（92年10月25日発効）第4、5回報告の期限は09年10月25日。

(5) ソロモン諸島
①CESCR（82年3月17日発効）第2回報告（期限05年6月30日）は未提出。
②CERD（82年3月17日発効）第2～13回報告（期限07年4月16日）は未提出。
③CRC（95年5月9日発効）第2、3回報告（期限07年5月9日）は未提出。
④CEDAW（02年6月5日発効）第1回報告（期限03年6月5日）は未提出。

(6) ツバル
①CRC（95年10月22日発効）第1、2回報告（期限02年12月21日）は未提出。
②CEDAW（99年1月5日発効）第1、2回報告（期限04年11月5日）は未提出。

(7) トンガ
①CERD（72年3月17日発効）第15～18回報告（期限07年3月17日）は未提出。
②CRC（95年12月6日発効）第1、2回報告（期限02年12月6日）は未提出。

(8) ナウル
①CRC（94年8月26日発効）第1、2回報告（期限01年8月25日）は未提出。

(9) ニウエ
①CRC（96年1月19日発効）第1、2回報告（期限03年1月18日）は未提出。

(10) ニュージーランド
①CESCR（79年3月28日発効）第3回報告の期限は08年6月30日。

②CCPR（79年3月28日発効）第5回報告（CCPR/C/NZL/5）は07年12月26日に提出された。
③CERD（72年12月22日発効）第15～17回報告（CERD/C/NZL/17）は第71会期（07年7～8月）に審議された。総括所見（CERD/C/NZL/CO/6）に挙げられた主な懸念事項の概要は以下のとおり。
・人権章典法が優先的地位を有さず、その規定に反する立法が可能であること
・ワイタンギ条約に基づく歴史的請求の期限が08年とされ、正当な請求を不当に阻止しうること
・刑務所および刑事手続のすべての段階においてマオリおよび太平洋島嶼出身の人が多いこと
　主な勧告の概要は以下のとおり。
・ワイタンギ条約を憲法規範とすることに向けて公的な議論を継続すること、ワイタンギ条約をその趣旨に沿って国内法に取り込むこと
・条約上の暫定的特別措置と先住民族の永続的権利を区別すること
・ワイタンギ法廷に条約に関する事項について法的拘束力のある判断をする権限を付与すること
・04年前浜および海底法の差別的効果について、法律改正を含む緩和に向けて政府とマオリ共同体の対話を行うこと
・庇護申請者を矯正施設に拘束する慣行をやめること
　第18～20回報告の期限は11年12月22日。
④CRC（93年5月6日発効）第3回報告の期限は08年11月5日。
⑤CEDAW（85年2月9日発効）第6回報告（CEDAW/C/NZL/6）は第39会期（07年7～8月）に審議された。総括所見（CEDAW/C/NZL/CO/6）に挙げられた主な懸念事項の概要は以下のとおり。
・国の人権の保護伸長の中心的役割を担う国家人権委員会が女性の人権やジェンダーの視点を行動計画などに取り込んでいないこと
・女性の人権の尊重促進に対して「バックラッシュ」があり、女性、とくにマイノリティの女性が否定的なステレオタイプで描かれ続けること
・地方自治体、その他政治的意思決定の地位にいる女性が減っていること、公的、政治的分野のほとんどのレベルにおいてマオリ、太平洋島嶼およびアジア出身の女性が少ないこと
・とくに平等規定の適用が少ない民間部門での雇用において、女性が差別されること、賃金格差が拡大していること、小さい子どもをもつ母親、シングルマザーの労働市場への参加が他のOECD諸国の平均よりも低いこと
　主な勧告の概要は以下のとおり。
・公的および民間部門において、とくに賃金の平等、機会の平等に関して男女の実質的平等を保障する包括的法律を制定し、実施すること
・95年DV法を改正し、マオリ、太平洋島嶼、アジア出身、移民、難民および障害をもつ女性も含む暴力の被害女性全員を保護すること、女性に対する暴力がすべて実効的に起訴され、十分処罰されること
・学校に十分な資金を配分し、低所得家庭や農村地域の子どもが教育において差別されないよう確保すること
　第7回報告の期限は10年9月9日。
⑥CAT（90年1月9日発効）第5回報告（期限07年1月8日）は未提出。

(11)　バヌアツ
①CRC（93年8月6日発効）第2回報告（期限00年8月5日）は未提出。
②CEDAW（95年10月8日発効）第1～3回報告（CEDAW/C/VUT/1-3）は第38会期（07年5～6月）に審議された。総括所見（CEDAW/C/VUT/CO/3）に挙げられた主な懸念事項の概要は以下のとおり。

- 憲法が、女性の人権の享有に否定的な影響をもつ文化的、宗教的規範に法律と同等の地位を与えていること、男女平等原則および差別の禁止がそれに反する法律、慣習法に優先しないこと
- あらゆる分野における男女の役割や責任などに関する否定的な文化的規範、習慣、家父長的態度やステレオタイプなどが根強く残り、公的分野や意思決定の場、家族関係などさまざまな分野での女性の不利な立場や女性の差別をもたらしていること
- レイプの場合に加害者の刑罰を緩和する慣習など女性に対する暴力を助長し、維持する文化的慣習があること
- 政治的および公的分野、とくに議会、司法、外交および教育や行政の意思決定機関などにおいて女性が少ないこと
- バヌアツ人女性と結婚した外国人の夫に市民権がないこと、10年間在住後市民権を申請する男性は配偶者と子どもを申請に含めることができるが女性はできないこと
- 成人女性の非識字率が高いこと、中等、高等教育の少女の就学率が低く、退学率が高いこと
- 農村および地方女性のヘルスケア、教育および識字プログラム、研修や融資などへのアクセスが困難なこと
- 一夫多妻制や財産、土地へのアクセスおよび相続など婚姻および家族に関する慣習法に差別的規定が残ること

　主な勧告の概要は以下のとおり。
- 差別的な規定を改正または廃止し、条約に適合するよう法律の改革を遅滞なく行うこと
- 女性問題省にジェンダー平等促進を調整し、実施するために必要な権限、十分な人材および財源を付与すること
- 条約11条に沿って、労働市場における男女の機会の平等を確保し、法律、とくに妊娠出産休暇の規定が公的、民間部門両方に適用されることを確保すること

第4、5回報告の期限は12年10月8日。

(12)　パプアニューギニア
①CERD（82年2月26日発効）第2〜13回報告（期限07年2月26日）は未提出。
②CRC（93年3月31日発効）第2回報告の期限は08年9月30日。
③CEDAW（95年2月11日発効）第1〜3回報告（期限04年2月11日）は未提出。

(13)　パラオ
①CRC（95年9月3日発効）第2回報告（期限02年9月2日）は未提出。

(14)　フィジー
①CERD（73年1月11日発効）第16、17回報告（CERD/C/FJI/17）は06年6月20日に提出され、第72会期（08年2〜3月）に審議された。
②CRC（93年9月12日発効）第2回報告（期限00年9月11日）は未提出。
③CEDAW（95年9月27日発効）第2、3回報告（期限04年9月27日）は未提出。

(15)　マーシャル諸島
①CRC（93年11月3日発効）第3、4回報告の期限は10年11月2日。
②CEDAW（06年4月2日発効）第1回報告（期限07年4月2日）は未提出。

(16)　ミクロネシア
①CRC（93年6月4日発効）第2回報告（期限00年6月3日）は未提出。
②CEDAW（04年10月1日発効）第1回報告（期限05年10月1日）は未提出。

※2008年04月30日付国連人権高等弁務官事務所ホームページ（http://www.ohchr.org/english/）、女性差別撤廃条約ホームページ（http://www.un.org/womenwatch/daw/cedaw/）参照。

（岡田仁子）

●国連の動向

Views on Individual Communication Issued by the Human Rights Committee in 2007

自由権規約委員会による個人通報に対する見解

　主要人権条約のなかには、条約の規定する権利を侵害された被害者である個人が、直接条約委員会に侵害について条約違反を問う申立てを行う制度を有するものがある。これが個人通報制度であり、締約国が権利の実現状況などについて定期的に報告を提出する報告制度と並ぶ、人権条約の実施措置のひとつである。

　報告制度が全締約国に課される義務であることに対し、個人通報制度は条約の批准とは別に選択議定書の批准か選択条項の受諾宣言を行った国にのみ適用される。つまり、個人通報制度を受け入れた国の領域内にいる個人が、この制度を利用することができる。現在この制度を有しているのは、自由権規約（第1選択議定書）、人種差別撤廃条約（14条）、拷問等禁止条約（22条）、女性差別撤廃条約（選択議定書）、および障害者権利条約（選択議定書）である。ちなみに日本はいずれの条約についても個人通報制度は受け入れていない。

　委員会は申立てについて、まず条約の権利に関する訴えであるか、国内で利用できる救済手続を全部利用しつくしているかどうかなどの受理可能性について審議する。受理可能と判断された申立ては、本案について審議され、締約国の違反があったかどうか認定される。審議は非公開で行われるが、委員会の判断は「見解」として申立人と当事国に通報され、一般にも公表される。

　ここでは、自由権規約委員会が2006〜2007年に採択し、公表した見解のなかから2件を簡単に紹介する。

Mr. Yeo-Bum Yoon, Mr. Myung-Jin Choi v. Republic of Korea No. 1321-1322/2004
（CCPR/C/88/D/1321-1322/2004）
2006年11月3日採択（第88会期）

　申立人はいずれもエホバの証人で、信仰に従い、韓国の19歳以上の男性に課される兵役義務を拒否し、1年半の懲役判決を受けた。2人は、兵役拒否者に対する代替制度がなく、拒否者に対して刑罰が科されることが自由権規約18条1項の宗教、信念を有する自由に反すると申し立てていた。

　良心的兵役拒否について、委員会は1993年採択の一般的意見22において、「致命的な武力を使用する義務が良心の自由および宗教または信念を表明する権利と深刻に対立する限りにおいて、かかる権利が第18条の規定から派生しうると考える」1）と述べている。

　委員会は、申立人の兵役義務の拒否は信仰の表明であり、それに対する有罪判決および刑罰は自由の制限であるとして、18条3項に認められる制限であるかどうか検討した。同項によると、制限は法律で定められ、公共の安全、公の秩序、公衆の健康もしくは道徳または他の者の基本的な権利および自由を

1）日本弁護士連合会「国際人権ライブラリー」自由権規約委員会による一般的意見一覧http://www.nichibenren.or.jp/ja/humanrights_library/treaty/liberty_general-comment.html#22

保護するために必要なものでなければならないとしている。また、その制限は権利の本質を損なってはならない。

韓国政府は、朝鮮半島の状況において、軍事力が国の防衛の主要形態であり、兵役義務に例外を認めることは、公共の安全、国家の安全を脅かし、国民の基本権および自由を妨げると主張していた。しかし、委員会は、兵役制度をとる自由権規約の他の締約国のなかで、良心的拒否者に代替役務を認める国が増えていることを挙げ、韓国は代替制度を認めた場合にどのような特別な不利な事態が起こるか示していないとして、18条3項で認められる必要な制限であると立証していないと判断した。

なお、Solari-Yrigoyen委員は個別意見において、個人の信仰や信念と相容れない場合、兵役義務を免除される権利は、緊急事態においても逸脱の認められない信仰、信念の自由から派生する権利であり、申立てが18条3項の表明の自由の制限としてではなく、1項の権利自体の侵害として検討されるべきであると述べた。

一方、Wedgewood委員は、18条3項は国家が信仰の実行を妨げる口実として使われてはならないが、18条は共同で生活する社会の正当な要求を免除される権利を保障しているのではない、と述べ、兵役もその要求のひとつであるとして、良心的拒否の権利があると解釈することはできないという個別意見を付した。

X v. Colombia No. 1361/2005
（CCPR/C/89/D/1361/2005）
2007年3月30日採択（第89会期）

申立人は同性のパートナーの死後、年金の移転を申請したが、同性の人への移転は認められないと拒否された。パートナーとは、7年の同居を含む22年間の関係で、申立人は経済的にそのパートナーに依存していた。コロンビアの法令では、死亡した人とその死の直前の1年間、あるいは特別取決めにあげられる期間、結婚生活を送っていた人を死亡した人の継続的なパートナーと認めており、異性でなければならないとはしていない。しかし、行政最高裁判所は、申立人の訴えを、家族を男性と女性の間の自然または法的な結びつきから形成されるものとして退けた。申立人は、性的指向および性別に基づいた差別であると2条1項、3条、5条1・2項、17条1・2項および26条違反を主張した。

委員会はこれまでの見解から、26条の差別禁止が性的指向に基づく差別も含むこと、婚姻関係の有無により諸手当の支給において差異が生じるとしても、異性間カップルの場合は結婚するか否か選択ができたため、生じる差異は合理的で客観的であるといえる場合があるが、本件の場合は申立人に同性のパートナーと結婚する選択の余地がなかったことを指摘した。委員会は、コロンビアが結婚している夫婦、結婚していないカップルとの区別はせず、結婚していない同性、異性間のカップルで区別をしており、その区別が合理的で客観的であることを示していない、として26条違反があったと判断した。

この見解は2003年規約人権委員会が採択した、Young v. Australia（941/2000）とほぼ同じである。

一方、Amor委員とKhalil委員は個別意見で、26条は明文で性的指向を禁止される差別の根拠に挙げていないことから、認められるとしても厳格に解釈されなければならないこと、23条が家族を、「社会の自然かつ基礎的な単位」とし、「男女が婚姻しかつ家族を形成する権利」としていることから、同性のカップルは規約のいう家族にあたらないことを述べた。

（岡田仁子）

●国連の動向

Adoption of United Nations Declaration on the Rights of Indigenous Peoples

国連先住民族権利宣言の採択
経緯と今後の課題

木村真希子　市民外交センター　調査研究・政策提言担当

　2007年9月13日、第61会期国連総会において国連先住民族の権利宣言（以下、宣言）が採択された（賛成144票、反対4票、棄権11票）。起草開始から25年、1993年に先住民作業部会において宣言案が合意されてから14年、実に長い道のりを経て、先住民族の国際人権基準に重要な進展をもたらす宣言への合意が実現した。

　通常、国連で採択される宣言は条約と違って法的拘束力をもたないが、先住民族の権利宣言は前文22段落、本文46カ条からなり、かつ国家のとるべき措置を細部にわたって記しているという点で人権条約に限りなく近い。この宣言の成立過程の大きな特徴は、先住民族自身が宣言起草作業に参加しているという点である。1982年に当時の人権委員会の差別防止・少数者保護小委員会（以下、人権小委員会）に設置された先住民作業部会では、先住民族団体と支援NGOにオブザーバー資格を与え、直接先住民族の意見を採用しながら、ダエス議長（ギリシャ）の草案をもとに宣言の起草作業を進めた。1993年には作業部会内で合意、1994年に人権小委員会で草案が採択された。

　宣言が広範かつ高い基準の権利を設定したため、一部の国家政府、とくにカナダ、オーストラリア、ニュージーランド、アメリカ（頭文字をとってCANZUSと呼ばれる）の反発は強く、国連総会での採択まで長い年月がかかった。人権委員会に設置された宣言草案作業部会では、世界の先住民の国際10年の終了年にあたる2004年までの採択をめざしたが、2つの条文についてのみしか合意がとれず、宣言採択は暗礁に乗り上げたかに見えた。しかし、2006年、国連改革によって人権委員会が撤廃され、人権理事会が設置されることが決定すると、宣言草案作業部会のチャベス議長（ペルー）がそれまでの議論をもとに1994年の宣言草案を修正した新たな宣言案（議長案）を人権委員会に提出した。議長案は世界の先住民族団体の支持を受け、2006年6月に人権理事会の第1会期で採決にかけられると、賛成多数で採択された（賛成30票、反対2票、棄権12票）。その結果、2006年12月までの国連総会で採択される期待が高まった[1]。

　しかし、ここでアフリカ・グループから思わぬ横槍が入った。採択の決議案を審議した総会第3委員会で、草案の

検討と採択の延期を提案するナミビア決議案が提出され、賛成多数で採択された。アフリカ・グループがここに来て突然宣言採択を妨害する行動に出たのは、アフリカ諸国が宣言草案作業部会への参加経験が少なく、宣言の内容に関して十分に理解がなかったこと、またCANZUSからの働きかけがあったことが理由であると見られている。2007年5月にはアフリカ・グループから33項目の修正案、そして8月にはカナダ、ロシア、ニュージーランド、コロンビア政府の修正案が発表された。いずれも自決権や土地権、資源権などの重要条文に修正を加えるものであり、先住民族側が受け入れられないことは明白であった。

これに対して、宣言推進派の先住民族側は2006年にグローバル先住民族コーカス推進委員会という交渉組織を結成し、宣言支持派政府とともにアフリカ・グループとの交渉を試みた。推進派のなかでもグァテマラ、メキシコ、ペルー政府が、アフリカ・グループとの間で自決権や土地・資源権には修正を加えない9項目の修正案への妥協をこぎつけ、8月末に先住民族団体との調整に入った。修正案には主権独立国家の領土保全と政治的統合を損ねないという条文が追加され、独立国家形成という形の自決権に制限を加えたものの、自決権を定めた第3条やその他の重要条文を修正なしで残した。この修正案は世界の先住民族団体から多数の支持を受け、9月13日に総会で圧倒的な多数を受けて採択された。

採択された宣言には、前文で植民地化と差別・同化の歴史を踏まえ、集団的権利としての自決権、先住民族独自の制度と生活様式の維持に関する権利、土地・資源・領域に関する権利、生活圏の非軍事化と強制移住の禁止、同化・統合政策の禁止、文化享有権、条約の遵守、国境を越えて交流する権利など、広範な権利が網羅されている[2]。そのなかで最も重要な権利とされる自決権を定めた第3条は、先住民族を国際法の主体である人民(peoples)と認めるものである。また、土地・資源権、領域権と関連して、同意なしに強制的に没収された場合には、原状回復や補償を請求できる権利も定められている。さらに、開発プロジェクトなどに関連し、土地・資源の利用には「自由で事前の、情報を得たうえでの同意(FPIC)」も規定された。国家によるダムや資源採掘など、グローバル化のなかで頻発する先住民族の土地での大規模開発による強制移住や資源への歯止めとなるかどうか、注目される。

宣言は圧倒的多数を受けて採択されたが、国際機関や各国内での実施につ

---

1) 宣言採択に至る経緯は以下の論考を参照されたい。相内俊一「『国連先住民族の権利宣言』制定過程と『一〇年』」上村英明監修『グローバル時代の先住民族』(法律文化社、2004年)24〜38頁、上村「先住民族の権利に関する国連宣言」採択の意味」世界771号(2007年)20〜24頁、上村「「先住民族の権利に関する国連宣言」獲得への長い道のり」PRIME(明治学院大学国際平和研究所紀要)27号(2008年)53〜68頁。
2) 先住民族の権利宣言の内容に関しては、以下の論文を参照。手島武雅「先住民族の権利に関する国連宣言——その経緯、内容、意義」部落解放590号(2007年)70〜81頁。

いては、一部の国家を除いて目立った動きはない。反対の強かったCANZUS諸国は、それぞれが自国内には適用されないという解釈宣言を行い、とくに土地・資源権について現行以上の補償を行う予定はないことを示している（ただし、カナダやオーストラリア、ニュージーランドは1980年代から90年代にかけては土地権や資源権の認定を含め、先住民族政策について先進的な対策をとった。保守派のバックラッシュや9.11以降の国内政治の右傾化を受けて後退し、今回は反対の姿勢を打ち出したが、未だに先住民族政策のほとんどない日本など、アジア諸国が見習うべき点は多い）。

また、アジア諸国は多くが賛成票を投じたが、ほとんどの国家が「自国に先住民族は存在しない」という立場をとっており、宣言採択後も国内で実施する見通しは低い。日本政府も1990年代にアイヌ民族を少数民族と認めたものの、「先住民族の定義がない」ことを理由に未だに認定しておらず、また1997年から国連先住民作業部会に参加している琉球・沖縄民族に関しては民族性すら否定している。さらに、宣言採択後の解釈宣言の中では、①独立分離権を認めない、②集団的権利を認めない、③財産権については第三者や公共の利益との調和を優先するという3点を強調し、今後国内で起こりうるアイヌ民族や琉球・沖縄民族からの先住民族としての認定や、土地・資源権要求に対して牽制をかけている。

このように、宣言が採択されたこと自体は喜ばしいことではあるが、この宣言をどう活かすかについては国内外の先住民族団体や支援NGOの働きかけ、そして市民社会の声にかかっている。宣言の採択をきっかけに、今まで停滞していた運動や国家による対策を再活性化させる動きが望まれているといえよう。

資料5

自由権規約委員会
一般的意見32(2007)
第14条:裁判所の前での平等の権利と公正な裁判を受ける権利

2007年7月27日第98会期採択
CCPR/C/GC/32

I. 概論

1. 本一般的意見は、第21会期で採択された一般的意見13を差し替えるものである。

2. 裁判所の前での平等の権利と公正な裁判を受ける権利は、人権保障の重要な要素であり、法の支配を保護する手続的手段としての機能を果たしている。規約第14条は、司法の適切な運用を確保することを目的としており、この目的のために、一連の特定の権利を保障している。

3. 第14条は、多様な保障とさまざまな適用範囲とを組み合わせることで、とくに複雑な性格を有している。第1項の第1文は、一般的な裁判所の前での平等の保障を定めており、この保障は、かかる機関での手続の性質の如何を問わず適用される。同項の第2文は、個人に対して、その者が刑事上の罪に問われているまたはその民事上の権利および義務の争いについて決定がなされる場合、法律で設置された、権限のある、独立の、かつ、公平な裁判所による公正な公開審理を受ける権利を与えている。かかる手続において、マスメディアおよび公衆に対しては、第1項第3文が明記する場合に限り、審理を公開しないことができる。本条の第2項から第5項は、刑事上の罪に問われている者が利用できる手続的保障を定めている。第6項は、刑事訴訟で誤審があった場合、補償を受ける実体的権利を保護している。第7項は、二重の危険(double jeopardy)の禁止を定め、それゆえ、実体的自由、すなわち、個人はすでに確定的に有罪または無罪の判決を受けた行為について再び裁判されまたは処罰されることのない権利を保障している。規約の締約国は、その国家報告書において、公正な裁判を受ける権利のこれらさまざまな側面を明確に区別しなければならない。

4. 第14条が定める保障は、締約国がその法律上の伝統と国内法にかかわらず尊重しなければならないものである。締約国はこれらの保障が各々の法制度との関連でどのように解釈されているかを報告しなければならないが、委員会は、規約が保障する最も重要な内容の決定が国内法の裁量のみに委ねられないことに留意する。

5. 第14条の特定の条項に対する留保は許容可能であるが、公正な裁判を受ける権利に対する一般的な留保は、規約の趣旨および目的と両立しない1)。

6. 第14条は第4条2項のデロゲートできない権利のリストに含まれていないが、締約国は、公の緊急事態において第14条に

基づき要請される通常の手続をデロゲートする場合、かかるデロゲーションが、現実の事態の緊急性が真に必要とする限度を超えていないことを確保しなければならない。公正な裁判の保障は、デロゲートできない権利の保護を回避するであろうデロゲーションの措置に決して制約されてはならない。したがって、たとえば、規約第6条はそのすべてをデロゲートされえないので、緊急事態の間、死刑を科すことになるいかなる裁判も、第14条のすべての要請を含む規約の規定に従わなければならない2)。同様に、第7条はそのすべてをデロゲートされえないので、本条項に違反して得られた供述（statements）、自白または原則としてその他の証拠は、緊急状態の間も含めて、第14条が対象とするいかなる手続においても証拠として援用されない3)。ただし、第7条に違反して得られた供述または自白が、本条項によって禁じられる拷問またはその他の取扱いが発生したとの証拠として用いられる場合は、この限りではない4)。無罪推定を含む、公正な裁判の基本原則からの逸脱は、常に禁止されている5)。

II. 裁判所の前の平等

7. 第14条1項の第1文は、一般的な言葉で、裁判所の前の平等を保障している。この保障は、第14条同項の第2文で取り上げられている裁判所に適用されるのみではなく、国内法が裁判機関に裁判業務を委ねている場合には必ず尊重されなければならない6)。

8. 裁判所の前での平等の権利は一般的に、第14条1項第2文が言及する諸原則に加えて、平等な裁判を受ける権利および武器の平等の原則を保障し、訴訟当事者はいかなる差別もなしに取り扱われることを確保している。

9. 第14条は、刑事上の罪の決定ならびに民事上の権利および義務の争いについての決定のための裁判を受ける権利を包含している。かかるすべての場合において、司法権の利用は、個人が手続的にその正義を主張する権利を奪われないことが確保されるように効果的に保障されなければならない。裁判を受ける権利と裁判所の前の平等の権利は、締約国の市民に限られたものではない。これらの権利は、国籍の有無を問わず、その地位の如何にかかわらず、または庇護請求者、難民、移住労働者、同伴者のない子ども（unaccompanied children）もしくはその他の者であるかどうかにかかわらず、締約国の領域内にあり、またはその管轄下にあるすべての個人にも行使可能でなければならない。権限のある裁判所で裁判を受けようとする個人の試みが組織的に法律上または事実上妨げられる状況は、第14条1項第1文の保障に抵触す

---

1) 規約またはその第1選択議定書の批准またはそれらへの加入に際して、もしくは同規約第41条に基づく解釈宣言に際して、付された留保に関わる諸問題に関する一般的意見24（1994年）第8パラグラフ。
2) 第4条に関する一般的意見29（2001年）。緊急事態の間のデロゲーションについては、第15パラグラフ。
3) 同上第7および第15パラグラフ。
4) 拷問等禁止条約第15条参照。
5) 第4条に関する一般的意見29（2001年）。緊急事態の間のデロゲーションについては、第11パラグラフ。
6) Communication No. 1015/2001, *Perterer v. Austria*, para. 9.2（公務員に対する懲戒手続）, Communication No. 961/2000, *Everett v. Spain*, para. 6.4（犯罪人引渡し）。

る7)。この保障は、裁判を受ける権利に関して、法律に基づかず、かつ、客観的および合理的な理由により正当化されえないいかなる区別も禁止している。この保障が侵害されるのは、ある者がその人種、皮膚の色、性、言語、宗教、政治的意見その他の意見、国民的もしくは社会的出身、財産、出生または他の地位等を理由に、他に者に対して訴訟を起こすことが妨げられている場合である8)。

10. 弁護人の利用可能性または欠如はしばしば、ある者が有意義な形で、適切な手続にアクセスできまたはそれに参加できるかどうかを決定づける。第14条は明確にその第3項(d)で、刑事手続における弁護人の保障を扱っている一方、締約国は他方で、十分な支払い手段を有しない個人に対して無料の法律扶助を提供するよう促されている。場合によっては、締約国はそのようにすることが義務づけられてさえいる。たとえば、死刑判決を受けた者が刑事裁判で、訴訟手続上の瑕疵に関する利用可能な違憲審査を請求するも、かかる救済措置を求めるための法律扶助に要する費用に見合った十分な支払い手段を有しない場合、締約国は、規約第2条3項で謳われた効果的な救済措置を受ける権利と併せて、第14条1項に合致するよう、義務として弁護人を提供しなければならない9)。

11. 同様に、手続に参加する当事者に対して課される事実上裁判を受ける権利を妨げることになるような手数料は、第14条1項に基づく問題を引き起こすこととなるであろう10)。とくに、勝訴した当事者に訴訟費用を支払うことを、それによる事態に対する考慮をせずにまたは法律扶助が提供されることなしに、法律に基づく厳格な義務として課すことは、利用可能な手続において規約に基づく権利を主張しようとする者がもつ能力に抑止効果を及ぼすことになる11)。

12. 裁判を平等に受ける権利は、第14条1項で示されているが、この権利は第一審での手続に関わるものであり、上訴（appeal）の権利または他の救済措置を求める権利の問題を扱うものではない12)。

13. 裁判所の前の平等の権利は、武器の平等をも保障している。このことは、区別が法律に基づき設けられ、客観的かつ合理的な理由に基づき正当化され、現実の不利益または他の不公平を原告に及ぼさない場合を除いて、同一の手続的権利がすべての当事者に供されることを意味する13)。たとえば、一定の決定に対して上訴することが被告人にではなく起訴する者のみに許可されている場合、武器の平等

---

7) Communication No. 468/1991, *Oló Bahamonde v. Equatorial Guinea,* para. 9.4.
8) Communication No. 202/1986, *Ato del Avellanal v. Peru,* para. 10.2（夫婦間の財産に関して裁判を受ける権利を夫に限定し、それにより既婚女性が出廷し訴訟を起こしえない事件）．非差別に関する一般的意見18（1989年）第7パラグラフも参照。
9) Communications No. 377/1989, *Currie v. Jamaica,* para. 13.4; No. 704/1996, *Shaw v. Jamaica,* para. 7.6; No. 707/1996, *Taylor v. Jamaica,* para. 8.2; No. 752/1997, *Henry v. Trinidad and Tobago,* para. 7.6; No. 845/1998, *Kennedy v. Trinidad and Tobago,* para. 7.10.
10) Communication No. 646/1995, *Lindon v. Australia,* para. 6.4
11) Communication No. 779/1997, *Äärelä and Näkkäläjärvi v. Finland,* para. 7.2.
12) Communication No. 450/1991, *I.P. v. Finland,* para. 6.2.
13) Communication No. 1347/2005, *Dudko v. Australia,* para. 7.4.

は存在しない14)。当事者間での平等原則は、民事手続 (civil proceedings) にも適用され、かつ、双方の当事者は相手方が提示したすべての弁論と証拠に異議を申し立てる機会を与えられなければならないことをとくに要請している15)。例外的な事例として、無料で通訳の援助が提供されることも、そうしなければ貧窮した当事者が対等に訴訟手続に参加できない、またはその当事者が求めた証人を尋問できない場合には、要請されるであろう。

14. 裁判所の前の平等はまた、同様の事例は同様の訴訟手続において取り扱われなければならないことを要請している。たとえば、例外的な刑事訴訟手続または特別に設けられた裁判所がある範疇に属する事件を決定する場合に用いられる場合16)、客観的かつ合理的な理由が区別を正当化するために提示されなければならない。

III. 権限のある、独立の、かつ、公平な裁判所による公正な公開審理

15. 法律で設置された、権限のある、独立の、かつ、公平な裁判所による公正な公開審理を受ける権利は、第14条1項第2文によれば、刑事上の罪の決定または民事上の権利および義務の争いについての決定に関する事件において保障される。刑事上の罪は、原則として、国内の刑事法に基づいて処罰可能と宣言される行為に関連するものである。かかる概念は、ある制裁が国内法で付された限定 (qualification) に関係なく、その目的、性格または過酷さゆえに刑罰とみなすべきである場合、その制裁を伴う事実上犯罪である行為にも拡張できる17)。

16. 「民事上の (in a suit at law/ de caractère civil/ de carácter civil)」権利および義務の争いについての決定に関する概念はより複雑である。これは、規約第53条により等しく正文とされる規約の多様な言語において、さまざまに定式化されており、起草過程は多様な言語の条文の不一致を解決していない。委員会は、「民事上の」または他の言語でこれに対応する用語の概念が、当事者の一方の地位ではなく、むしろ問題となる権利の性質に基づくものであるか、または国内法制度の定める、特定の権利についての決定を行うための特別の場 (forum) に基づくものであるということに留意する18)。この概念には、(a)私法領域における契約、財産または不法行為の分野に関連する権利と義務の決定を目的とした訴訟手続、(b)懲罰的な理由以外で公務員の雇用を解約するなどの行政法領域において対応する概念19)、社会保障手当20)もしくは兵士の恩

---

14) Communication No. 1086/2002, *Weiss v. Austria*, para. 9.6. 武器の平等原則違反の他の例として、Communication No. 223/1987, *Robinson v. Jamaica*, para. 10.4 (審理の延期)参照。
15) Communication No. 846/1999, *Jansen-Gielen v. The Netherlands*, para. 8.2 and No. 779/1997, *Äärelä and Näkkäläjärvi v. Finland*, para. 7.4.
16) たとえば、犯罪者または犯罪がある範疇に属することを理由に、陪審による審理が開かれない場合 (前者の場合として、グレートブリテンおよび北アイルランド連合王国に対する総括所見 (CCPR/CO/73/UK (2001)) 第18パラグラフ参照)。
17) Communication No. 1015/2001, *Perterer v. Austria*, para. 9.2.
18) Communication No. 112/1981, *Y.L. v. Canada*, paras. 9.1 and 9.2.
19) Communication No. 441/1990, *Casanovas v. France*, para. 5.2.

給を受ける権利21)の決定、または公有地の使用22)もしくは私有財産の差押えに関する手続が含められる。さらに、(c)これ以外の他の手続も、当該権利の性質に照らして事案ごとに評価しなければならない、が含められる。

17. 他方、第14条1項第2文が定める裁判を受ける権利の適用がないのは、国内法が当事者にいかなる資格 (entitlement) も与えていない場合である。したがって、国内法が、上級職へ昇格する公務員の権利23)、裁判官として任命される権利24)、または執行機関によって死刑判決を減刑させる権利25)を付与していない事案において、委員会は本規定を適用することができないとの判断を示した。さらに、高度の管理統制に服す立場の当事者が、たとえば公務員26)、軍隊構成員または被拘禁者に対してとられる刑罰的制裁にはあたらない懲戒措置など、自身に対してとられる措置に直面している場合、民事上の権利および義務の争いについての決定は存在しない。この保障は、さらに、犯罪人引渡し、追放および国外退去 (deportation) 手続に適用されない27)。これらおよび類似の事例において、第14条1項第2文が定める裁判を受ける権利は存在しないが、それにもかかわらず、他の手続的保障は適用可能である28)。

18. 第14条1項の「裁判所 (tribunal)」の概念は、その名称にかかわらず、法律で設置され、政府の行政および立法部門から独立した、または特定の事件において事実上司法的な手続で法律上の問題を決定する際に司法上の独立を享受する機関を指す。第14条1項第2文は、かかる裁判所による裁判を受ける権利を刑事上の罪に問われたすべての者に保障している。この権利は制限されえず、裁判所の構成要素をもたない機関が下したいかなる刑事上の有罪判決も、本規定と両立しない。同様に、このことは、民事上の権利および義務の争いについての決定がなされる場合は必ず、本条文が意味するところの裁判所による手続のうちの少なくとも1つの段階においてなされなければならない。締約国が、かかる権利および義務の争いを決定するための権限のある裁判所を設置しない、または特定の事例でかかる裁判所の利用を許可しないことは、次のような場合、第14条違反に当たるであろう。その場合とは、かかる制限が、国内立法に基づいておらず、適切な司法運営などの正当な目的を達成するために必要ではなく、もしくは国際法に由来する裁判権からの除外（たとえば免除〔immunities〕など）に基づく場合、または個人に委ねられている裁判所の利用が、権利のまさに本質を

---

20) Communication No. 454/1991, *Garcia Pons v. Spain*, para. 9.3.
21) Communication No. 112/1981, *Y.L. v. Canada*, para. 9.3.
22) Communication No. 779/1997, *Äärelä and Näkkäläjätvi v. Finland*, paras. 7.2 - 7.4.
23) Communication No. 837/1998, *Kolanowski v. Poland*, para. 6.4.
24) Communications No. 972/2001, *Kazantzis v. Cyprus*, para. 6.5; No. 943/2000, Jacobs v. Belgium, para. 8.7, and No. 1396/2005, *Rivera Fernández v. Spain*, para. 6.3.
25) Communication No. 845/1998, *Kennedy v. Trinidad and Tobago*, para. 7.4.
26) Communication No. 1015/2001, *Perterer v. Austria*, para. 9.2（懲戒免職）.
27) Communications No. 1341/2005, *Zundel v. Canada*, para. 6.8, No. 1359/2005, *Esposito v. Spain*, para. 7.6.
28) 下記第62パラグラフ参照。

損なうであろう程度にまで制限されている場合である。

19. 第14条1項が意味する権限のある、独立の、かつ、公平な裁判所の要請は、いかなる例外にも服さない完全な権利 (absolute right) である29)。独立の要請は、とくに、裁判官を任命する手続と資格に向けられ、かつ、義務的な定年または在職年限の満了までの在職期間の保障が存在する場合、これらに関連する、その職務に関する昇進、転任、停職 (suspension) および停止 (cessation) の条件ならびに司法の行政部門および立法府による政治的介入からの現実的な独立を保障している。国家は、司法の独立を保障する特別な措置をとらなければならない。その措置とはすなわち、裁判官の意思決定の際に、裁判官をあらゆる形態の政治的影響から保護するものである。これは、司法部を構成する者の任命、報酬、在職期間、昇進、停職および解雇ならびにそれらの者の懲戒処分に関する明確な手続や客観的な基準を定める憲法を通じてまたはそれらを定める法律の制定を通じてなされる30)。司法部と行政部の機能と権限が明確に区別しえない状況または行政部が司法部に対して統制 (control) もしくは命令する (direct) ことができる状況は、独立の裁判所の概念と両立しない31)。裁判官を利害の衝突や脅迫から保護することは必須である。裁判官の独立を保障するために、在職期間、独立、安全、適切な報酬、勤務条件、年金および定年を含む裁判官の地位は法律によって適切に確保される。

20. 憲法または法律が定める客観性と公平性を確保した公正な手続に従って、裁判官は、重大な不正行為 (misconduct) または無能力を理由としてのみ解雇される。行政部による裁判官の解雇は、たとえば、裁判官として選任された在職年限が満了する前に、明確な理由が示されず、かつ、解雇に反対するために利用できる効果的な司法上の保護がない場合、司法の独立と両立しない32)。同様のことは、たとえば、腐敗している (corrupt) と申し立てられた、法律が定めるいかなる手続も存在しない行政部による裁判官の解雇についても当てはまる33)。

21. 公平性の要請には、2つの側面がある。第1に、裁判官は、個人的な偏見または先入観に影響された評価を許容し、自身が扱う特定の事例に関して予測を抱き、またある当事者に損害を与えるために、他の当事者を不適切に利するように行動してはならない34)。第2に、裁判所はまた、公平たる合理的な立会人 (observer) として振る舞わなければならない。たとえば、国内法に基づき不適格とされるべきはずの裁判官の参加が実質的に影響を及ぼした裁判は、通常、公平なものとは考えられない35)。

---

29) Communication No. 263/1987, *Gonzalez del Rio v. Peru*, para. 5.2.
30) スロバキアに対する総括所見 (CCPR/C/79/Add.79 (1997)) 第18パラグラフ。
31) Communication No. 468/1991, *Oló Bahamonde v. Equatorial Guinea*, para. 9.4.
32) Communication No. 814/1998, *Pastukhov v. Belarus*, para. 7.3.
33) Communication No. 933/2000, *Mundyo Busyo et al v. Democratic Republic of Congo*, para. 5.2.
34) Communication No. 387/1989, *Karttunen v. Finland*, para. 7.2.
35) Communication No. 387/1989, *Karttunen v. Finland*, para. 7.2.

22. 第14条の規定の適用は、裁判所が通常（ordinary/civilian）裁判所、特別（specialized）裁判所または軍事裁判所であることにかかわらず、本条の適用範囲内のすべての裁判所に及ぶ。委員会は、多くの国において、文民を裁判する軍事裁判所または特別裁判所が存在することに留意している。規約は、軍事裁判所または特別裁判所で文民を審理することを禁じていない一方で、かかる裁判は第14条の要請を完全に満たすことと、該当する裁判所の性質が軍事的または特別であることをもって、第14条の保障が制限または修正されえないこととを要請している。委員会はまた、軍事裁判所または特別裁判所での文民の裁判が、衡平性、公平性および司法の独立の運営に関する限りで、重大な問題を引き起こしうることに留意している。したがって、第14条が明記する完全な保障を真に提供する条件に基づいて、かかる裁判が開かれることを確保するためのすべての必要な措置をとることが重要となる。軍事裁判所または特別裁判所による文民の裁判は、例外的なものでなければならない36)。すなわち、かかる裁判は、締約国がかかる裁判所を用いることが必要で客観的かつ重大な理由により正当化されることを立証でき、かつ、特別に分類される個人と罪とが争点で、これに関して、正規の通常裁判所が裁判を行うことができない場合に限られる37)。

23. いくつかの国では、たとえばテロ行為と戦う措置の範囲内とされる、匿名裁判官（anonymous judges）から成る「覆面裁判官（faceless judges）」による特別裁判所が用いられている。かかる裁判所は、独立の機関によってかかる裁判官の同一人性と地位が証明されていたとしても、しばしば、裁判官の同一人性と地位が被告人に知らされていない弊害があるだけではなく、次のような点でも弊害がある。すなわち、公衆または被告人やその代理人にさえも公開されない38)、それらの者に手続が公開されない39)などの手続上の瑕疵、弁護士（lawyer）を自ら選任する権利の制限40)、とくに隔離されている（incommunicado）場合に弁護士と連絡をとる権利の制限もしくは拒否（denial）41)、弁護士への脅迫42)、事案の準備のためには不適切な時間43)、または証人を喚問し、かつ、尋問またはこれに対し尋問させる権利の厳しい制限もしくは拒否（たとえば逮捕し被告人を尋問した警察官のようなある種の分類に入る証人に反対尋問をすることを禁じることを含む）44)である。裁判所は、覆面裁判官によるものであってもなくても、こうした状況においては、公正な裁判の基本的な基準、

---

36) 戦時における文民の保護に関する1949年8月12日の（ジュネーヴ）条約第64条および規約締約国に課せられた一般的法的義務の性質に関する一般的意見31（2004年）第11パラグラフも参照。
37) See communication No. 1172/2003, *Madani v. Algeria*, para. 8.7.
38) Communication No. 1298/2004, *Becerra Barney v. Colombia*, para.7.2.
39) Communications No. 577/1994, *Polay Campos v. Peru*, para. 8.8; No. 678/1996, Gutiérrez Vivanco v. Peru, para. 7.1; No. 1126/2002, *Carranza Alegre v. Peru*, para. 7.5.
40) Communication No. 678/1996, *Gutiérrez Vivanco v. Peru*, para. 7.1.
41) Communication No.577/1994, *Polay Campos v. Peru*, para. 8.8; Communication No. 1126/2002, *Carranza Alegre v. Peru*, para.7.5.
42) Communication No. 1058/2002, *Vargas Mas v. Peru*, para. 6.4.
43) Communication No. 1125/2002, *Quispe Roque v. Peru*, para. 7.3.

とくに裁判所は独立し公平であるとする要請を満たさない45)。

24．第14条は、国家がその法秩序において、慣習法に基づく裁判所または宗教裁判所の活動を認めまたそれらに司法業務を委ねている場合にも直接関連する。かかる裁判所は、次に示す要請を満たしていない場合、国家が認める拘束力のある判決を下しえないように確保されなければならない。それら要請とは、かかる裁判所における手続が、軽微な(minor)民事上や刑事上の問題に制限され、公正な裁判および規約上の他の関連する保障といった基本的な要請に合致していることと、それらの判決に対して、規約が定めている保障の観点から国家の裁判所が正当性を認め、規約第14条の要請に合致した手続において当事者が異議を申し立てられることである。これらの原則はやはり、慣習法に基づく裁判所や宗教裁判所の運営によって影響を受けるあらゆる者の規約に基づく権利を保護する国家の一般的な義務なのである。

25．公正な裁判の概念は、公正な公開審理の保障を含める。手続の公正さは、いかなる立場からの、そしていかなる動機からの、直接または間接のあらゆる影響、圧力、威嚇(intimidation)または妨害(intrusion)が存在しないことを必要としている。審理は、たとえば次のような場合に公正ではなくなる。すなわち、刑事手続において被告人が、公衆から敵対的な態度の発言を受けもしくは法廷でなされた一当事者を支持する発言を裁判所が寛大に取り扱う事態に直面し、そのため防御をする権利を侵害された場合46)、同様の効果がある他の敵意の表明にさらされ47)、それを裁判所が寛大に取り扱った場合、またほかに、人種に偏見のある陪審員の選考が、手続の公平さに悪影響を及ぼす場合である。

26．第14条は手続上の平等と公正さを保障しているのみで、権限のある裁判所の誤審(error)の欠如を確保するものと解釈されえない48)。通常、事実および証拠または国内法の適用を再審理するのは、規約締約国の裁判所である。ただし、かかる評価または適用が明確に恣意的であるまたは明らかな誤審もしくは裁判拒否に相当すること、また、そのほかに裁判所がその独立性および公平性に関する義務に反したことが証明しえる特別な事例の場合には、この限りではない49)。同一の基準は、陪審員による裁判において、裁判官が陪審員に対して行う特定の指示について、その適用がある50)。

---

44) Communication No. 678/1996, *Gutiérrez Vivanco v. Peru,* para. 7.1; Communication No. 1126/2002, *Carranza Alegre v. Peru,* para.7.5; Communication No. 1125/2002, *Quispe Roque v. Peru,* para. 7.3; Communication No. 1058/2002, *Vargas Mas v. Peru,* para. 6.4.
45) Communications No. 577/1994, *Polay Campos v. Peru,* para. 8.8 ; No. 678/1996, *Gutiérrez Vivanco v. Peru,* para. 7.1.
46) Communication No. 770/1997, *Gridin v. Russian Federation,* para. 8.2.
47) See Committee on the Elimination of Racial Discrimination, communication No. 3/1991, *Narrainen v. Norway,* para. 9.3.
48) Communications No. 273/1988, *B.d.B. v. The Netherlands,* para. 6.3; No. 1097/2002, *Martínez Mercader et al v. Spain,* para. 6.3.
49) Communication No. 1188/2003, *Riedl-Riedenstein et al. v. Germany,* para. 7.3; No. 886/1999, *Bondarenko v. Belarus,* para. 9.3; No. 1138/2002, *Arenz et al. v. Germany,* admissibility decision, para. 8.6.

27. 審理の公正さの重要な側面は、その迅速さである。刑事手続での不当な遅延の問題は、第14条3項(c)で明確に扱われている一方で、民事手続（civil proceedings）での事案の複雑性または当事者の行動により正当化しえない遅延は、本規定の1項で謳われた公正な審理の原則を損なうことになる51)。かかる遅延の原因が、資金不足および慢性的な資金繰りの問題にある場合、可能な程度での補正予算による資金投入（supplementary budgetary resources）が、司法の運営のために行われなければならない52)。

28. 刑事上の問題または民事上の争いに関するすべての裁判は、原則として、口述で、かつ、公開で行われなければならない。審理の公開は手続の透明性を確保し、それゆえ個人と社会全体の利益に関する重要な保護手段を提供する。裁判所は、口頭審理の時間および裁判地に関する情報を公衆が得られるようにしなければならず、とりわけ事案での潜在的な利益と口頭審理の継続期間を妥当な範囲内で考慮しつつ、公衆の中で利益を有する者が参加するために、適切な便益を提供しなければならない53)。公開審理の要請は、書面の提出をもとに行うすべての上訴手続54)、または起訴する者（prosecutor）および他の公的機関によって行われる予審での決定（pre-trial decisions）55)に対しては、必ずしも適用されない。

29. 第14条1項は、裁判所が公衆の全部または一部に対して、民主的社会における道徳、公の秩序、国の安全を理由として、当事者の私生活の利益のため必要な場合において、または公開が司法の利益を害することとなる特別な状況において裁判所が真に必要があると認める限度で、公開しない権限をもつことを認めている。かかる例外的な状況を別として、審理は、マスメディアの構成員を含む一般公衆に公開されなければならず、たとえば特定の範疇にある者に限定されてはならない。公衆に対して裁判を公開しない場合においてさえも、最も重要な事実認定を含む判決、証拠および法的な理由づけは、公開されなければならない。ただし、少年の利益のために必要のある場合または当該手続が夫婦間の争いもしくは子どもの後見に関するものである場合は、この限りではない。

IV. 無罪推定

30. 第14条2項によると、刑事上の罪に問われているすべての者は、法律に基づいて有罪とされるまでは、無罪と推定される権利を有する。無罪推定は、人権保護にとって基本的なものであるが、起訴側に対して罪の立証責任を課し、合理的な疑いを差し挟む余地なく有罪の立証がある

---

50) Communication No. 253/1987, *Kelly v. Jamaica*, para. 5.13; No. 349/1989, *Wright v. Jamaica*, para. 8.3.
51) Communication No. 203/1986, *Mūnoz Hermoza v. Peru*, para. 11.3 ; No. 514/1992, Fei v. Colombia, para. 8.4 .
52) たとえば、コンゴ民主共和国に対する総括所見（CCPR/C/COD/CO/3 (2006)）第21パラグラフと中央アフリカ共和国に対する総括所見（CCPR//C/CAF/CO/2 (2006)）第16パラグラフ参照。
53) Communication No. 215/1986, *Van Meurs v. The Netherlands*, para. 6.2.
54) Communication No. 301/1988, *R.M. v. Finland*, para. 6.4.
55) Communication No. 819/1998, *Kavanagh v. Ireland*, para. 10.4.

まではいかなる罪も推定されえないことを保障し、疑わしきは被告人を罰しないことを確保し、犯罪行為で起訴された者はこの原則に従って取り扱われなければならないことを要請している。すべての公的な機関は、たとえば、被告人の有罪を断定する公的な声明を出すことを差し控えるなどして、裁判の結果を予断することを慎まなければならない56)。被告人は通常、裁判中に拘束道具で束縛されたり、ケージに留め置かれてはならず、また危険な犯罪者であるとことを示唆する方法で裁判所に出席させられてはならない。マスコミは、無罪推定を損なうニュース報道を避けなければならない。さらに、未決勾留（pre-trial detention）の期間は、有罪および有罪の程度の指標として決して捉えられてはならない57)。保釈の拒否58)または民事手続における責任の認定59)は、無罪推定に影響を及ぼさない。

V. 刑事上の罪に問われている者の諸権利

31. 刑事上の罪に問われているすべての者が、その理解する言語で速やかにかつ詳細に自身が起訴された刑事上の罪の性質および理由を告げられる権利をもつことは、3項(a)で謳われており、刑事手続における第14条の最低限の保障（minimum guarantee）の中の一番目のものである。この保障が適用されるのは、抑留（in detention）されていない者も含めた刑事上の罪に関するすべての事例であり、この適用は起訴に先行して行われる犯罪捜査にはない60)。逮捕の理由を告げられることは、別に規約第9条2項で保障されている61)。「速やかに」罪を告げられる権利は、当事者が国内法に基づき刑事上の罪に正式に問われると即座にそれを告げられることを要請し62)、または個人がその名前を罪に問われた者として公表されることを要請する。3項(a)の明確な要請は、罪を告げることが口頭によって、または後に書面で確認されるのであれば書面によってなされることでみたされるが、それを告げることで、その罪の根拠となる法律および嫌疑がかけられている事実の概略の双方が知らされることになることを条件とする。欠席裁判において、第14条3項(a)は、被告人が欠席しているのにもかかわらず、被告人にその罪を伝え、かつ、手続を告知するためにすべてのしかるべき措置がとられていることを要請している63)。

32. 3項(b)は、被告人が防御の準備のために十分な時間および便益を与えられならびに自ら選任する弁護人と連絡するこ

---

56) Communication No. 770/1997, *Gridin v. Russian Federation*, paras. 3.5 and 8.3.
57) 規約第14条2項と第9条の関係（未決勾留）については、たとえばイタリアに対する総括所見（CCPR/C/ITA/CO/5 (2006)）第14パラグラフと、アルゼンチンに対する総括所見（CCPR/CO/70/ARG (2000)）第10パラグラフを参照。
58) Communication No. 788/1997, *Cagas, Butin and Astillero v. Philippines*, para. 7.3.
59) Communication No. 207/1986, *Morael v. France*, para. 9.5; No. 408/1990, W.J.H. v. The Netherlands, para. 6.2; No. 432/1990, *W.B.E. v. The Netherlands*, para. 6.6.
60) Communication No. 1056/2002, *Khachatrian v. Armenia*, para. 6.4.
61) Communication No. 253/1987, *Kelly v. Jamaica*, para. 5.8.
62) Communications No. 1128/2002, *Márques de Morais v. Angola*, para. 5.4 and 253/1987, *Kelly v. Jamaica*, para. 5.8.
63) Communication No. 16/1977, *Mbenge v. Zaire*, para. 14.1.

とを定めている。この規定は、公正な裁判を保障する重要な要素であり、武器の平等原則が適用されることを意味する64)。貧困した被告人の事例においては、弁護人との連絡が保障されるのは、予審および裁判の段階の間、無料の通訳が提供される場合のみであろう65)。何が「十分な時間」としてみなされるかは、個々の事件の状況に依拠している。もし弁護人が防御の準備のための時間が不十分だと合理的に感じたなら、裁判の延期を要請するのは弁護人の責任である66)。締約国は、被告人側弁護士の行動について責任を負わない。ただし、弁護士の行為が司法の利益と両立しないことが、裁判官にとって明白または明白であるべきであった場合は、この限りではない67)。延期の合理的な要請を許可する義務は存在し、とくに被告人が重大な刑事上の罪に問われ、防御の準備のためのさらなる時間が必要とされる場合には、なおのことである68)。

33. 「十分な便益」には、文書および他の証拠を入手することを含む。この入手の対象はすべての資料69)に対して及ばなければならず、それらは被告人に対して裁判所で起訴する側が提示する予定としている物、または無罪を証明する物である。無罪を証明する資料は、無罪を立証する証拠だけではなく、被告人側を援助できる他の証拠（たとえば、自白が自発的でないことを示すもの）も含むものと理解されなければならない。規約第7条に違反して証拠が得られたと主張された事件においては、かかる証拠が得られた状況に関する情報は、かかる主張の評価を可能にするために利用可能にされなければならない。被告人が、手続が進められている場で用いられている言語を話すことができないが、その言語に通じている弁護人によって代理されている場合、事件において関連する文書が弁護人に利用可能とされていれば十分であろう70)。

34. 弁護人と連絡をとる権利は、被告人に弁護人を迅速に利用できることが許されていることを要請している。弁護人は、自身の依頼人に非公式に会い、かつ、互いの連絡の秘密性が完全に尊重された条件で被告人と連絡できることが可能であるべきである71)。さらに、弁護士は、いかなる他方面からの制限、影響、圧力または不当な影響なしに、一般的に認められた職業倫理に従って、刑事上の罪に問われた者に助言し、かつ、その者を代理できなければならない。

---

64) Communications No. 282/1988, *Smith v. Jamaica*, para. 10.4; Nos. 226/1987 and 256/1987, *Sawyers, Mclean and Mclean v. Jamaica*, para. 13.6.
65) See communication No. 451/1991, *Harward v. Norway*, para. 9.5.
66) Communication No. 1128/2002, *Morais v. Angola*, para. 5.6. Similarly Communications No. 349/1989, *Wright v. Jamaica*, para. 8.4; No. 272/1988, *Thomas v. Jamaica*, para. 11.4; No. 230/87, *Henry v. Jamaica*, para. 8.2; Nos. 226/1987 and 256/1987, *Sawyers, Mclean and Mclean v. Jamaica*, para. 13.6
67) Communication No. 1128/2002, *Márques de Morais v. Angola*, para. 5.4.
68) Communications No. 913/2000, *Chan v. Guyana*, para. 6.3; No. 594/1992, *Phillip v. Trinidad and Tobago*, para. 7.2.
69) カナダに対する総括所見（CCPR/C/CAN/CO/5 (2005)）第13パラグラフ参照。
70) Communication No. 451/1991, *Harward v. Norway*, para. 9.5.
71) Communications No. 1117/2002, *Khomidova v. Tajikistan*, para. 6.4; No. 907/2000, *Siragev v. Uzbekistan*, para. 6.3; No. 770/1997, *Gridin v. Russian Federation*, para. 8.5.

35. 不当に遅延することなく裁判を受ける被告人の権利は、第14条3項(c)で定められている。この権利は、身体をその安否が定かでない状態で長期にわたって留め置くことを回避し、または裁判の期間中抑留される場合、かかる自由の剥奪が個別の事件での状況において必要と認められる期間以上に続かないことを意図しているだけではなく、司法の利益に資することも意図している。何が合理的かは、個々の事件での状況において評価されなければならず72)、主に事件の複雑性、被告人の振舞いならびに行政機関および立法機関による事案の扱い方を考慮する。裁判所が被告人の保釈を拒否した場合、被告人はできるかぎり迅速に裁判を受けなければならない73)。この保障は、被告人が正式に罪に問われた時点から裁判が開始されるべき時点までの間のみに及ぶのではなく、上訴審での確定判決が下される時点までにも及ぶ74)。第一審であろうが上訴審であろうが、すべての段階が、「不当に遅延することなく」行われなければならない。

36. 第14条3項(d)は、3つの異なる保障を含めている。第1に、この規定は、被告人にその裁判が行われている期間に出席する権利を与えている。被告人が欠席した手続は、ある状況においては、司法の適切な運営の利益のために許容される。すなわち、被告人が、事前に手続に関して十分に告げられているにもかかわらず、出席する自身の権利を行使することを拒否した場合である。それゆえ、かかる裁判は、時宜を得た方法で被告人を呼び出し、被告人にあらかじめその者の裁判の時と場所を告げ、その者の出席を要請するために必要な措置がとられた場合のみ、第14条3項(d)と両立する75)。

37. 第2に、第14条3項(d)で定められているとおり、刑事上の罪に問われたすべての被告人がもつ直接にまたは自ら選任する弁護人を通じて防御し、かつ、この権利を告げられる権利は、互いに排他的ではない2つの類型の防御に向けられている。弁護士の援助を受ける者は、その弁護士に対して自身の事件の処理方法を指示する権利と自分自身のために証言する権利を有する。同時に、規約の言い回しは、すべての正文の言語で、防御は直接に「または」自ら選任する弁護人とともに行われると定められている点で明確であり、それゆえ、被告人が弁護人の援助を受けることを拒否する可能性を定めている。しかしながら、弁護士をつけずに自身を防御する権利は完全なものではない。特定の裁

---

72) たとえば、次のものを参照。Communication No. 818/1998, *Sextus v. Trinidad and Tobago*, para. 7.2(被告人が死刑を科す罪を問われたときから裁判の開始まで、22カ月の遅延があり、その遅延を正当化する特有の状況が存在しない事件). Ccommunication No. 537/1993, *Kelly v. Jamaica*, para. 5.11 (罪を問うてから裁判が開始されるまでの18カ月の遅延が、第14条3項(c)違反ではないとされた事件). 次のものも参照。Communication No. 676/1996, *Yasseen and Thomas v. Guyana*, para. 7.11 (上訴審による決定から再審開始まで2年の遅延があった事件) and communication No. 938/2000, *Siewpersaud, Sukhram, and Persaud v. Trinidad and Tobago*, para. 6.2 (刑事手続の全期間がほぼ5年間に及び、締約国がこの遅延を正当化する何らの説明書の提出も行わなかった事件).
73) Communication No. 818/1998, *Sextus v. Trinidad and Tobago*, para. 7.2.
74) Communications No. 1089/2002, *Rouse v. Philippines*, para.7.4; No. 1085/2002, *Taright, Touadi, Remli and Yousfi v. Algeria*, para. 8.5.
75) Communications No. 16/1977, *Mbenge v. Zaire*, para. 14.1; No. 699/1996, *Maleki v. Italy*, para. 9.3.

判において、司法の利益のために、被告人の希望に反して弁護士が選任されるよう要請されることがあり、とくに次のような場合がこれに該当する。すなわち、裁判の適正な運営を大いにかつ頑強に妨害する者の事件、重大な罪を問われているが自身の利益のために行動できない者の事件、または脆弱な証人を被告人から質問を受けて被るさらなる苦痛や威嚇から保護するために必要な場合である。しかしながら、自身で防御する被告人の希望に対するいかなる制限も、客観的かつ十分な重大な目的を有していなければならず、かつ、司法の利益を維持するために必要な程度を越えてはならない。したがって、国内法は、弁護人の選任なしに刑事手続において自身を防御する権利を完全に妨げてはならない[76]。

38. 第3に、第14条3項(d)は、司法の利益のために必要な場合には、十分な支払い手段を有しないときは自らその費用を負担することなく、被告人に弁護人が付される権利を保障している。上訴の段階で成功の可能性が客観的にいくばくか存在する場合のように[77]、「司法の利益のために」弁護人が付されるべきかどうかを決定する際には、罪の重大性が重要とな る[78]。死刑が問題となる事件において、被告人が手続のすべての段階で弁護士の援助を効果的に受けられなければならないのは自明のことである[79]。本規定に基づいて権限のある機関が提供した弁護人は、被告人を効果的に代理しなければならない。私選弁護士の場合と異なり[80]、死刑の事件において何の相談もなく上訴を取り消し[81]、またかかる事件での証人の審理の際に欠席する[82]などの、あからさまに誤った振舞いや能力の不足は、弁護士の行為が司法の利益に合致しないことが裁判官にとって明らかであった場合、第14条3項(d)違反の責任を当事国に課すことになる[83]。選任された弁護士が自身の業務を効果的に果たすことを、裁判所または他の関連する機関によって妨害された場合もまた、本規定に違反する[84]。

39. 第14条3項(e)は、被告人の権利として、自己に不利な証人を尋問しまたはこれに対し尋問させることならびに自己に不利な証人と同じ条件で自己のための証人の出席およびこれに対する尋問を求めることを保障している。武器の平等原則の適用として、この保障は、被告人およびその弁護人による効果的な防御を確保するため

---

76) Communication No. 1123/2002, *Correia de Matos v. Portugal*, paras. 7.4 and 7.5.
77) Communication No. 341/1988, *Z.P. v. Canada*, para. 5.4.
78) Communication No. 646/1995, *Lindon v. Australia*, para. 6.5.（訳者注：原文では注77が注78、注78が注77であるが、本翻訳では訳出の都合上、注の番号を入れ替えた）
79) Communications No. 985/2001, *Aliboeva v. Tajikistan*, para. 6.4; No. 964/2001, *Saidova v. Tajikistan*, para. 6.8; No. 781/1997, *Aliev v. Ukraine*, para. 7.3; No. 554/1993, *LaVende v. Trinidad and Tobago*, para. 58
80) Communication No. 383/1989, *H.C. v. Jamaica*, para. 6.3.
81) Communication No. 253/1987, *Kelly v. Jamaica*, para. 9.5.
82) Communication No. 838/1998, *Hendricks v. Guyana*, para. 6.4. 予審の段階での証人の審理に通報者の弁護人が欠席した事例としては、次のものを参照。Communication No. 775/1997, *Brown v. Jamaica*, para. 6.6.
83) Communications No. 705/1996, *Taylor v. Jamaica*, para. 6.2 ; No. 913/2000, *Chan v. Guyana*, para. 6.2; No. 980/2001, *Hussain v. Mauritius*, para. 6.3.
84) Communication No. 917/2000, *Arutyunyan v. Uzbekistan*, para. 6.3.

に重要であり、それゆえ、証人の出席を強制し、かつ、あらゆる証人に対して尋問または反対尋問できる、起訴する者が行使できるものと同等の法律上の権限を被告人に保障する。しかしながら、それは被告人またはその弁護人が要請したあらゆる証人の出席を得る権利を無制限には定めておらず、防御に関連する証人を認めてもらう権利と手続のある段階で自己に不利な証人に対して質問し異議を唱える適正な機会を与えられる権利のみを定めている。かかる制限の範囲内で、かつ、第7条に違反して得られた供述、自白およびその他の証拠の使用の制限を条件として[85]、証拠の許容性とどのように裁判所がそれを評価するかを決定するのは、第一次的には締約国の国内立法機関である。

40．第14条3項(f)が定めている、被告人が裁判所において使用される言語を理解することまたは話すことができない場合には、無料で通訳の援助を受ける権利は、刑事手続における公正の原則と武器の平等の原則の別の側面を謳っている[86]。この権利は、口頭手続のすべての段階で発生する。これは国民だけでなく外国人に対しても適用がある。しかしながら、母国語が正式に裁判所で用いられている言語と異なる被告人が、効果的に自身を防御できるほどに十分その正式な言語を知っているならば、その者には原則として、無料で通訳の援助を受ける権利は与えられない[87]。

41．最後に、第14条3項(g)は、自己に不利益な供述または有罪の自白を強要されない権利を保障している。この保障措置は、有罪の自白を得る目的で、捜査機関がいかなる直接のもしくは間接の身体的な、または不当な精神的な圧力を被告人に対して加えてはならないという観点から理解されなければならない。より強い理由から、自白を引き出すために、第7条に反する方法で被告人を取り扱うことは容認できない[88]。国内法は、規約第7条に違反して得られた供述または自白を証拠から除外するよう確保しなければならない。ただし、かかる資料が、本規定が禁じる拷問またはその他の取扱いが生じた証拠として用いられる場合は、この限りではない[89]。そして、国内法は、かかる事件において、被告人の供述がその自由意思からなされたと立証する責任を国に課すことを確保しなければならない[90]。

VI. 少年

42．第14条4項は、少年の場合には、手続は、その年齢およびその更生の促進が望ましいことを考慮しなければならないと定めている。少年は、少なくとも、規約第14条に基づいて成人に与えられるものと

---

85) 上記第6パラグラフ参照。
86) Communication No. 219/1986, *Guesdon v. France*, para. 10.2.
87) Communication No. 219/1986, *Guesdon v. France*, para. 10.2.
88) Communications No. 1208/2003, *Kurbonov v. Tajikistan*, paras. 6.2 - 6.4; No. 1044/2002, *Shukurova v. Tajikistan*, paras. 8.2 - 8.3; No. 1033/2001, *Singarasa v. Sri Lanka*, para. 7.4; ; No. 912/2000, *Deolall v. Guyana*, para. 5.1; No. 253/1987, *Kelly v. Jamaica*, para. 5.5.
89) 拷問等禁止条約第15条参照。規約第7条に違反して得られた他の証拠に関しては、上記第6パラグラフ参照。
90) Communications No. 1033/2001, *Singarasa v. Sri Lanka*, para. 7.4; No. 253/1987, *Kelly v. Jamaica*, para. 7.4.

同等の保障と保護を享受すべきである。加えて、少年は特別の保護を必要とする。刑事手続において、少年はとくに、罪に問われていることを直接に告げられ、適当な場合には、その父母または法定保護者を通じて、自らの防御のための準備と証拠などの提出（presentation）に適切な援助が提供されなければならない。少年は、とくにその年齢や状況を考慮に入れて、子どもの最善の利益にならないとみなされる場合を除いて、弁護士、他の法的な援助者（other legal assistance）およびその両親または法定保護者の出席のもと、公正な審理で可能なかぎり迅速に裁判を受けなければならない。未決勾留および裁判中の抑留は、可能なかぎり避けなければならない91)。

43. 国は、少年がその年齢に見合った方法で取り扱われることを確保するために、適当な少年刑事司法制度を確立する措置をとらなければならない。子どもおよび少年が刑事上の罪を問う裁判に付されない最低年齢を定めることは重要で、かかる年齢はそれらの身体的および精神的未成熟さを考慮したものでなければならない。

44. 適当であるならばいつでも、とくに刑法に基づき禁じられている行為を行ったとされる少年の更生を助長する場合、たとえば加害者と被害者との和解、加害者の家族との協議、カウンセリング、社会奉仕、または教育プログラムなどの刑事手続以外の措置が考慮されなければならない。ただし、それらが本規約および他の関連する人権基準の要請に合致していることが条件である。

VII. 上級の裁判所による再審理

45. 規約第14条5項は、有罪の判決を受けたいかなる者も法律に基づきその判決およびその刑罰を上級の裁判所に再審理させる権利を有することを定めている。言語によって訳語が異なる（crime, infraction, delito）ことからわかるように、この保障は、最も重大な犯罪に限定されない。本規定の「法律に基づき」の表現に、再審理の権利の存在そのものを締約国の裁量に委ねている意図はない。その理由は、この権利は規約によって認められており、国内法によってのみ認められるものではないからである。法律に基づきという用語はむしろ、どの裁判所が規約に基づいて再審理を行う責任を有するのかに関してはもちろん、上級の裁判所による再審理が行われるべき方式の決定92)に関連する。第14条5項は、締約国に対して、上訴のためのいくつかの審級（instances）を備えることを要請していない93)。しかしながら、本規定で国内法に言及していることは、国内法がそれ以上の上級審を定めている場合、有罪判決を受けた者がその一つ一つを効果的に利用できなければならないとの意味で解釈されなければならない94)。

46. 第14条5項は、民事上の権利および

---

91) See general comment No. 17 (1989) on article 24 (Rights of the child), para. 4.
92) Communications No. 1095/2002, *Gomaríz Valera v. Spain*, para. 7.1; No. 64/1979, *Salgar de Montejo v. Colombia*, para.10.4.
93) Communication No. 1089/2002, *Rouse v. Philippines*, para. 7.6.
94) Communication No. 230/1987, *Henry v. Jamaica*, para. 8.4.

義務の争いを決定する手続95)、または憲法上の動議のように刑事上の上訴の手続の一部ではない他のいかなる手続96)に対しても、その適用がない。

47．第14条5項違反となるのは、第一審裁判所の判決が確定的なものである場合だけではなく、上訴裁判所が下した判決97)または最終審の裁判所が下した判決98)が、国内法に基づき、下級審の無罪判決を下した次になされ（following）、上級の裁判所によって再審理がなしえない場合である。国の最上級の裁判所（the highest court of a country）が第一審のかつ唯一の裁判所として活動する場合、当該締約国の最高裁判所（the supreme tribunal of the State party concerned）が裁判を行った事実をもって、上級の裁判所により再審理される権利が欠如していることを相殺しない。むしろ、かかる制度は、当該締約国がこの結果を差し控えないかぎり、規約と両立しない99)。

48．第14条5項に基づいて定められた自身に対する判決および刑罰を上級の裁判所に再審理させる権利は、締約国に対して、十分な証拠と法律の双方に基づき、手続が事件の性質に然るべき考慮を払うことを可能にするような形で、判決と刑罰を実質的に再審理する義務を課している100)。いかなる事実に対しても考慮を払わずに、判決の形式的なまたは法的な側面に限定して行われる再審理は、規約の下で満足のいくものではない101)。しかしながら、第14条5項は、再審理を行う裁判所が事件の事実に関する様相（factual dimensions）を調査できるのであれば、完全な再審または「審理」を要請していない102)。したがって、たとえば、上訴審の裁判所が、有罪の判決を受けた者に不利な申立をきわめて詳細に調査し、裁判に提出され、上訴の際に言及された証拠を考慮し、かつ、特定の事件において有罪の認定を正当化するのに十分な罪を示す証拠が存在することを認定する場合、規約に違反することはない103)。

49．自身に対する刑罰を再審理させる権利は、次の場合にのみ行使されうる。それは、有罪の判決を受けた者が第一審裁判所の十分に理由が付された書面の判決を入手する資格があり、少なくとも、国内法が上訴のためのいくつかの審級を設けているところの最初の上訴裁判所においては104)、上訴の権利の効果的な行使を享受するために必要である他の文書（たとえ

---

95) Communication No. 450/1991, *I.P. v. Finland*, para. 6.2.
96) Communication No. 352/1989, *Douglas, Gentles, Kerr v. Jamaica*, para. 11.2.
97) Communication No. 1095/2002, *Gomariz Valera v. Spain*, para. 7.1.
98) Communication No. 1073/2002, *Terrón v. Spain*, para. 7.4.
99) Communication No. 1073/2002, *Terrón v. Spain*, para. 7.4.
100) Communications No. 1100/2002, *Bandajevsky v. Belarus*, para. 10.13; No. 985/2001, *Aliboeva v. Tajikistan*, para. 6.5; No. 973/2001, *Khalilova v. Tajikistan*, para. 7.5; No. 623-627/1995, *Domukovsky et al. v. Georgia*, para.18.11; No. 964/2001, *Saidova v. Tajikistan*, para. 6.5; No. 802/1998, *Rogerson v. Australia*, para. 7.5; No. 662/1995, *Lumley v. Jamaica*, para. 7.3.
101) Communication No. 701/1996, *Gómez Vázquez v. Spain*, para. 11.1.
102) Communication No. 1110/2002, *Rolando v. Philippines*, para. 4.5; No. 984/2001, *Juma v. Australia*, para. 7.5; No. 536/1993, *Perera v. Australia*, para. 6.4.
103) E.g. communications No. 1156/2003, *Pérez Escolar v. Spain*, para. 3; No. 1389/2005, *Bertelli Gálvez v. Spain*, para. 4.5.

ば、裁判記録の謄本など）をも入手する資格がある場合である105)。上級審の裁判所による再審理が本規定3項(c)に違反して不当に遅延する場合、この権利の有効性はまた損なわれ、かつ、第14条5項違反となる106)。

50．執行が開始された刑罰にのみ適用がある監視者による再審理（supervisory review）請求の制度は、かかる再審理が有罪の判決を受けた者により要請できるか、裁判官もしくは起訴する者の裁量権次第であるかにかかわらず、第14条5項の要請に合致しない107)。

51．上訴の権利は、死刑の事件においてとくに重要である。貧窮した有罪の判決を受けた者に対する死刑判決を再審理するための法律扶助を裁判所が拒否することは、第14条3項(d)違反を構成するのみではなく、たとえば上訴のための法律扶助の拒否が上級審の裁判所による判決および刑罰の効果的な再審理を事実上妨げる事例などにおいては、同時に第14条5項をも構成する108)。自身に対する刑罰を再審理させる権利はまた、被告人の懸案事項が上訴の段階で明らかになり議論されることを目的として、弁護人が裁判所に対して何らの議論を提示しない意図を被告人が告げられず、それゆえ被告人の代替の代理を請求する機会が奪われた場合、侵害される109)。

VIII. 誤審に際しての補償

52．規約第14条6項に照らして、法律に基づく補償は、確定判決によって有罪と決定されその有罪判決の結果刑罰に服した者に対して、新たな事実または新しく発見された事実により誤審のあったことが決定的に立証されことを理由としてその有罪の判決が破棄されまたは赦免が行われた場合に支払われる110)。締約国は、本規定が要請する補償が現実に支払われ、かつ、その支払いが妥当な期間の内になされることを確保する立法を制定することが必要である。

53．この保障は、重要事実が適当な時に明らかにされなかったことの全部または一部が被告人の責めに帰するものであることが証明される場合には適用されない。かかる場合において、立証責任は国にある。さらに、判決が確定判決になる前111)、または誤審が存在したことを含

---

104) Communications No. 903/1999, *Van Hulst v. Netherlands*, para. 6.4; No. 709/1996, *Bailey v. Jamaica*, para. 7.2; No. 663/1995, *Morrison v. Jamaica*, para. 8.5.
105) Communication No. 662/1995, *Lumley v. Jamaica*, para. 7.5.
106) Communications No. 845/1998, *Kennedy v. Trinidad and Tobago*, para. 7.5; No. 818/1998, *Sextus v. Trinidad and Tobago*, para. 7.3; No. 750/1997, *Daley v. Jamaica*, para. 7.4; No. 665/1995, *Brown and Parish v. Jamaica*, para. 9.5; No. 614/1995, *Thomas v. Jamaica*, para. 9.5; No. 590/1994, *Bennet v. Jamaica*, para. 10.5.
107) Communications No. 1100/2002, *Bandajevsky v. Belarus*, para. 10.13; No. 836/1998, *Gelazauskas v. Lithuania*, para. 7.2.
108) Communication No. 554/1993, *LaVende v. Trinidad and Tobago*, para. 5.8.
109) See communications No. 750/1997, *Daley v. Jamaica*, para. 7.5; No. 680/1996, *Gallimore v. Jamaica*, para. 7.4; No. 668/1995, *Smith and Stewart v. Jamaica*, para.7.3. See also Communication No. 928/2000, *Sooklal v. Trinidad and Tobago*, para. 4.10.
110) Communications No. 963/2001, *Uebergang v. Australia*, para. 4.2; No. 880/1999, *Irving v. Australia*, para. 8.3; No. 408/1990, *W.J.H. v. Netherlands*, para. 6.3.
111) Communications No. 880/1999, *Irving v. Australia*, para. 8.4; No. 868/1999, *Wilson v. Philippines*, para. 6.6.

意しない事実上人道的か裁量的な赦免もしくは衡平を考慮した赦免により112)、有罪の判決が上訴において取り消された場合、いかなる補償も当然に支払われるべきではない。

IX. 一事不再理

54. 規約第14条7項は、何人もそれぞれの国の法律および刑事手続に従ってすでに確定的に有罪または無罪の判決を受けた行為について再び裁判され処罰されることはないと定めており、一事不再理（ne bis in idem）の原則を体現している。この規定は、かつてある行為（offence）で有罪のまたは無罪の判決を受けた者を、それと同一の行為について再び同一の裁判所でまたは別の裁判所で裁判に付すことを禁じている。したがって、たとえば、通常裁判所で無罪判決を受けた者は、同一の行為について再び軍事裁判所または特別裁判所により裁判されえない。第14条7項は、欠席裁判により有罪の判決を受けた者が求める再審を禁止するものではないが、再犯には適用される。

55. 更新された軍役に服す命令に従わなかったことを理由に良心的兵役拒否者をたびたび処罰することは、かかるその後の拒否が良心に基づいた同一の不変の決意に基礎を置いたものである場合、同一の犯罪に対する処罰に相当する113)。

56. 第14条7項の禁止は、上級の裁判所が有罪の判決を破棄し、再審を命じた場合には、問題とはならない114)。さらに、これは、たとえば無罪の判決時には入手しえなかったまたは知られていなかった証拠の発見など例外的な状況によって正当化される刑事裁判の再開を禁じてはいない。

57. この保障は刑事上の罪にのみ適用され、規約第14条の意味での刑事上の罪としての制裁にあたらない懲戒措置には適用されない115)。さらに、これは複数の国の国家管轄権に関する一事不再理を保障しない116)。しかしながら、この理解は、国際条約を通じて同一の刑事上の罪の再審を防止しようとする国の努力を損なうものであってはならない117)。

X. 規約のほかの規定と第14条との関係

58. 一連の手続的保障として、規約第14条はしばしば、刑事上の罪の決定と民事上の権利および義務の争いについての決定の文脈で考慮されなければならない規約のより実体的な保障を実施する際に重要な役割を果たす。手続的な点では、規約第2条3項が定める効果的な救済措置を受ける権利との関係が適切である。一般的に、いかなる第14条の保障が侵害された場合にでも、この規定は尊重される

---

112) Communication No. 89/1981, *Muhonen v. Finland,* para. 11.2.
113) 国連人権委員会・恣意的拘禁に関する作業部会、Opinion No. 36/1999 (Turkey), E./CN.4/2001/14/Add. 1, para. 9 and Opinion No. 24/2003 (Israel), E/CN.4/2005/6/Add. 1, para. 30参照。
114) Communication No. 277/1988, *Terán Jijón v. Ecuador,* para. 5.4.
115) Communication No. 1001/2001, *Gerardus Strik v. The Netherlands,* para. 7.3.
116) Communications No. 692/1996, *A.R.J. v. Australia,* para. 6.4; No. 204/1986, *A.P. v. Italy,* para. 7.3.
117) たとえば、国際刑事裁判所に関するローマ規程第20条3項参照。

必要がある118)。しかしながら、自身に対する判決および刑罰を上級の裁判所に再審理させる権利に関しては、上訴審の立場にある裁判所の裁判を受ける権利を行使した場合、規約第14条5項が第2条3項との関係で特別法である119)。

59．死刑を科すことになる裁判において、公正な裁判の保障を入念に尊重することはとくに重要である。裁判が結審し死刑を科すことは、規約第14条の諸規定が尊重されていなかった場合、生命に対する権利（規約第6条）の侵害を構成する120)。

60．刑事上の罪に問われた者を虐待し、その者等に無理やりに有罪を認める自白を強制的に行わせまたはその自白書に強制的に署名させることは、拷問および非人道的な、残虐なまたは品位を傷つける取扱いを禁じる規約第7条と自己に不利益な供述または有罪の自白の強制を禁じる第14条3項(g)の双方に違反する121)。

61．犯罪の嫌疑をかけられて規約第9条に基づき抑留されている者が、罪を問われたものの、裁判にかけられない場合、規約第9条3項および第14条3項(c)が定める不当な裁判の遅延の禁止が、同時に破られたことになる122)。

62．規約第13条の手続的保障は、適正手続の概念を盛り込んでいるが、この概念は第14条でも反映されている123)。したがって、この手続的保障は、第14条の規定の観点から解釈されなければならない。国内法が司法機関に追放または国外退去に関する決定を行う権限を与えているかぎり、第14条が謳うすべての者が裁判所の前に平等である保障とこの保障に内在する公平性、公正さ、および武器の平等の原則とが適用される124)。しかしながら、すべての第14条の関連する保障は、追放が刑事上の制裁である場合または追放命令の違反が刑法に基づき処罰される場合において、適用される。

63．刑事手続が行われる方法は、第14条に関連しない規約の権利と保障の行使および享受に影響を及ぼす。したがって、たとえば、第14条3項(c)に違反して、特定の論文を出版したことを理由に名誉毀損の刑事上の罪を問われたジャーナリストに対する告発を数年間にわたって猶予し続けることは、被告人を不安定で威嚇された状態に置き、そのためその表現の自由の権利（規約第19条）の行使を不当に制限する萎縮効果がある125)。同様に、

---

118) E. g. Communications No. 1033/2001, *Singarasa v. Sri Lanka*, para. 7.4; No. 823/1998, *Czernin v. Czech Republic*, para. 7.5.
119) Communication No. 1073/2002, *Terrón v. Spain*, para. 6.6.
120) E.g. communications No. 1044/2002, *Shakurova v. Tajikistan*, para. 8.5（第14条1項および3項(b)(d)ならびに(d)違反）; No. 915/2000, *Ruzmetov v. Uzbekistan*, para.7.6（第14条1項、2項および3項(b)(d)(e)ならびに(g)違反）; No. 913/2000, *Chan v. Guyana*, para. 5.4（第14条3項(b)および(d)違反）; No. 1167/2003, *Rayos v. Philippines*, para. 7.3（第14条3項(b)違反）.
121) Communications No. 1044/2002, *Shakurova v. Tajikistan*, para. 8.2; No. 915/2000, *Ruzmetov v. Uzbekistan*, paras. 7.2 and 7.3; No. 1042/2001, *Boimurodov v. Tajikistan*, para. 7.2, and many others. 第7条違反の証拠の認定を禁止することに関しては、上記第6および第41パラグラフ参照。
122) Communications No. 908/2000, *Evans v. Trinidad and Tobago*, para. 6.2; No. 838/1998, *Hendricks v. Guayana*, para. 6.3, and many more.
123) Communication No. 1051/2002, *Ahani v. Canada*, para. 10.9. See also communication No. 961/2000, *Everett v. Spain*, para. 6.4（犯罪人引渡し）, 1438/2005, *Taghi Khadje v. Netherlands*, para. 6.3.
124) See communication No. 961/2000, *Everett v. Spain*, para. 6.4.

第14条3項(c)に反して数年間にわたり刑事上の手続が遅延することは、手続が係属中であるかぎり被告人が自国に留まらなければならないならば、規約第12条2項で保障された自国を離れる者の権利を侵害することになる126)。

64. 規約第25条(c)で定められている一般的な平等条件の下で公務に携わる権利に関して、本規定に反した裁判官の解雇は、司法の独立を定める第14条1項とともに読み込んで、この保障を侵害したことに当たる127)。

65. 規約第14条が定める保障の享受に関する手続法およびその適用が、第2条1項もしくは第26条の列挙するいずれかの基準に依拠する区別を設けまたは第3条が定める男女の平等権に注意を払わない場合、それは「すべての者は、裁判所の前に平等とする」とする第14条1項の要請に違反するだけでなく、差別にも当たる128)。

(訳：藤本晃嗣／敬和学園大学人文学部講師)

---

125) Communication No. 909/2000, *Mujuwana Kankanamge v. Sri Lanka*, para. 9.4.
126) Communication No. 263/1987, *Gonzales del Rio v. Peru*, paras. 5.2 and 5.3.
127) Communications No. 933/2000, *Mundyo Busyo et al. v. Democratic Republic of Congo*, para. 5.2.; No. 814/1998, *Pastukhov v. Belarus*, para. 7.3.
128) Communication No. 202/1986, *Ato del Avellanal v. Peru*, paras. 10.1 and 10.2.

資料6

子どもの権利委員会
一般的意見9（2006）
障害のある子どもの権利

2006年9月11～29日第43会期採択
CRC/C/GC/9

A. はじめに

なぜ障害のある子どもに関する一般的意見なのか？

1. 世界には障害のある人々が5億～6億5,000万人いると推定されている。これは世界人口のおよそ10%であり、そのうち1億5,000万人は子どもである。80%以上が開発途上国に住んでおり、サービスにアクセスすることがほとんど、またはまったくできていない。開発途上国の障害児の大多数は学校に通っておらず、完全に識字能力を欠いている。戦争、疾病、貧困といった障害の原因の大多数が予防可能であることは、早期の／時宜を得た介入が行われないために生ずることの多い障害の二次的影響を予防および／または縮減することの可能性とともに、認識されているところである。したがって、社会のあらゆる層の参加を得ながら障害を予防するための最も効果的な行動について調査し、かつそれを実行に移すために必要な政治的意思と真のコミットメントを創り出すべく、さらなる対応が必要とされている。

2. この数十年の間に、障害者一般およびとくに障害児に対しては積極的な焦点が当てられるようになってきた。これは、障害のある個人ならびに国内的および国際的非政府組織（NGO）の障害者権利擁護者の声にますます耳が傾けられるようになったためでもあるし、人権条約および国連人権条約機関の枠組みのなかで障害者にいっそうの注意が払われるようになったためでもある。条約機関はこの分野で相当の潜在的可能性を有しているが、全体としては、障害者の権利を増進するうえで十分に活用されてはこなかった。1989年11月に採択された子どもの権利条約（以下「条約」）は、障害にとくに言及し（差別の禁止に関する第2条）、また障害児の特別な権利とニーズをとくに取り上げた独立条項（第23条）を有する初の人権条約である。条約発効（1990年9月2日）後、子どもの権利委員会は、障害を理由とする差別に対して特別の注意を一貫して払ってきている[1]。他の人権条約機関のさまざまな総括所見でも、差別の禁止に関する条項の「その他の地位」を根拠として、障害を理由とする差別に注意が払われてきた。1994年には社会権規約委員会が障害者に関する一般的意見5（E/1995/22）を採択し、「障害を理由とする差別の影響

---

1) Wouter Vandenhole, Non-Discrimination and Equality in the View of the UN Human Rights Treaty Bodies, pp.170-172, Antwerpen/Oxford, Intersentia 2005参照。

は、教育、就労、住居、移動、文化的生活、ならびに公共の場所およびサービスへのアクセスの分野でとくに深刻である」と述べている。1994年には、国連社会開発委員会の「障害に関する特別報告者」が初めて任命された。特別報告者の任務は、1993年に国連総会で採択された「障害者の機会均等化に関する基準規則」2)の実施状況を監視し、かつ世界中の障害者の地位を増進させることである。1997年、委員会は障害児に関する一般的討議を開催した。その結果として採択された詳細な勧告（CRC/C/66.paras.310–339参照）には、障害児に関する一般的意見を起草する可能性について委員会として検討すべきことも含まれている。委員会はまた、「障害のある人の権利および尊厳の保護および促進に関する包括的かつ統合的な国際条約に関する特別委員会」の活動にも、評価の意とともに留意するものである。同委員会は、2006年8月25日にニューヨークで開催された第8会期において、障害者権利条約草案を採択した。

3．委員会は、締約国報告書を審査するなかで、世界中の障害児の状況に関する情報を豊富に蓄積するとともに、圧倒的多数の国では、障害児に関してとくに何らかの勧告を行わなければならないことを見出してきた。そこで特定され、取り上げられてきた問題は、意思決定からの排除から、障害児に対する深刻な差別および実際の殺害まで、さまざまある。貧困は、障害の原因でもあり結果でもある。障害児とその家族には、十分な食糧、衣服および住居を含む十分な生活水準に対する権利と、生活条件の不断の向上に対する権利がある。貧困下で暮らしている障害児の問題は、十分な予算上の資源を配分することにより、また特別な保護および貧困削減プログラムに対する障害児のアクセスを確保することにより、対応されるべきである。

4．委員会は、第23条にとくに関わる留保または解釈宣言がいかなる締約国によっても行われていないことに留意する。

5．委員会はまた、障害児が、条約に掲げられた権利の全面的享受の面で依然として深刻な困難および障壁を経験していることにも留意する。委員会は、障壁は障害そのものではなく、障害児が日常生活のなかで遭遇する社会的、文化的、意識的および物理的障壁の組合せであることを強調するものである。したがって、障害児の権利を促進するための戦略は、これらの障壁を取り除くために必要な行動をとることにほかならない。委員会は、障害児にとって第2条および第23条が重要であることを認めつつ、障害児を対象とする条約の実施がこれらの条項に限られるべきではないことを冒頭から述べておく。

6．この一般的意見は、障害児の権利を実施するための努力を進める締約国に対し、条約のあらゆる規定を網羅する包括的な方法で指針および援助を提供しようとするものである。すなわち、委員会はまず第2条および第23条に直接関わる若干の所見を明らかにするが、実施に関する一般的措置の枠組みのなかに障害児を明示的に含めることの重要性にも詳細に注意を払う。その後、（委員会の慣行に従ってクラスター別に分類された）条約のさまざまな条項が障害児にとってどのような意

---

2) 国連総会第48会期採択（1993年12月20日の国連総会決議48/96添付文書）。

味を有し、かつどのように実施されるべきかについての所見を明らかにする。

定義

7. 障害者権利条約草案3)第1条2項に従い、「障害のある人には、さまざまな障壁との相互作用により、他の人との平等を基礎とする全面的かつ効果的な社会参加を妨げる可能性のある長期的な身体的、精神的、知的または感覚的損傷を有する者を含む」。

B. 障害児に関する中心的規定（2条および23条）

第2条

8. 第2条は、締約国に対し、その管轄内にあるすべての子どもが条約に掲げられたすべての権利を享受できることを確保するよう、求めている。この義務は、締約国に対し、障害を理由とする差別も含むあらゆる形態の差別を防止するために適切な措置をとるよう、求めたものである。第2条では差別禁止事由のひとつに障害が明示的に挙げられているが、これはこれまでに例がなく、障害児は子どものなかでも最も被害を受けやすい立場に置かれた集団のひとつに属するという事実から説明できる。諸要素の組合せにより被害を受けやすい立場に置かれている一定の集団、たとえば障害のある女子、農村部で暮らす障害児等は、諸形態の複合差別により、いっそう被害を受けやすくなることが多い。したがって、差別禁止条項で障害に明示的に言及することが必要であると考えられたのである。差別は、障害児の生活の種々の側面および障害児の発達との関わりで——しばしば事実上の差別として——生じている。ひとつの例として、社会的差別とスティグマの付与は障害児の周縁化と排除につながりかねず、暴力という形でその生存および発達を脅かす可能性さえある。サービス供給における差別は障害児を教育から排除することにつながり、また良質な保健サービスおよび社会サービスに障害児がアクセスすることを不可能にする。適切な教育および職業訓練を提供しないことは、将来の就労機会を否定することによる障害児差別である。障害児に対する社会的スティグマ、恐怖心、過剰な保護、否定的態度、誤った考え方および支配的偏見は多くのコミュニティで依然として強力であり、障害児の周縁化と疎外につながっている。この一般的意見において、委員会はこれらの諸側面について詳しく述べていく。

9. 一般論として、締約国は、障害児に対するあらゆる形態の差別を防止および解消するための努力のなかで、次の措置をとるべきである。

(a) 差別の禁止に関する憲法条項に差別禁止事由として障害を明示的に掲げ、かつ（または）、差別を禁ずる具体的な法律または法規定に、障害を理由とする差別の具体的禁止を掲げること。

(b) 障害児の権利が侵害された場合に、障害児およびその親ならびに（または）その子を養育するその他の者が容易にアクセスできる効果的救済を提供すること。

(c) 障害児の事実上の差別を防止および

---

3) 障害のある人の権利および尊厳の保護および促進に関する包括的かつ統合的な国際条約に関する特別委員会第8会期が、2006年8月25日、ニューヨークで採択した障害者権利条約草案。

解消する目的で、公衆一般および特定の専門職集団を対象とする意識啓発・教育キャンペーンを行うこと。

10．障害のある女子は、ジェンダー差別のため、社会において差別をはるかに受けやすくなることが多い。このことを踏まえ、締約国は、障害のある女子が十分に保護され、あらゆるサービスにアクセスでき、かつ社会に全面的に包含されることを確保するために必要な措置（および必要な場合には追加の措置）をとることにより、障害のある女子に特段の注意を払うよう要請される。

第23条

11．第23条1項は、障害児を対象として条約を実施する原則の筆頭と見なされなければならない。すなわち、尊厳を確保し、自立を促進し、かつコミュニティへの積極的参加を助長する条件のもとで、十分かつ人間にふさわしい生活を享受できるようにすることである。障害児の権利の実現に関わって締約国がとる措置は、この目標を志向するものであることが求められる。同項の中核的メッセージは、障害児は社会に包含されなければならないということである。障害児に関わって条約上の権利を実施するためにたとえば教育および保健の分野でとられる措置は、社会において障害児が最大限に包含されることを明示的にめざすものでなければならない。

12．第23条2項に従い、締約国は特別なケアに対する障害児の権利を認めるとともに、資格のある子どもおよびそのケアに責任を負う者に対する援助の拡充を奨励および確保するものとされる。援助は、子どもの条件および親または子どもをケアする他の者の状況に適したものでなければならない。第23条3項では、具体的措置の費用と、援助において達成が試みられるべきことに関してさらに詳しい規則が定められている。

13．第23条の要求を満たすためには、締約国が、行動計画を伴う包括的な政策を策定し、かつ効果的に実施することが必要である。当該政策は、条約に掲げられた諸権利が差別なく全面的に享受されるようにすることをめざすのみならず、障害児およびその親または子どもをケアする他の者が、条約に基づいて権利を有する特別なケアおよび援助を確実に受けられるようにすることも確保するものでなければならない。

14．第23条2項および3項の具体的内容については、委員会は次の所見を明らかにしておく。

(a) 特別なケアおよび援助は利用可能な資源に従って提供され、可能な場合には常に無償で与えられなければならない。委員会は、締約国に対し、障害児に対する特別なケアおよび援助に高い優先順位を与えるとともに、障害児差別を解消すること、および障害児を社会に最大限に包含することに対して、利用可能な資源を最大限に投資するよう促すものである。

(b) 当該ケアおよび援助は、障害児が教育、訓練、保健サービス、回復サービス、就労の準備およびレクリエーションの機会に効果的にアクセスし、かつこれらを享受することを確保する目的で計画されなければならない。委員会は、これから条約の具体的領域について取り上げていくなかで、このことを達成するために必要な措置について詳しく述べていく。

15．第23条4項について、委員会は、予防および治療の分野における締約国間の

国際的情報交換がきわめて限られていることに留意してきた。委員会は、締約国が、子どもの障害の予防および治療の分野で自国の能力およびスキルを向上させられるようにする目的で、第23条4項で構想されているような積極的な情報交換のための効果的な、かつ適切な場合には対象を明確にした措置をとるよう勧告する。

16. 開発途上国のニーズが、第23条4項で求められているように、どのようにかつどの程度考慮に入れられているのかは明らかでないことが多い。委員会は、条約の規定に従い、二国間または多国間の開発援助の枠組みのなかで、障害児ならびにその生存および発達に特段の注意が払われることを確保するよう、締約国に対して強く勧告する。このことは、たとえば、障害児を社会に包含することを目的とした特別プログラムを開発および実施し、かつそのために使途を指定した予算を配分することによって実現することが可能である。締約国は、委員会に対する報告書の中で、このような国際協力の活動および結果についての情報を提供するよう、促される。

C. 実施に関する一般的措置（4条、42条および44条6項）4)

立法

17. 差別の禁止に関して勧告されている立法措置（パラ9参照）に加えて、委員会は、条約のすべての規定が障害児（適切な場合には障害児への明示的言及が求められる）を含むすべての子どもに適用されることを確保するため、締約国があらゆる国内法および関連の規則を包括的に再検討するよう勧告する。国内法規には、障害児の具体的権利、とくに条約第23条に掲げられた諸権利の保護および行使に関する、明確かつ明示的な規定が掲げられるべきである。

国の行動計画および政策

18. 子どもの権利条約のあらゆる規定を統合した国レベルの行動計画が必要であることは十分に認められた事実であり、委員会もそのことを締約国にしばしば勧告してきた。行動計画は、障害児のための計画および戦略を含んだ包括的なものでなければならず、また測定可能な成果を有するものであるべきである。障害者権利条約草案5)は、第4条1項(c)においてこの側面を含めることの重要性を強調し、締約国は「すべての政策およびプログラムにおいて障害者の人権の保護および促進を考慮する」ことを約束すると述べている。また、すべてのプログラムにおいて財源および人的資源が十分に用意されること、および、たとえば正確な成果測定を可能にする指標のような、監視のための機構が組み込まれることも必要不可欠である。見過ごされるべきではないもうひとつの要素として、政策およびプログラムにすべての障害児を包含することの重要性が挙げられる。締約国によっては、すばらしいプログラム

---

4) この一般的意見においては、委員会は、一般的措置の文脈のなかで障害児に特別な注意を払うことの必要性に焦点を当てている。これらの措置の内容および重要性に関するより詳細な説明は、子どもの権利条約の実施に関する一般的措置についての委員会の一般的意見5（CRC/GC/2003/5）参照。

5) 障害のある人の権利および尊厳の保護および促進に関する包括的かつ統合的な国際条約に関する特別委員会第8会期が、2006年8月25日、ニューヨークで採択した障害者権利条約草案。

を開始しながらすべての障害児を包含していない例も見られる。

データおよび統計

19．締約国が自国の義務を履行するためには、データ収集機構を設置し、かつ発展させることが必要である。データ収集機構は、正確であり、標準化されており、かつ諸属性による細分化を可能にするとともに、障害児の現状を反映するようなものであることが求められる。この問題は、障害の予防の面からとる必要がある措置のみならず、プログラムへの資金拠出のために必要なきわめて貴重な資源の配分にも影響を及ぼすにもかかわらず、見過ごされ、かつ優先課題として捉えられないことが多い。正確な統計を入手する際の主な課題のひとつは、障害に関して広く受け入れられた明確な定義が存在しないことである。締約国は、障害児が自分たちのために発展させられてきた特別な保護およびプログラムから利益を受けられるよう、すべての障害児が包含されることを保障する適切な定義を確立するよう奨励される。障害児は親または子どもをケアするその他の者によってしばしば隠されるため、障害児に関するデータを収集するために特別な努力が必要とされることも多い。

予算

20．予算配分：第4条に照らし、「……締約国は、自国の利用可能な資源を最大限に用いることにより、……これらの措置をとる」ものとされる。条約では、子どものためのサービスおよびプログラムに振り向けられるべき国家予算の最も適切な割合について具体的勧告は行われていないが、子どもが優先されるべきことは強く主張されている。この権利の実施状況は委員会にとって懸念の対象となってきた。多くの締約国は、十分な資源を配分しないのみならず、この間、子ども向けに配分される予算の低下傾向を示してきたためである。このことはとくに、優先順位がきわめて低く、またはまったく優先されないことさえある障害児にとって、多くの深刻な意味を有している。たとえば、すべての子どもを対象として義務的かつ無償の良質な教育を確保するための資金を締約国が十分に配分しなければ、障害児教員の養成のために、または障害児に対して必要な教育補助機器および移動手段を提供するために、資金が配分される可能性は低い。現在では地方分権化と民営化が経済改革として進められている。しかし、サービス供給に関する厳格な指針に従って障害児に十分な資金が配分されているかどうかを監督する最終的責任が締約国にあることは、忘れられるべきではない。障害児に対して配分される資源は、障害児のすべてのニーズを網羅するのに十分であるべきであり、かつ他の目的のために使用しないことが求められる。ここでいう障害児のニーズには、教員、理学療法士および政策立案担当者など障害児とともに働く専門家の訓練、ならびに、教育キャンペーン、家族に対する財政的支援、所得の維持、社会保障、補助機器および関連のサービスのために設けられたプログラムが含まれる。さらに、学校が障害児にとってアクセス可能なものとなるようにするための改修も含め、メインストリームの教育に障害児を包含するために必要なその他のプログラムに対する資金も確保されなければならない。

調整機関:「障害者担当窓口」

21. 障害児のためのサービスはさまざまな政府機関および非政府機関によって供給されていることが多く、またたいていはばらばらに供給されていて調整が行われていないため、機能の重複や供給の不均衡が生じている。したがって、適切な調整機構を設置することは必要不可欠である。このような機関は、官民を問わずあらゆる組織を包含した部門横断的なものであるべきであり、またその可能性を全面的に発揮しながら機能できるよう、政府の可能なかぎり高いレベルから権限付与および支持を得なければならない。障害児に関する調整機関を、子どもの権利に関するより幅広い調整システムまたは障害者に関する国レベルの調整システムの一環として設けることには、すでに設置されたシステムのなかで活動するという利点がある。ただし、そのシステムがすでに十分に機能しており、かつ必要な財源および人的資源を十分に振り向けられることが条件である。他方、独立の調整システムは障害児に注意を焦点化するうえで役立つ可能性がある。

国際協力および技術的援助

22. 締約国の間で情報への自由なアクセスを可能にし、かつ、とくに障害児への対応およびそのリハビリテーションに関する知識の共有の雰囲気を醸成するため、締約国は国際協力および技術的援助の重要性を認識するべきである。障害児の権利を保護および促進するプログラムを確立し、かつ(または)そのための資金を拠出するうえで援助を必要とする開発途上国に対し、特段の注意を払うことが求められる。これらの国々は、障害者の切迫したニーズを満たすための十分な資源を動員するうえでますます多くの困難を経験しており、障害の予防、サービスの提供およびリハビリテーションならびに機会均等化の面で緊急に援助を必要としているはずである。しかし、これらの増大するニーズに応えるためには、国際社会が資金集めのための新たな方法および手段(資源を相当に増加させることも含む)を模索するとともに、資源動員のために必要なフォローアップ措置をとることが求められる。したがって、政府からの自発的拠出、地域的援助および二国間援助の増額ならびに民間の資金源からの拠出も奨励されるべきである。ユニセフとWHOは、開発途上国が障害児をとくに対象とするプログラムを開発および実施するのを援助するうえで有益な役割を果たしてきた。知識交流のプロセスは、最新の医学的知識の共有に加え、早期発見、ならびに、早期介入および家族への支援に対するコミュニティを基盤とするアプローチといった望ましい実践を共有するうえでも、また共通の課題に対応していくうえでも、価値を有する。

23. 国内紛争または外国との紛争に耐えてきた(または現に耐えている)国々は、その過程で地雷が敷設された場合には特段の課題に直面する。締約国は、地雷や不発弾が敷設された土地の用地計画について関知していないことが多く、またこれらの地雷の除去費用は非常に高い。委員会は、残存する地雷および不発弾によって引き起こされる死傷被害を防止するため、対人地雷の使用、貯蔵、生産および移譲の禁止ならびに廃棄に関する条約(1997年)に従った国際協力の重要性を強調するものである。これとの関連で、委員会は、武力紛争地帯および(または)過去に武力

紛争が発生した地域であらゆる地雷および不発弾の除去を完了するために、締約国が緊密に協力することを勧告する。

独立の監視
24. 条約と障害者の機会均等化に関する基準規則はいずれも、適切な監視機構を設置することの重要性を認めている6)。委員会は、国内人権機関が従うべき指針として、非常にしばしば「パリ原則」7)に言及してきた（子どもの権利の保護および促進における独立した国内人権機関の役割に関する委員会の一般的意見2〔CRC/GC/2002/2〕も参照）。国内人権機関は、オンブズマンやコミッショナーなど多くの形式または形態をとりうるし、幅広い基盤を有することも、具体的問題を扱う特定の窓口となることもある。どのような機構が選択されるにせよ、それは次のような条件を備えたものでなければならない。
(a) 独立しており、かつ人的資源を含む十分な財政的支援を受けていること。
(b) 障害児およびその養育者に対して十分に周知されていること。
(c) 物理的な意味でのみアクセス可能であるにとどまらず、障害児が容易にかつ秘密裡に苦情または問題を提起できるようなアクセス可能性も備えていること。
(d) このような機関は、障害児が子どもであることおよび障害を有していることの両方に配慮した方法でその苦情を受理および調査し、かつこれに対応する適切な法的権限を有していなければならない。

市民社会
25. 障害児のケアは国の義務であるが、NGOも、政府からの適切な支援、資金または承認を受けないままこれらの責任を遂行していることが多い。したがって締約国は、NGOの支援およびNGOとの協力を進めてNGOが障害児のためのサービス供給に参加できるようにするとともに、NGOが条約の規定および原則を全面的に遵守しながら活動することを確保するよう、奨励されるところである。これとの関連で、委員会は、サービス提供者としての民間セクターに関する一般的討議において採択された勧告（CRC/C/121, paras.630-653）に対して締約国の注意を促す。

知識の普及および専門家の養成
26. 子どもの権利条約および障害児を取り上げた具体的規定に関する知識は、これらの権利の実現を確保するために必要な、強力な手段である。締約国は、とくに、組織的意識啓発キャンペーンを行うこと、墨字や点字による条約の子ども向け版のような適切な資料を作成すること、および、障害児に対する前向きな態度を促進するためにマスメディアを活用することなどの手段により、知識の普及を図るよう奨励される。
27. 障害児とともにおよび障害児のために働く専門家に関しては、障害児の権利に関する、対象および焦点の明確な教育が資格認定の前提として養成プログラムに含まれていなければならない。これらの専門家には、とくに政策立案担当者、裁判

---
6) 障害者に関する社会権規約委員会の一般的意見5（E/1995/22）も参照。
7) 「人権の促進および保護のための国内機関の地位および職務に関する原則」1993年12月20日の国連総会決議48/134。

官、弁護士、法執行官、教育者、保健ワーカー、ソーシャルワーカーおよびメディア関係者が含まれるが、これには限られない。

D. 一般原則（2条、3条、6条および12条）

差別の禁止

28. 障害児に関する中心的規定について触れた節のパラ8〜10参照。

子どもの最善の利益

29. 「子どもにかかわるすべての活動において、……子どもの最善の利益が第一次的に考慮される」。この〔第3〕条が幅広い性質を有しているのは、あらゆる環境における子どものケアおよび保護のあらゆる側面を網羅しようとしたためである。同条は、障害児の権利を保護するための法的枠組みの定立を委ねられた立法者と、障害児に関わる決定を行う法制度をその対象としている。同条は、プログラムおよび政策を定める際の基盤とされるべきであり、また障害児に対して提供されるすべてのサービスにおいて、かつ障害児に影響を与えるその他の活動において、考慮されるべきである。

30. 子どもの最善の利益は、障害児のためのサービスを提供する居住型施設その他の施設においてとくに関連性の高いものとなる。これらの施設は、基準および規則を遵守し、かつ子どもの安全、保護およびケアを第一義的考慮事項とすることを期待されているためである。このような考慮事項は、他のあらゆる考慮事項よりも、またたとえば予算を配分するときのようなあらゆる状況下で、重視されるべきである。

生命、生存および発達に対する権利

31. 生命、生存および発達に対する固有の権利は、障害児の場合には特段の注意を払うにふさわしい権利である。障害児は、世界の多くの国で、この権利を完全にまたは部分的に阻害する多様な慣行の対象とされている。新生児殺人の被害をいっそう受けやすいことに加え、文化によってはいずれかの障害のある子どもが「家系を汚す」不吉な前兆と見なされることもあり、その場合にはコミュニティで指定された特定の人物が組織的に障害児を殺害するのである。これらの犯罪は処罰されないことが多く、あるいは加害者が減刑の対象となる。締約国は、このような慣行に終止符を打つために求められるあらゆる必要な措置をとるよう促されるところである。このような措置には、公衆の意識啓発を図ること、適切な立法を確立すること、および、生命、生存および発達に対する障害児の権利を直接・間接に侵害したすべての者の適切な処罰を確保する法律を執行することが含まれる。

子どもの意見の尊重

32. たいていの場合、障害児に関わる政策立案および決定は障害者であるおとなとそうでないおとなが行っており、子どもたち自身はその過程から除かれている。障害児が自分に影響を与えるあらゆる手続で意見を聴かれ、かつその意見が発達しつつある能力に従って尊重されるようにすることは、必要不可欠である。これには、議会、委員会その他の場のようなさまざまな機関に障害児の代表が出席し、意見を表明するとともに、自分たちに影響を及ぼ

す決定に、子ども一般として、また具体的に障害児として参加することが含まれなければならない。このようなプロセスに障害児の参加を得ることは、政策が障害児のニーズと望みに合うものとなることを確保することにつながるのみならず、意思決定過程が参加型のものとなることも確保されるので、インクルージョンの貴重な手段でもある。子どもには、意見表明を容易にするあらゆるコミュニケーションが用意されるべきである。締約国はさらに、子どもが自分自身の生活のなかでますます意思決定の責任を負っていく能力の発達を促進および尊重することに関する、家族および専門家を対象とした訓練の発展を支援することが求められる。

33．障害児は、その可能性を最大限に発揮できるよう、保健および教育の分野で特別なサービスを必要とすることが多いが、この点についてはそれぞれの箇所でさらに取り上げる。しかし、障害児の霊的、情緒的および文化的発達ならびにウェルビーイングは非常にしばしば見過ごされることに、ここで留意しておくものである。子どもの生活の重要な側面であるこれらの点を対象としたイベントや活動に障害児が参加することは、まったくないか最低限にとどまっているかのいずれかであり、またその参加は障害児のみをとくに対象とした活動に限定されることが多い。これは、障害児のさらなる周縁化につながり、その孤立感を強めるだけである。子どもの文化的発達および霊的ウェルビーイングのためのプログラムや活動は、障害のある子どもも障害のない子どもも参加する、双方の子どもを対象としたものとして、統合的かつ参加型のやり方で進めることが求められる。

E. 市民的権利および自由（7条、8条、13～17条および37条(a)）

34．名前および国籍に対する権利、アイデンティティの保全、表現の自由、思想、良心および宗教の自由、結社および平和的集会の自由、プライバシーに対する権利、ならびに、拷問または他の残虐な、非人道的なもしくは品位を傷つける取扱いもしくは処罰を受けない権利および不法に自由を奪われない権利はいずれも普遍的な市民的権利および自由であり、障害児を含むすべての者を対象として尊重、保護および促進されなければならない。ここでは、障害児の権利侵害の可能性が高い分野、または障害児の保護のために特別なプログラムが必要な分野に特段の注意が向けられるべきである。

出生登録

35．障害児は、出生時に登録されないという被害を不相応に高い割合で受けやすい。出生登録がなければ障害児は法律でその存在を認められず、また政府統計でも目に見えない存在となってしまう。出生登録が行われないことは、市民権が得られないこと、社会サービス・保健サービスならびに教育にアクセスできないことを含め、障害児の人権の享受に甚大な帰結をもたらす。出生登録をされていない障害児は、ネグレクトおよび施設措置の対象とされるおそれが、また死んでしまうおそれさえも、いっそう大きくなる。

36．条約第7条に照らし、委員会は、締約国が障害児の出生登録を確保するためにあらゆる適切な措置をとるよう勧告す

る。このような措置には、効果的な出生登録制度の開発および実施、登録料の免除、移動登録所の導入、および、まだ登録されていない子どもについては学校での登録所の導入などが含まれるべきである。この文脈において、締約国は、第7条の規定が差別の禁止（第2条）および子どもの最善の利益（第3条）の原則に従って全面的に執行されることを確保するよう、求められる。

適切な情報およびマスメディアへのアクセス

37．情報通信技術・システムを含む情報および通信へのアクセスは、障害児が自立生活を送り、かつ生活のあらゆる側面に全面的に参加することを可能にする。障害児およびその養育者は、障害の進行（原因、対応および予後を含む）についての学習につながるような、自己の障害に関わる情報にアクセスできなければならない。このような知識は、障害への適応を可能にするのみならず、自分自身のケアに関わる決定に参加し、かつ十分な情報を得たうえでその決定を行えるようにもしてくれるので、きわめて貴重である。障害児はまた、テレビ、ラジオおよび印刷媒体ならびに新しい情報通信技術・システム（インターネット等）を含むあらゆる形態のメディアへのアクセスを可能とする、適切な技術その他のサービスならびに言語（たとえば点字・手話）も利用できなければならない。

38．一方で締約国は、障害児を含むあらゆる子どもを有害な情報、とくにポルノ的な題材、および、外国人嫌悪その他のいずれかの形態の差別を助長し、かつ偏見を強化しかねない題材から保護することが求められる。

公共の移動手段および施設へのアクセス可能性

39．公共の移動手段およびその他の施設（とくに行政の建物、ショッピング街、レクリエーション施設を含む）に物理的にアクセスできないことは、障害児の周縁化および排除における主要な要因のひとつであるとともに、保健および教育を含む諸サービスへの障害児のアクセスを顕著に阻害している。この点に関わる対応は先進国においては概ね実現されているが、開発途上国ではかなりの程度、未対応のままである。すべての締約国は、公共の移動手段を、障害児にとって安全であり、容易にアクセスでき、かつ（親または子どもをケアするその他の者の財源を考慮に入れながら）可能な場合には常に無償のものとする適切な政策および手続を確立するよう、促される。

40．新たな公共建築物はいずれも障害者のアクセスに関する国際的仕様を遵守するべきであり、また既存の公共建築物（学校、保健施設、行政の建物、ショッピング街を含む）は、それを可能なかぎりアクセス可能なものとするために必要な改築の対象とされるべきである。

F. 家族環境および代替的ケア（5条、18条1～2項、9～11条、19～21条、25条、27条4項ならびに39条）

家族の支援および親の責任

41．障害児は、自分自身の家族環境のなかでこそ最善のケアおよび養育を受ける

ことができる。ただし、そのためには家族があらゆる側面について十分に支援されていなければならない。このような支援には、障害とその原因についてだけではなく一人一人の子どもに特有の身体的および精神的要求についての（両）親およびきょうだいの教育、障害児の家族にのしかかるストレスや困難に配慮した心理的支援、親やきょうだいが障害のある家族構成員とコミュニケーションできるようにするための家族の共通言語（たとえば手話）に関する教育、特別手当、ならびに、消耗品および必要な装備（障害児が家族およびコミュニティに全面的に包含されながら尊厳のある、自立したライフスタイルを送るために必要と考えられる特別な家具および移動補助具など）という形態の物質的支援が含まれる。この文脈においては、養育者の障害の影響を受けている子どもに対しても支援が拡充されるべきである。たとえば、障害のある親またはその他の養育者とともに暮らしている子どもは、自己の権利の全面的保護につながり、かつ子どもの最善の利益にかなう場合には常にその親と暮らし続けることを可能にするような支援を受けられなければならない。支援サービスには、在宅ケア援助や、地域レベルで直接にアクセス可能な保育施設といった、種々の形態のレスパイト・ケアも含まれるべきである。このようなサービスは、親が働くこと、またストレスを緩和して健康的な家族環境を維持することを可能にする。

暴力、虐待およびネグレクト
42. 障害児は、家庭、学校、私立・公立の施設（代替的ケアのための施設を含む）、職場ならびにコミュニティ一般を含むあらゆる環境において、精神的、身体的または性的なものであるかにかかわらず、あらゆる形態の虐待をいっそう受けやすい立場に置かれている。しばしば引用される数字であるが、障害児が虐待の被害者となる確率は〔障害のない子どもの〕5倍である。家庭や施設において、障害児は精神的・身体的暴力ならびに性的虐待の対象とされることが多く、また家族にとってはさらなる身体的・経済的負担となることが多いためにネグレクトや怠慢な取扱いもとくに受けやすい。加えて、適切に機能する苦情受理・監視制度にアクセスできないことが、組織的かつ継続的な虐待を助長する。学校でのいじめは子どもが被害を受けやすい立場にさらされる特有の形態の暴力であり、たいていの場合、この形態の虐待では障害児が標的とされる。障害児がとくに被害を受けやすい立場に置かれる主な理由としては、とくに次のものを挙げることが可能である。

(a) 耳が聞こえなかったり、1人で移動、着替え、用便および入浴ができなかったりするために、侵襲的な身体ケアまたは虐待をいっそう受けやすくなる。

(b) 親、きょうだい、拡大家族および友人から切り離されて生活することにより、虐待の可能性が高まる。

(c) コミュニケーション障害または知的障害がある場合、虐待について苦情を申し立てても無視され、信じてもらえず、または誤解される可能性がある。

(d) 親または子どもをケアするその他の者は、子どものケアに関わる身体的、経済的および情緒的問題により、相当のプレッシャーまたはストレスを抱える場合がある。研究の示すところによれば、ストレスを抱えている者は虐待を行う可能性が高

(e) 障害児は、性的な存在ではなく、自分自身の身体についても理解していないと誤って捉えられることが多く、そのため虐待を行う者、とくにセクシュアリティに根ざした虐待を行う者の標的とされる可能性がある。

43. 暴力と虐待の問題に対応するにあたり、締約国は、障害児に対する虐待および暴力を防止するため、たとえば次のようなあらゆる必要な措置をとるよう促される。

(a) 親または子どもを養育するその他の者に対し、子どもの虐待のリスクおよび徴候について理解するための訓練および教育を行うこと。

(b) 子どもの養育者および施設の選択にあたって親が警戒感を持つことを確保するとともに、虐待を発見する親の能力を高めること。

(c) 子どものケアおよび子どもの障害への対応の面で、親、きょうだいおよび子どもをケアするその他の者を援助するため、これらの者を対象としたサポート・グループを提供および奨励すること。

(d) 子どもには尊厳と尊重の念をもって取り扱われる資格が権利としてあること、および、これらの権利が侵害された場合には適切な公的機関に苦情を申し立てる権利があることについて、子どもおよび養育者が知ることを確保すること。

(e) 学校は、学校でのいじめと闘うためにあらゆる措置をとるとともに、障害児に対して特段の注意を払い、メインストリームの教育制度へのインクルージョンを維持しつつ必要な保護を提供しなければならない。

(f) 障害児をケアしている施設が、特別な訓練を受けた職員を擁し、適切な基準に従い、定期的な監視および評価の対象とされ、かつアクセスしやすく配慮のある苦情申立機構を備えることを確保すること。

(g) パリ原則に基づき、アクセスしやすく子どもに配慮した苦情申立機構および適切に機能する監視制度を確立すること(この一般的意見のパラ24も参照)。

(h) 加害者を処罰し、かつ家庭から立ち退かせることによって、子どもが家族を奪われず、安全かつ健康的な環境で暮らし続けられるようにするために必要なあらゆる立法上の措置をとること。

(i) 虐待および暴力の被害者について、その全般的回復プログラムに特別な焦点を当てながら治療および再統合を進めること。

44. この文脈において、委員会はまた、子どもに対する暴力に関する国連研究のために提出された独立専門家の報告書(A/61/299)に対しても締約国の注意を促したい。同報告書は、とくに暴力の被害を受けやすい子どもの集団として、障害児にも言及している。委員会は、締約国に対し、同報告書に掲げられた全般的勧告および場面に応じた勧告を実施するため、あらゆる適切な措置をとるよう勧告するものである。

家族型の代替的ケア

45. 拡大家族は、多くのコミュニティで今なお子どものケアの主要な柱のひとつであり、子どものケアのための最善の選択肢のひとつと見なされている。親または子どもを養育するその他の者を支援するために拡大家族の役割を強化し、かつそのエンパワーメントを図るべきである。

46. 里親家族が多くの締約国で受け入れられ、かつ実践されている代替的ケアの形態であることは認めながらも、障害児のケアを引き受けるのに消極的な里親家族が多いのもまた事実である。これは、障害児がさらなるケアを必要とする場合があり、またその身体的、心理的および精神的養育の面で特別な対応を必要とすることから、しばしばむずかしい課題が生ずることを理由とする。したがって、子どもの里親託置を担当する機関は、ふさわしい家族に対して必要な訓練および励ましを行うとともに、里親家族が障害児を適切にケアできるようにするための支援を提供しなければならない。

施設

47. 委員会は、施設に措置される障害児が多いこと、および、多くの国では施設措置が最も好まれる選択肢となっていることに、しばしば懸念を表明してきた。提供されるケアの質は、それが教育、医療またはリハビリテーションのいずれを目的とするかにかかわらず、障害児のケアのために必要な水準よりもはるかに劣っていることが多い。これは、基準が明らかにされていないためか、その基準の実施および監視が行われていないためである。施設はまた、障害児が精神的、身体的、性的その他の形態の虐待ならびにネグレクトおよび怠慢な取扱いをいっそう受けやすい立場に置かれる、特別な環境でもある（前掲パラ42〜44参照）。したがって委員会は、締約国に対し、施設措置はそれがどうしても必要で、かつ子どもの最善の利益にかなうときに、最後の手段としてのみ利用するよう促すものである。委員会は、締約国が、子どもの移動の自由を制限する目的のみで施設措置が利用されることを防止するよう勧告する。加えて、子どもの権利およびニーズを中心に組織された小規模な居住型ケア施設に焦点を当てながら既存の施設を転換すること、施設におけるケアについての国レベルの基準を発展させること、および、これらの基準の効果的実施を確保するために厳格な審査および監視の手続を確立することにも、注意が払われるべきである。

48. 委員会は、親子分離および措置の手続で障害児がしばしば意見を聴かれていないことを懸念する。一般的に言って、意思決定過程においては、これらの決定が子どもの生活および将来に遠大な影響を及ぼすにもかかわらず、パートナーとしての子どもが十分に重視されていない。したがって委員会は、評価、親子分離および措置の手続において、家庭外ケアにおいて、かつ移行プロセスの期間中に、障害児に影響を与えるあらゆることがらについて障害児の意見を考慮し、かつその参加を促進するための努力を継続および強化するよう勧告する。委員会はまた、子どもが保護措置の過程全体を通じて、すなわち決定が行われる前ならびにその実施中および実施後において意見を聴かれるべきであることも強調するものである。この文脈において、委員会は、親のケアを受けていない子どもに関する一般的討論の際に採択された委員会の勧告（CRC/C/153, paras.636-689）に対し、締約国の注意を促す。

49. したがって、施設措置の問題に対応するにあたっては、締約国は障害児の脱施設化プログラムを確立し、家族、拡大家族または里親養育システムへの措置替えを図るよう促される。親および他の拡大

家族の構成員に対しては、子どもを家庭環境に迎え入れるために必要な体系的支援／訓練が提供されるべきである。

G. 基礎保健および福祉（6条、18条3項、23条、24条、26条および27条1～3項）

健康に対する権利

51.「可能なかぎり高い健康水準への到達」ならびに良質の保健ケアへのアクセスおよびその負担可能性は、すべての子どもにとって固有の権利である。障害児は、差別、情報および（または）財源の欠如、移動手段、地理的分布および保健ケア施設への物理的アクセスを含むいくつかの課題により、取り残されることが多い。もうひとつの要因は、障害児の特定のニーズに対応する、対象の明確な保健ケア・プログラムが存在しないことである。保健政策は包括的であるべきであり、また障害の早期発見、早期介入（心理的および身体的治療を含む）およびリハビリテーション（たとえば義肢、移動補助機器、聴覚補助機器および視覚補助機器などの身体的補助機器を含む）を取り上げなければならない。

52. ただし、保健サービスは、障害のない子どもに対しても対応する同一の公的保健制度内において、可能な場合には常に無償で、かつ可能なかぎり最新のおよび近代化されたサービスとして提供されるべきであることも、重要な点として強調しておかなければならない。障害児への保健サービスの提供にあたっては、コミュニティを基盤とする援助およびリハビリテーション戦略の重要性が強調されるべきである。締約国は、障害児とともに働く保健専門家が可能なかぎり最高水準の訓練を受け、かつ実践にあたって子ども中心のアプローチをとることを確保しなければならない。この点について、多くの締約国は国際機関および他の締約国との国際協力から大いに利益を得ることができよう。

予防

53. 障害の原因は複合的であり、したがって予防のあり方もさまざまである。しばしば障害の原因となる遺伝性疾患は、血族間の婚姻を慣行とする一部社会においては予防可能であり、このような状況下では公衆の意識啓発および適切な受精前検査が勧奨されよう。感染症は世界中で今なお多くの障害の原因となっており、予防可能なあらゆる感染症を対象とする完全予防接種の達成のため、予防接種プログラムを強化しなければならない。栄養状態が貧弱であれば子どもの発達に長期的影響が生じ、ビタミンA欠乏症によって引き起こされる失明のような障害につながる可能性がある。委員会は、締約国が子どものための産前ケアを導入および強化するとともに、分娩中に十分な質の援助を確保するよう勧告するものである。また、締約国が十分な産後保健ケア・サービスを提供し、かつ、親および子どもを養育する他の者に対し、基本的な子どもの保健ケアおよび栄養についての情報を提供するためのキャンペーンを発展させるようにも勧告する。これとの関連で、委員会はまた、締約国がとくにWHOおよびユニセフと引き続き協力し、かつその技術的援助を求めるようにも勧告するものである。

54. 家庭内の事故および路上の交通事故が障害の主要な原因となっている国もい

くつかあり、シートベルトや交通安全に関する法律のような、これを防止するための政策を確立および実施しなければならない。妊娠中のアルコール・薬物濫用のようなライフスタイル上の問題も障害の予防可能な原因であり、国によっては胎児性アルコール症候群が大きな懸念の対象となっているところもある。公衆の教育や、このような有害物質を濫用している可能性のある妊婦の発見および支援は、子どもの障害の原因を予防するためにとりうる措置の若干例にすぎない。有害な環境毒性物質も、多くの障害の原因の助長要因となっている。鉛、水銀、アスベスト等は、ほとんどの国で共通に見出される毒性物質である。各国は、有害物質の廃棄および環境を汚染するその他の手段を防止する政策を確立および実施するよう求められる。さらに、放射能事故を防止するための厳格な指針および安全措置も設けられるべきである。

55．武力紛争およびその余波（小火器・軽火器の利用およびそれらへのアクセスが容易になることを含む）もまた障害の主要な原因である。締約国には、戦争および武力紛争の有害な影響から子どもを保護し、かつ、武力紛争の影響を受けている子どもが心理社会的回復および社会的再統合を含む十分な保健サービスおよび社会サービスにアクセスできることを確保する義務がある。委員会はとくに、死傷を防止する目的で、地雷および不発弾の危険性について子ども、親および公衆一般を教育することの重要性を強調する。締約国が、引き続き地雷および不発弾の所在を特定し、疑わしい地域に子どもが立ち入らないようにするための措置をとるとともに、地雷除去のための活動を強化し、かつ適切な場合には国連機関によるものも含む国際協力の枠組みのなかで必要な技術的および財政的支援を求めることは、必要不可欠である（地雷・不発弾についてはパラ23、武力紛争については特別な保護措置に関する節のパラ78も参照）。

早期発見

56．障害は子どもの人生のかなり遅い時期に発見されることがきわめて多く、そのために効果的な治療およびリハビリテーションの機会が失われてしまう。早期発見のためには、保健専門家、親、教員、および子どもとともに働くその他の専門家の間に高い意識があることが必要である。これらの人々は、障害の徴候を最も早い段階で発見し、診断および対応のために適切な付託をすることができなければならない。したがって委員会は、締約国が、出生登録、および、幼い段階で障害が発見された子どもの進行を追跡するための手続とあわせ、保健サービスの一環として早期発見・早期介入システムを確立するよう勧告する。サービスはコミュニティと家庭の双方を基盤とし、かつアクセスが容易なものであるべきである。さらに、子どものスムーズな移行を促進するため、早期介入サービス、就学前施設および学校との間の連携を確立することが求められる。

57．設置されたシステムは、障害の発見後に治療およびリハビリテーションを含む早期介入を行い、障害児がその機能的能力を全面的に発揮することを可能にするあらゆる必要な機器、とくに移動補助機器、聴覚補助機器、視覚補助機器および義肢を提供する能力を有していなければならない。また、これらの対応は可能な場合には常に無償で提供されるべきであり、

またこれらのサービスを利用する手続は、長時間の待機および官僚的手続を避けた、効率的かつ単純なものであるべきことも強調しておく必要がある。

分野横断型ケア

58. 障害児は複合的な健康問題を抱えていることがきわめて多く、これに対してはチーム・アプローチに基づく対応がとられなければならない。子どものケアには多くの専門家が関わっていることが非常にしばしばあり、そのような専門家としてはとくに神経科医、心理学者、精神科医、整形外科医および理学療法士を挙げることができる。理想的なのは、これらの専門家が共同して障害児への対応計画をまとめ、最も効率的な保健ケアが提供されるようにすることである。

思春期の健康および発達

59. 委員会は、障害児が、とくに思春期の間、同世代の子どもとの関係の確立の分野およびリプロダクティブ・ヘルスの分野において複合的な課題およびリスクに直面することに留意する。したがって委員会は、締約国が、障害のある青少年に対して十分な、また適切な場合には障害別の情報、指導およびカウンセリングを提供するとともに、HIV/AIDSと子どもの権利に関する委員会の一般的意見3（CRC/GC/2003/3）および子どもの権利条約の文脈における思春期の健康と発達に関する同一般的意見4（CRC/GC/2003/4）を全面的に考慮に入れるよう、勧告するものである。

60. 委員会は、障害児、とくに障害のある女子に対する強制的不妊手術の慣行が蔓延していることを深く懸念する。この慣行は今なお存在しているが、身体的不可侵性に対する子どもの権利を深刻な形で侵害するとともに、身体的・精神的健康への悪影響を生涯にわたってもたらすものである。したがって委員会は、締約国に対し、障害を理由として子どもに強制的不妊手術を行うことを法律で禁止するよう促す。

調査研究

61. 障害の原因、予防および障害への対応については、国および国際社会の調査研究課題において、大いに必要とされる関心が向けられていない。締約国は、この問題に対して高い優先順位を与え、倫理的含意に特段の注意を払いつつ、障害に焦点を当てた調査研究への資金拠出およびモニタリングを確保するよう奨励される。

H. 教育および余暇（28条、29条および31条）

良質な教育

62. 障害児は教育について他のすべての子どもと同一の権利を有するのであり、条約で規定されているとおり、いかなる差別もなく、かつ平等な機会に基づいてこの権利を享受するものとされる[8]。この目的のため、「子どもの人格、才能ならびに精神的および身体的能力を最大限可能なまでに発達させること」を促進すべく、教育に対する障害児の効果的アクセスが確保されなければならない（子どもの権利条約第28条・第29条ならびに教育の目的に関する委員会の一般的意見1（CRC/GC/2001/1）参照）。条約では、障害児が積極的な教育上の成果を達成できるこ

とを確保するため、学校の慣行を修正し、かつ、多様な能力をもった子どもに教えるための準備ができるような普通教員養成を図る必要性が認められている。

63. 障害児はそれぞれ非常に異なっているので、親、教員およびその他の専門家は、一人一人の子どもが、その子どもの可能性に最もよく合ったコミュニケーション、言語、相互交流、適応および問題解決の方法およびスキルを発達させる援助をしなければならない。子どものスキル、能力および自己発達を増進させる立場にある者は誰でも、目標が十分に明確な、かつ最も適切な方法で教育および発達を支援するため、子どもの進歩を綿密に観察し、かつ言語および感情による子どものコミュニケーションに注意深く耳を傾ける必要がある。

自尊感情および自立

64. 障害児の教育に、尊厳をいかなる形でも制約されることなく他者から人間として尊重されるという障害児自身の経験に基づく、積極的な自己意識の強化が含まれることはきわめて重要である。子どもは、他者から尊重され、かつ人権と自由を認められていることを実感できなければならない。障害児を教室の子ども集団に包含することにより、その子どもに対し、その子はアイデンティティを認められており、かつ学習者、仲間および市民のコミュニティに属していることを示すことができる。障害児の自尊感情の増進につながる仲間の支援は、もっと広く認識および促進されるべきである。教育においては、子どもが、エンパワーメントにつながるような形で自己管理、達成および成功を可能なかぎり最大限に経験できるような機会も提供されなければならない。

学校制度における教育

65. 障害や特別なニーズは乳幼児期教育施設で最初に認識されることが多いので、乳幼児期教育は障害児にとって格別の意味を有する。子どもがその可能性を全面的に発達させられるよう援助するうえで、早期介入はなによりも重要である。子どもに障害または発達の遅れがあることが早い段階で発見されれば、子どもが乳幼児期教育から利益を得る機会ははるかに向上する。乳幼児期教育は、子どもの個別のニーズに応じて組み立てられなければならない。国、コミュニティまたは市民社会機関が提供する乳幼児期教育は、あらゆる障害児のウェルビーイングと発達にとって重要な援助となりうる（乳幼児期における子どもの権利の実施に関する委員会の一般的意見7〔2007年、CRC/C/GC/7 and Rev.1〕参照）。初等教育（初等学校に加え、多くの締約国では中等学校も含む）は、障害児に対して無償で提供されなければならない。すべて

---

8) この文脈において委員会は、国連ミレニアム宣言（A/RES/55/2）およびとくに、初等教育の完全普及について取り上げたミレニアム開発目標2に言及しておきたい。各国政府は、「あらゆる場所の子どもが男子も女子も同様に初等学校教育の全課程を修了できること、および、女子と男子があらゆるレベルの教育に平等にアクセスできること」を2015年までに確保するとの決意を表明している。委員会はまた、インクルーシブ教育という考え方を支持するその他の国際的コミットメント、とくに「特別ニーズ教育に関する世界会議——アクセスと質」（スペイン・サラマンカ、1994年6月7～10日、国連教育科学文化機関およびスペイン教育科学省）で採択された「特別ニーズ教育に関するサラマンカ宣言および行動枠組み」と、世界教育フォーラム（セネガル・ダカール、2000年4月26～28日）で採択された「ダカール行動枠組み——万人のための教育：われらの共同のコミットメントの達成」にも言及しておきたい。

の学校は、コミュニケーション上の障壁とも、移動能力が低下した子どものアクセスを妨げる物理的障壁とも無縁であるべきである。能力に基づいてアクセス可能とされる高等教育も、障害のある青少年で資格のある者に対してはアクセス可能でなければならない。教育に対する権利を全面的に行使するため、多くの子どもは個人的援助が必要である。これにはとくに、多種多様な能力を有する子どもに教育するための手法および技法（適切な言語その他の形態によるコミュニケーションを含む）について訓練を受け、かつ子ども中心の個別的な教育戦略を用いることのできる教員、ならびに、適切かつアクセスしやすい教材、装備および補助機器が含まれる。締約国は、これらの個人的援助を、利用可能な資源を最大限に用いて提供するべきである。

インクルーシブ教育
66．障害児教育においてはインクルーシブ教育9)が目標とされるべきである。しかし、一部の障害児の教育においては普通学校では提供できない種類の支援が必要とされる場合もあるので、どのような種類の教育をどのような場所で提供するかは、子どもが有する個別の教育ニーズによって判断されなければならない。一般論としては、適切な配慮および個別の支援を備えた学校が障害児教育の目標とされるべきである。委員会は、障害者権利条約草案においてインクルーシブ教育という目標に対して明示的コミットメントが表明されていることに留意するとともに、インクルージョンに向けたプログラムを開始していない締約国に対し、この目標を達成するために必要な措置を導入するよう奨励する。ただし委員会は、インクルージョンの程度は多様でありうることも強調するものである。インクルーシブ教育を近い将来に達成することが実現不可能である状況、または障害児の能力を「最大限可能なまで」促進することが不可能な状況においては、サービスおよびプログラムの連続的な選択肢が維持されなければならない。

67．近年、インクルーシブ教育に向けた運動は多くの支持を得てきた。しかし、インクルーシブという言葉はさまざまな意味で用いられる場合がある。中核的には、インクルーシブ教育とは、すべての生徒にとって意味のある、効果的かつ良質な教育を追求しようとする一連の価値観、原則および実践であり、障害児だけではなくすべての生徒の多様な学習条件および要求に正当に対応しようとするものである。この目標は、子どもの多様性を尊重するさまざまな組織的手段によって達成することができる。インクルージョンの範囲は、障害のあるすべての生徒をフルタイムでひとつの普通学級に措置することから、一定の特別教育も含めながらインクルージョンの程度をさまざまに変えつつ普通学級に措置することまで、多様なものとな

9）ユネスコ「インクルージョンのための指針——教育へのアクセスをすべての者に確保する（Guidelines for Inclusion: Ensuring Access to Education for All）」（UNESCO, 2005）では、次のような定義が示されている。「インクルージョンとは、学習、文化およびコミュニティへの参加を増進させ、かつ教育におけるおよび教育からの排除を減少させることにより、あらゆる学習者の多様なニーズを取り上げ、かつそれに対応していくプロセスとして捉えられる。これには、適当な年齢層のすべての子どもを網羅する共通のビジョンと、すべての子どもを教育するのは普通教育制度の責任であるという確信に立って、内容、アプローチ、体制および戦略を変革および修正していくことが伴う。……インクルージョンは、障壁の特定および除去に関心をもつ。」

りうる。インクルージョンが、障害児をその課題およびニーズにかかわらず普通制度に統合するだけのものとして理解および実践されるべきではないことは、重要な点として理解されなければならない。特別教育に従事する者と普通教育に従事する者との緊密な協力が必要不可欠である。学校カリキュラムは、障害のある子どもと障害のない子どものニーズを満たせるような形で再評価および開発されなければならない。インクルーシブ教育の理念を全面的に実行に移すため、教員および教育制度に従事する他の職員の養成プログラムの修正が達成されなければならない。

職業教育および職業訓練
68. キャリア開発および職業生活への移行のための教育は、年齢にかかわらず、すべての障害者のためのものである。キャリア開発は早期に開始され、生涯にわたって継続する過程と捉えられるので、低年齢の頃から準備を始めることが肝要である。職業意識および職業上のスキルをできるかぎり早く、小学校段階から発達させることにより、子どもはその後の人生において就労面でよりよい選択を行えるようになる。小学校で職業教育を行うといっても、幼い子どもを利用して労働させるということではない。それは最終的には経済的搾取への扉を開くことである。職業教育は、生徒が低年齢の時期に自分の発達しつつある能力に従って目標を選ぶことから始まる。その後に、中等学校の実用的カリキュラムを通じて十分なスキルと労働経験へのアクセスが用意されるべきである。労働経験は、学校と労働現場との組織的調整および監視のもとで進められなければならない。

69. キャリア開発および職業上のスキルは学校カリキュラムに含まれるべきである。キャリア開発および職業上のスキルを義務教育年限に編入することが求められる。義務教育が小学校の年限にとどまっている国では、小学校以降の職業訓練が障害児に対して義務的とされるべきである。政府は職業訓練に関する政策を確立し、かつそのために十分な資金を配分しなければならない。

レクリエーションおよび文化的活動
70. 条約は、第31条で、子どもの年齢にふさわしいレクリエーションおよび文化的活動に対する子どもの権利を定めている。同条は、子どもの精神的、心理的および身体的な年齢および能力を含むものとして解釈されるべきである。遊びは、社会的スキルを含むさまざまなスキルを学習する最善の機会として認められてきた。社会における障害児の全面的インクルージョンの達成は、子どもがお互いに（障害のある子どもとも障害のない子どもとも）遊ぶ機会、場所および時間を手にするときに実現される。学齢の障害児に対しては、レクリエーション、余暇および遊びのための訓練が〔カリキュラムに〕含まれるべきである。

71. 障害児に対しては、さまざまな文化的および芸術的活動ならびにスポーツに参加する平等の機会が提供されるべきである。これらの活動は、表現のための手段であると同時に、自ら満足できる生活の質を実現するための手段としても見なされなければならない。

スポーツ
72. スポーツ活動は、競争を伴うものも

伴わないものも、可能な場合には常にインクルーシブな形態で障害児を包含できるように計画されなければならない。すなわち、障害のない子どもと競い合える障害児は、そのような競争を奨励および支援されるべきである。しかしスポーツという領域においては、スポーツの身体的要求ゆえに、障害児が公正かつ安全に競い合える、障害児のみのゲームや活動が必要とされることもしばしばある。ただし、そのような障害児のみのイベントが行われるときには、メディアが、障害のない子どもたちのスポーツに対して向けるのと同じ関心を向けることによって、その役割を責任のある形で果たさなければならないことも強調しておかなければならない。

I. 特別な保護措置(22条、38条、39条、40条、37条(b)〜(d)ならびに32〜36条)

少年司法制度

73. 第2条に照らし、締約国には、法律に(第40条1項に掲げられたような形で)抵触した障害児が、条約に掲げられたすべての規定および保障、すなわち少年司法にとくに関わる規定(第40条、第37条および第39条)のみならず関連する他のあらゆる規定(たとえば保健および教育の分野におけるもの)によって保護されることを確保する義務がある。これに加えて締約国は、必要な場合、障害児がこれらの権利によって事実上の保護を受け、かつこれらの権利から利益を受けることを確保するために具体的措置をとるべきである。

74. 第23条に掲げられた諸権利を参照し、かつ障害児が非常に被害を受けやすい立場に置かれていることを踏まえ、委員会は、パラ73で行った一般的勧告に加えて、法律に抵触した(とされる)障害児の取扱いにおいて次の要素が考慮されるべきことを勧告する。

(a) 法律に抵触した障害児が、適切な言語を用いて事情聴取されるとともに、その他の面でも、この点に関して適当な訓練を受けた警察官、弁護士／権利擁護者／ソーシャルワーカー、検察官および(または)裁判官等の専門家によって対応されることを確保すること。

(b) 司法手続の利用を回避する目的で、子どもの個別の能力にあわせて措置の修正が可能となるような多様性と柔軟性を備えた代替的措置を発展させ、かつ実施すること。法律に抵触した障害児は、可能なかぎり、正式な／法的な手続に訴えることなく対応されるべきである。このような手続は、公の秩序の利益に照らして必要な場合に限って検討することが求められる。そのような場合、少年司法手続および当該手続における権利について子どもに情報を提供するため、特別な努力が行われなければならない。

(c) 法律に抵触した障害児は、審判前拘禁の場合であれ処罰の場合であれ、通常の少年拘禁所に措置されるべきではない。自由の剥奪は、犯罪の遂行に至った問題に対応するために十分な処遇を提供する目的で必要な場合にのみ適用されるべきであり、また子どもは、特別な訓練を受けた職員およびこのような特定の処遇を提供するためのその他の便益を有する施設に措置されるべきである。このような決定を行うにあたり、権限のある公的機関は、人権および法的保障が全面的に尊

重されることを確保するよう求められる。

経済的搾取

75．障害児は、最悪の形態の児童労働ならびに麻薬取引および物乞いを含むさまざまな形態の経済的搾取の被害をとくに受けやすい立場にある。この文脈において、委員会は、就労が認められるための最低年齢に関するILO第138号条約と最悪の形態の児童労働の禁止および撤廃のための即時の行動に関するILO第182号条約をまだ批准していない締約国が、両条約を批准するよう勧告するものである。これらの条約の実施にあたり、締約国は、障害児の被害を受けやすい立場およびニーズに特別な注意を払うことが求められる。

ストリート・チルドレン

76．障害、とくに身体的障害のある子どもは、経済的および社会的要因を含むさまざまな理由から、ついには路上で暮らすようになることがしばしばある。路上で生活し、かつ（または）働いている障害児に対しては、栄養、衣服、住居、教育機会、ライフスキル訓練ならびにさまざまな危険（経済的および性的搾取を含む）からの保護を含む、十分なケアを提供することが必要である。これとの関連では、子どもの特別なニーズおよび能力を全面的に考慮した個別的なアプローチが必要とされる。委員会は、障害児が路上その他の場所で物乞いの目的で搾取されることがあることを、とくに懸念するものである。ときとして、物乞いの目的で子どもが障害者にされる場合もある。締約国は、このような形態の搾取を防止するためにあらゆる必要な行動をとるとともに、このようなやり方による搾取を明示的に犯罪化し、かつ加害者を裁判にかけるために効果的措置をとるよう求められる。

性的搾取

77．委員会は、子ども買春および子どもポルノグラフィーの被害を受ける子どもの人数が増大しつつあることに、しばしば重大な懸念を表明してきた。障害児は他の子どもよりもこれらの重大な犯罪の被害を受ける可能性が高い。各国政府は、子どもの売買、子ども買春および子どもポルノグラフィーに関する選択議定書（OPSC）を批准および実施するよう促される。締約国は、選択議定書に基づく自国の義務を履行するにあたり、障害児がとくに被害を受けやすい立場に置かれていることを認めて、その保護に特段の注意を払うべきである。

武力紛争における子ども

78．武力紛争は、前述したように〔パラ55〕、子どもが実際に紛争に関与しているか、戦闘の被害を受けているかにかかわらず、障害の主要な原因のひとつである。この文脈において、各国政府は、武力紛争への子どもの関与に関する選択議定書（OPAC）を批准および実施するよう促される。武力紛争の結果として障害を負った子どもの回復および社会的再統合に、特段の注意が払われるべきである。委員会はさらに、締約国が、軍隊への徴募対象から障害児を明示的に除外するとともに、その禁止規定を全面的に実施するために必要な立法上その他の措置をとるよう勧告する。

難民および国内避難民である子ども、マイノリティに属する子どもならびに先住民族の子ども

79. 一部の障害は、人災または天災など、一部個人が難民または国内避難民になることにつながる諸条件の直接の結果として生ずる。たとえば地雷や不発弾は、武力紛争が終結してかなりの時間が経っても、難民、国内避難民および居留民である子どもの死傷につながるのである。難民および国内避難民である障害児は複合的形態の差別を受けやすい立場に置かれる。難民および国内避難民である女子障害児の場合はなおさらで、このような子どもは男子よりも性的虐待を含む虐待、ネグレクトおよび搾取の対象とされることが多い。委員会は、難民および国内避難民である障害児に対し、予防のための援助を含む特別な援助、保健サービスおよび社会サービス（心理社会的回復および社会的再統合も含む）へのアクセスの面で高い優先順位が付与されるべきことを勧告する。UNHCRは子どもに政策上の優先順位を与えており、その分野における活動の指針とするための文書をいくつか採択してきた。これには「難民である子どもに関する指針」（1988年）も含まれ、これは「難民である子どもに関するUNHCRの方針」に編入されている。委員会はまた、締約国が、出身国外にあって保護者のいない子どもおよび養育者から分離された子どもの取扱いに関する委員会の一般的意見6（CRC/GC/2005/6）を考慮するようにも勧告するものである。

80. 障害児の権利を保護および促進するためにとられるあらゆる適切かつ必要な措置には、すでにコミュニティの中で周縁化されている可能性の高い、マイノリティに属する子どもおよび先住民族の子どもの特別な脆弱性およびニーズ〔への対応〕が含まれなければならず、またこれらの脆弱性およびニーズに特段の注意が払われなければならない。プログラムおよび政策は常に、文化的および倫理的配慮を備えたものでなければならない。

※ここに掲載したのは未編集版からの翻訳である。正式な国連文書では文言等が若干修正されている。

（訳：平野裕二／ARC代表）

資料7

拷問禁止委員会
総括所見・日本

2007年5月18日第38会期採択
CAT/C/JPN/CO/1

1．委員会は、日本政府による第1回報告書（文書番号CAT/C/JPN/1）を2007年5月9日及び10日に開催した第767回及び769回会議（CAT/C/SR.767 and CAT/C/SR.769）において審査し、2007年5月16日及び18日に開催した第778回及び779回会議（CAT/C/SR.778 and CAT/C/SR.779）において、以下の結論及び勧告を採択した。

A．はじめに

2．委員会は、日本政府の第1回報告書の提出、また建設的な対話を始めたこの機会を歓迎する。特に、委員会が提示した数多くの口頭質問に対して政府代表団が提供した説明や解説に賞賛をもって注目する。また、委員会は、政府代表団が大きく、それが多様な省庁の代表によって構成され、条約に基づく本会議における義務を重視する姿勢を見せていることについても歓迎する。さらに、報告書審査へのNGOの参加を歓迎する。

3．しかし、委員会は、2000年7月に提出期限であった政府報告書が5年以上も遅れて提出されたことを遺憾とする。また、委員会は、報告書が、締約国内でどのように条約諸規定が実際に適用されているかに関する詳細情報が不足している限りにおいて、第1回報告書準備のための委員会のガイドラインに十分に沿うものではないことに注目する。第1回報告書は、条約が保障する人権の実施について具体的事例や統計を用いた分析によらず、法規定に限られたものとなることが多いのである。

B．積極的側面

4．締約国による大部分の国際人権条約の批准。

5．委員会は、以下の採択も歓迎する。

a）出入国管理及び難民認定法の一部を改正する法律（平成16年6月2日法律第73号）

b）刑事収容施設及び被収容者等の処遇に関する法律。これは、（受刑者について）「刑事施設及び受刑者の処遇等に関する法律」として2005年5月24日に成立し施行され、2006年6月2日に改正された。

6．委員会は、刑事施設の透明性を高める目的及び、暴行の再発を防止するために、刑事施設視察委員会や刑事施設の被収容者の不服審査に関する調査検討会のような新しいメカニズムを設置したことに注目する。加えて、委員会は、2007年6月までに、留置施設視察委員会を設置することが発表されたことを歓迎する。

203

7．委員会は、現在、行動科学及び心理学、並びに人権基準を含むという、矯正局による刑事拘禁施設の職員に対する研修カリキュラムとその実施にかかわる活動を歓迎する。

8．委員会は、また締約国が人身売買と闘うためにとった行動、特に、2004年12月の「人身売買と闘う国内行動計画(the National Plan of Action to Combat Trafficking in Persons)」の採択、刑法並びに出入国管理及び難民認定法の関連規定の改正を歓迎する。

9．委員会は、報告書準備の枠組みのなかで、締約国が行った市民社会との協議を歓迎する。

C. 主要な懸念事項及び勧告

拷問の定義

10．条約1条が意味するところの「拷問」として説明されうるあらゆる行為は、日本国の刑法等によって犯罪として処罰可能であるという締約国の主張があったが、委員会は、条約1条に規定されている拷問の定義が、締約国の刑法に未だ含まれていないことに憂慮をもって注目する。特に、委員会は、条約の定義による「精神的拷問」は、刑法195条及び196条において明確に定義づけられていないことについて、また脅迫など関連する行為に対する刑罰が不適切であることについて、懸念を表する。さらに、委員会は、日本の法制度が、例えば自衛隊員や入管職員など、あらゆる種類の公務員、公的資格で行動する個人、又は、公務員若しくは公的資格で行動するその他の者の扇動により若しくはその同意若しくは黙認の下に行動した個人をカバーしていないことに懸念を表する。

締約国は、適当な刑罰を科する特別な犯罪として拷問を性格づけるあらゆる構成要素を含めることによって、条約1条に包含される拷問の定義を国内法に含めるべきである。

条約の国内適用

11．委員会は、条約の直接適用に関する情報、特に、国内裁判所による適用例、並びに戦時における条約の適用についての情報の不足について遺憾とする。

締約国は、裁判所による条約の直接適用を確保するためにとられた措置及びその具体的事例に関する情報を委員会に提供すべきである。締約国は、戦時の条約適用に関する情報を提供すべきである。

時効

12．委員会は、拷問及び虐待とされる行為が時効の対象とされていることに憂慮をもって注目する。委員会は、拷問及び虐待とされる行為のための時効は、それら深刻な犯罪についての捜査、起訴及び処罰を妨げうることに懸念を表する。特に、第二次世界大戦中の軍性奴隷、いわゆる「慰安婦」の被害者による提訴が、消滅時効を理由に棄却されたことを遺憾とする。

締約国は、拷問行為の未遂、共謀及び加担を含む拷問及び虐待とされる行為が、時効にかかることなく捜査が行われ、起訴され、また処罰がなされるように、時効に関する規則及び法規定を見直し、条約上の義務に十分に従ったものとなるようにすべきである。

司法の独立性

13．委員会は、司法の独立の程度が不十

分であること、特に、必要的な保証が欠如している裁判官の任期に関して懸念を表する。

締約国は、司法の独立性を強化し、特に裁判官の任期の保証を確保するために、あらゆる必要な措置をとるべきである。

ノン・ルフールマンの原則
14. 委員会は、締約国の国内法及び運用において、一部の条項が条約3条に適合していないことに懸念し、特に次の点について懸念を有する。
a) 2006年出入国管理及び難民認定法は、拷問を受ける可能性がある国ぐにへの送還を明確に禁止せず；加えて、再審査機関は条約3条の適用を制度的に調査せず；
b) 難民認定の該当性を再審査する独立した機関の欠如；
c) 多数の暴行の疑い、送還時の拘束具の違法使用、虐待、性的いやがらせ、適切な医療へのアクセス欠如といった上陸防止施設及び入国管理局の収容センターでの処遇。特に、これまでに1件のみが入国管理収容センターでの虐待として認められているにすぎないことに委員会は懸念を有する。
d) 入国管理収容センター及び上陸防止施設を独立して監視するメカニズムの欠如、特に被収容者が入国管理局職員による暴行容疑について申立てできる独立した機関の欠如。また、第三者である難民審査参与員の任命基準が公表されていないことにも委員会は懸念を有する；
e) 法務省は難民認定申請者に対して申請の最初の段階で法的代理人を選任することを認めず、また非正規居住者に対する法的援助が事実上限定的であるという事実を踏まえて、入国管理局職員による裁定を再審査する独立した機関の欠如。
f) 全ての庇護希望者の司法審査へのアクセス保障の不十分性と行政手続終了直後に送還を執行した疑い。
g) 難民申請却下後から送還までの庇護希望者の無期限拘束、特に無期限及び長期の収容ケースの報告。
h) 2006年入管法改正の際に導入された仮滞在制度の厳格性及び限定的な効果。

締約国は、移民の収容と送還に関連する全ての措置と運用は、条約3条に十分に適合するように保障するべきである。特に締約国は、送還された場合、拷問の対象となる危険にさらされると信ずる十分な根拠がある国ぐにへの送還を明確に禁止し、難民該当性を再審査する独立した機関を設置すべきである。締約国は難民申請及び送還手続きにおける適正手続き（due process）を保障するべきである。締約国は入国管理収容施設における処遇に関する不服申立てを審査する独立した機関を遅滞なく設置すべきである。締約国は、特に弱い立場にある人々が送還を待つ間の収容期間に上限を設置し、書面による送還命令発付以後の収容の必要性に関連する情報を公開すべきである。

代用監獄
15. 委員会は、被逮捕者が裁判所に引致された後ですら、起訴に至るまで、長期間勾留するために、代用監獄が広くかつ組織的に利用されていることに深刻な懸念を有する。これは、被拘禁者の勾留及び取調べに対する手続的保障が不十分であることとあいまって、被拘禁者の権利に対する侵害の危険性を高めるものであり、事実上、無罪推定の原則、黙秘権及び防

御権を尊重しないこととなり得るものである。特に、委員会は以下の点について深刻な懸念を有する。

a）捜査期間中、起訴にいたるまで、とりわけ捜査の中でも取調べの局面において、拘置所に代えて警察の施設に拘禁されている者の数が異常に多いこと

b）捜査と拘禁の機能が不十分にしか分離されておらず、そのために捜査官は被拘禁者の護送業務に従事することがあり、終了後には、それらの被拘禁者の捜査を担当し得ること

c）警察留置場は長期間の勾留のための使用には適しておらず、警察で拘禁された者に対する適切かつ迅速な医療が欠如していること

d）警察留置場における未決拘禁期間が、一件につき起訴までに23日間にも及ぶこと

e）裁判所による勾留状の発付率の異常な高さにみられるように、警察留置場における未決拘禁に対する裁判所による効果的な司法的コントロール及び審査が欠如していること

f）起訴前の保釈制度が存在しないこと

g）被疑罪名と関係なく、すべての被疑者に対する起訴前の国選弁護制度が存在せず、現状では重大事件に限られていること

h）未決拘禁中の被拘禁者の弁護人へのアクセスが制限され、とりわけ、検察官が被疑者と弁護人との接見について特定の日時を指定する恣意的権限をもち、取調べ中における弁護人の不在をもたらしていること

i）弁護人は、警察保有記録のうち、すべての関連資料に対するアクセスが制限されており、とりわけ、検察官が、起訴時点においていかなる証拠を開示すべきか決定する権限を有していること

j）警察留置場に収容された被拘禁者にとって利用可能な、独立かつ効果的な査察と不服申立ての仕組みが欠如していること

k）刑事施設では廃止されたのと対照的に、警察拘禁施設において、防声具が使用されていること

締約国は、未決拘禁が国際的な最低基準に合致するものとなるよう、速やかに効果的な措置をとるべきである。とりわけ、締約国は、未決拘禁期間中の警察留置場の使用を制限するべく、刑事被収容者処遇法を改正すべきである。優先事項として、締約国は、

a）留置担当官を捜査から排除し、また捜査担当官を被収容者の拘禁に関連する業務から排除し、捜査と拘禁（護送手続を含む）の機能の完全な分離を確実にするため、法律を改正し、

b）国際的な最低基準に適合するよう、被拘禁者を警察において拘禁できる最長期間を制限し、

c）警察拘禁中の適切な医療への速やかなアクセスを確実にすると同時に、法的援助が逮捕時点からすべての被拘禁者に利用可能なものとされ、弁護人が取調べに立ち会い、防御の準備のため起訴後は警察記録中のあらゆる関連資料にアクセスできることを確実にし、

d）都道府県警察が、2007年6月に設立される予定の留置施設視察委員会の委員には、弁護士会の推薦する弁護士を組織的に含めることを確実にするなどの手段により、警察拘禁に対する外部査察の独立性を保障し、

e）警察留置場の被留置者からの不服申立てを審査するため、公安委員会から独

立した効果的不服申立制度を確立し、
ｆ）公判前段階における拘禁の代替措置の採用について考慮し、
ｇ）警察留置場における防声具の使用を廃止するべきである。

取調べに関する規則と自白
16．委員会は、とりわけ、未決拘禁に対する効果的な司法的統制の欠如と、無罪判決に対して、有罪判決の数が非常に極端に多いことに照らし、刑事裁判における自白に基づいた有罪の数の多さに深刻な懸念を有する。委員会は、警察拘禁中の被拘禁者に対する適切な取調べの実施を裏付ける手段がないこと、とりわけ取調べ持続時間に対する厳格な制限がなく、すべての取調べにおいて弁護人の立会いが必要的とされていないことに懸念を有する。加えて、委員会は、国内法のもとで、条約15条に違反して、条約に適合しない取調べの結果なされた自白が任意性のあるものとして裁判所において許容され得ることに懸念を有する。

締約国は、警察拘禁ないし代用監獄における被拘禁者の取調べが、全取調べの電子的記録及びビデオ録画、取調べ中の弁護人へのアクセス及び弁護人の取調べ立会いといった方法により体系的に監視され、かつ、記録は刑事裁判において利用可能となることを確実にすべきである。加えて、締約国は、取調べ時間について、違反した場合の適切な制裁を含む厳格な規則を速やかに採用すべきである。締約国は、条約15条に完全に合致するよう、刑事訴訟法を改正すべきである。締約国は、委員会に対し、強制、拷問もしくは脅迫、あるいは長期の抑留もしくは拘禁の後になされ、証拠として許容されなかった自白の数に関する情報を提供すべきである。

刑事拘禁施設における拘禁状態
17．委員会は、過剰収容を含む刑事拘禁施設の一般的な拘禁状態に懸念を有する。革手錠の廃止を歓迎する一方で、「第二種手錠」が、懲罰で、不適切に用いられている申立があることについても、懸念をもって留意する。委員会は、刑事施設制度のなかに独立した医療スタッフが不足していること、被収容者に対する医療的援助が著しく遅滞していることについて懸念を有する。

締約国は、拘禁場所における状態の向上のために、また、国際的な最低基準に従って、実効的措置をとるべきである。とくに現在の過剰収容について措置をとるべきである。締約国は、拘束具について厳格な監視を確保し、とくにそれが懲罰として用いられることを防ぐために措置をとるべきである。さらに、締約国は、適切で、独立した、かつ迅速な医療的援助がすべての被収容者にあらゆる時に施されるよう確保すべきである。締約国は、医療設備やスタッフを厚生労働省のもとにおくことを検討すべきである。

昼夜間独居処遇の使用
18．委員会は、2005年に成立した受刑者処遇法が昼夜間独居処遇の使用を制限する規定を設けているにもかかわらず、長期にわたる昼夜間独居処遇が継続して用いられているとの訴えについて深い懸念を有する。委員会は、特に次の点について懸念を有する。
ａ）3ヶ月後の更新に制限がないというように、事実上、昼夜間独居処遇の期間に制限がないこと。

b）10年を超えて独居とされている被拘禁者の人数。一つの例では42年を超えている。
c）昼夜間独居処遇が懲罰として使用されているとの訴えがあること。
d）昼夜間独居処遇とされている被収容者に対して、精神障害について不適切なスクリーニングしかなされていないこと。
e）昼夜間独居処遇を課す決定に対して、通常の処遇に戻すための効果的な手続きの不足。
f）昼夜間独居処遇の必要性を決定する際の基準の欠如。

　締約国は、国際的な最低基準に従って、昼夜間独居処遇が限定された期間の例外的な措置となるように現在の法制度を改正するべきである。締約国は長期にわたる昼夜間独居処遇を受けている全ての事例について、当該拘禁が条約に反すると考えられる場合には、これらの者を（この状態から）解放するという観点から、心理学的に、及び、精神医学的な評価に基づいて、組織的な（systematically）調査を行うことを検討するべきである。

死刑

19．最近の立法が死刑確定者の面会及び通信の権利を拡大したことに注目しつつも、委員会は、死刑を言い渡された人々に関する国内法における多くの条項が、拷問あるいは虐待に相当し得るものであることに深い懸念を有する。とりわけ、
a）確定判決の言渡し後、独居拘禁が原則とされ、死刑確定後の長さをみれば、いくつかの事例では30年を超えていること、
b）死刑確定者とその家族のプライバシー尊重のためと主張されている、不必要な秘密主義と処刑の時期に関する恣意性。とりわけ委員会は、死刑確定者が自らの死刑執行が予定されている時刻のわずか数時間前に執行の告知を受けるため、死刑確定者とその家族が、常に処刑の日にちが不明であることによる精神的緊張を強いられることを遺憾とする。

　締約国は、死刑確定者の拘禁状態が国際的な最低基準に合致するものとなるよう、改善のためのあらゆる必要な手段をとるべきである。

20．委員会は、死刑確定者の法的保障措置の享受に対して課された制限、とりわけ以下の点に関して深刻な懸念を有する。
a）再審請求中であっても、弁護人と秘密接見をすることが不可能である点を含めて、弁護人との秘密交通に関して死刑確定者に課せられた制限、秘密交通の代替手段の欠如、及び確定判決後の国選弁護人へのアクセスの欠如
b）死刑事件における必要的上訴制度の欠如
c）再審手続ないし恩赦の申請が刑の執行停止事由ではないという事実
d）精神障害の可能性のある死刑確定者を識別するための審査の仕組みが存在しないこと
e）過去30年間において死刑が減刑された事例が存在しないという事実

　締約国は、死刑の執行をすみやかに停止し、かつ、死刑を減刑するための措置を考慮すべきであり、恩赦措置の可能性を含む手続的な改革を行うべきである。すべての死刑事件において、上訴権は必要的とされるべきである。さらに、締約国は、死刑の実施が遅延した場合には死刑を減刑し得ることを確実に法律で規定すべきである。締約国は、確実に、すべての死刑確定者が、条約に規定された保護を与え

られるようにすべきである。

迅速かつ公平な調査、不服申立ての権利
21. 委員会は、以下の事項に懸念を表する。
a）警察留置場における実効的な不服申立制度の不足。刑事被収容者処遇法が、そうした責務を有する独立機関を創設しなかったことは残念である。委員会は、2007年6月に設置される留置施設視察委員会に関する情報が不足していることに留意する。
b）刑事施設視察委員会に、拷問等に関する調査について充分な権限が不足していること。
c）法務省の職員が事務局を務めていることによって、刑事施設の被収容者の不服審査に関する調査検討会の独立性が不十分であること、また、被収容者及び職員にインタビューできず、またあらゆる関連文書に直接アクセスできないことから直接的に事案を調査する権限が限られていること。
d）不服申立てをする権利に法的制限があること、また不服申立てをしようとする際に弁護士による援助を受けることが不可能であること。
e）不服申立てを行ったことによって、また、賠償請求にかかわる時効によって却下された訴訟を行ったことによる不利益的影響を受けたとの報告があること。
f）受理した申立数、着手されまた完了された調査の数、さらにその結果の数について情報の不足、これには侵害者の数とその者が受けた判決に関する情報も含む。

締約国は、警察留置場または刑事拘禁施設の双方における被収容者からの拷問等の申立てすべてについて、迅速、公正で、かつ実効的な調査を行う独立メカニズムを設置すべきである。締約国は、被収容者が不服申立ての権利を充分に行使できるように確保するために、拷問等の行為についての時効の撤廃、不服申立てをするための法的援助の利用の確保、証人に対する脅迫からの保護措置の設置、及び賠償請求の権利を制限するあらゆる規定の見直しなどを含む、あらゆる必要な措置をとるべきである。締約国は、法執行官によって行われたことが疑われる拷問等に関する申立てについて、犯罪種別、エスニシティ、年齢、性別ごとの詳細な統計データを、また、関連する調査、起訴、刑罰、または懲戒処分についての詳細な統計データを提供すべきである。

人権教育及び研修
22. 委員会は、条約に違反する尋問手続を記した取調官のための研修マニュアルが存在するとの報告に注目する。さらに、委員会は、人権教育、特に女性及び子どもの特別な人権についての教育が、組織的には、刑事拘禁施設の職員に対して提供されているだけで、警察留置場の職員、取調官、裁判官及び入管収容施設の保安担当職員に対する教育カリキュラムには十分に含まれていないことに懸念を表する。

締約国は、法執行官、特に取調官に対する教育カリキュラムに関するあらゆる素材が公にされるよう確保すべきである。さらに、裁判官や入管職員を含むあらゆる種類の法執行官は、特に、拷問、子ども及び女性の権利に焦点を当てた、自身の職務における人権の実現について定期的に訓練を受けるべきである。

賠償及びリハビリテーション

23. 委員会は、人権侵害の被害者が救済及び十分な賠償を得るにあたって直面している困難があるとの報告に懸念を表する。委員会は、また、時効や移民に対する相互主義の原則など賠償の権利に対する制限についても懸念を表する。委員会は、拷問又は虐待の被害者が求め、また得ることができた賠償に関する情報が不足していることについて遺憾を有する。

締約国は、拷問又は虐待のすべての被害者が、賠償及びリハビリテーションを含む救済の権利を十分に行使することができるよう確保するために、あらゆる必要な措置をとるべきである。締約国は、国内においてリハビリテーション・サービスを設置するための措置をとるべきである。締約国は、委員会に対し、被害者に対して提供されたあらゆる賠償又はリハビリテーションに関する情報を提供すべきである。

24. 委員会は、第二次世界大戦中の日本軍性奴隷のサバイバーを含む性暴力被害者に対する救済措置が不充分であり、性暴力及びジェンダーに基づく拷問等禁止条約違反を防ぐために有効な教育的その他の措置がとられていないことに懸念を表明する。「癒しがたい心の傷」によって苦しめられていると、締約国の代表が事実として認めている戦時中の性的虐待のサバイバーは、締約国が公式に事実を否認し続け、真実を隠匿あるいは公開せず、虐待の刑事上の責任者を訴追せず、適切なリハビリテーションを提供しないことによって、継続する苦痛と再トラウマ化を経験している。

委員会は、教育（10条）と救済措置（14条）がともに、この条約において締約国に課されている義務のさらなる違反行為を防ぐための手段であると考える。締約国によって公式に否認が繰り返され、訴追されず、適切なリハビリテーションが提供されていないことはすべて、拷問等禁止条約において締約国に課されている、教育及びリハビリテーション措置を通じて防止することも含めて、拷問と虐待を防止するという義務に違反することにつながっている。委員会は締約国に、性及びジェンダーに基づく暴力の根本原因である差別に取り組む教育を提供し、また刑事免責を防ぐ措置を含め、被害者に対するリハビリテーション措置をとることを勧告する。

ジェンダーに基づく暴力と人身売買

25. 委員会は、法執行機関の職員による性暴力を含む、ジェンダーに基づく暴力及び拘禁中の女性と子どもに対する虐待についての申し立てが相次いでいることに懸念を表明する。委員会はまた、締約国のレイプに関する法規の範囲が、男女間の生殖器による性交渉のみに適用され、男性被害者に対するレイプ等、その他の形態による性的虐待を除外する限定的なものであることに懸念を表明する。加えて委員会は、締約国において、国境を越えた人身売買が、政府によって発行される興行ビザの目的外使用によって促進され、そのうえ確認された被害者への支援措置が不適切なままであるために、人身売買の被害者が不法移住者として取り扱われ、救済措置をとられることなく国外に強制送還されるなど、依然として深刻な問題となっていることに懸念を表明する。委員会はまた、駐留外国軍を含む軍関係者による女性及び少女に対する暴力を防止しまた加害者を訴追するための効果的な施策が不足していることに懸念を表明する。

締約国は、ドメスティック・バイオレンス及びジェンダーに基づく暴力を含む、性暴力及び女性に対する暴力を根絶するために防止措置を導入し、また責任者の告訴を前提として、拷問あるいは虐待に関するあらゆる申し立てについて早急かつ公平な調査を実施すべきである。委員会は締約国に対し、興行ビザの利用が人身売買を促進しないよう利用を制限すること、十分に資源を配分すること、関連する刑法の適用を積極的に追求することなど、人身売買対策の強化を要請する。また締約国が、法執行官及び司法関係者が被害者の権利とニーズに敏感になることを確保するための研修を実施すること、警察に専門部署を設置して被害者のためのよりよい保護と適切なケア、とりわけ安全な住居、シェルター、心理社会的な支援へのアクセスを提供することを推奨する。締約国は、駐留外国軍によるものも含め、あらゆる被害者が裁判所に救済措置を申し立てできるよう措置をとらなければならない。

精神障害を持つ個人

26．委員会は、私立の精神病院で働く精神科指定医が精神的疾患を持つ個人に対し拘禁命令を出していること、及び拘禁命令、私立精神病院の管理・経営そして患者からの拷問もしくは虐待行為に関する不服への不十分な司法的コントロールに懸念を表明する。

締約国は公立及び私立精神病院における拘禁手続きについて、実効的かつ徹底した司法コントロールを確保するために必要なあらゆる措置を採るべきである。

27．委員会は、締約国に対し、条約22条に基づく受諾宣言を検討し、よって、委員会が通報を受ける資格を有することを認め、通報を検討することができるようにすることを勧奨し、また同時に条約の選択議定書の批准も検討するよう奨励する。

28．委員会は、締約国が国際刑事裁判所のローマ規程の加盟国となることを検討するよう奨励する。

29．締約国は 委員会に提出された報告書、委員会による結論及び勧告が、適切な言語で、公式のウェブサイトや報道機関、NGOを通じて、広く公表することを奨励されている。

30．委員会は、締約国に対し、国際人権条約機関によって最近、勧告された「報告に関する調和的ガイドライン内の共通重要文書（the Common Core Document in the Harmonized Guidelines on Reporting）」（HRI/MC/2006/3 and Corr.1）の要求に沿って重要な文書を提出することを勧める。

31．委員会は、締約国に対し、本文書14、15、16項及び24項に含まれる委員会による勧告に対する返答に関して1年以内に情報を提供することを求める。

32．締約国には、2011年6月30日までに第2回報告書を提出することが勧められる。

※国連文書が訂正されたのに伴い、ヒューライツ大阪で一部加筆修正。

（訳：日本弁護士連合会）

●アジア・太平洋地域の政府・NGOの動向

Towards Realization of Rights of Persons with Disabilities in Asia and the Pacific:
Challenges ahead for the Remaining Five Years of the Second Asian and Pacific Decade of Disabled
Persons and the Biwako Plus Five

アジア・太平洋域内障害者の人権実現に向けて
第2次アジア・太平洋障害者の10年後半5年の課題とびわこプラスファイブ

秋山愛子　国連アジア・太平洋経済社会委員会社会問題担当官

　世界中の障害者がその策定に参画した障害者権利条約が2008年5月3日に発効し、障害者と人権における新たな時代の幕が切って落とされた。これによって、国連アジア・太平洋経済社会委員会（エスキャップ）が、第2次アジア・太平洋障害者の10年（2003〜2012年）の行動指針「びわこミレニアムフレームワーク」（通称BMF）を通じて訴え続けてきた、「インクルーシブで、バリアフリー、権利にもとづく社会」を構築しようという機運が一段と高まったといえる。昨2007年には第2次10年中間評価ハイレベル政府間会議でBMFの補足文書、びわこプラスファイブが採択され、後半5年に向けての思いが新たになった。

　本稿では、2007年までの前半5年の前進と今後の課題について触れながら、びわこプラスファイブの特色を簡単に紹介したい。

1.前進

　2007年にエスキャップが域内政府対象に行ったアンケート調査の結果1)等によると、域内では、障害者の権利実現を目的とする法律制定や改正が順調に進み、障害をメインストリーム化した開発（disability-inclusive development）への注目もより集まるようになった。たとえば、最低20カ国の憲法が障害者について言及、その多く（例：東ティモールやタイ、フィジー）が障害者の権利擁護を謳っている。最低14カ国に障害者の包括的法律があり、そのうち、中国やタイ、スリランカなどが続々と、権利性と差別禁止の理念

---

1) このアンケートには以下36政府が回答した。中国、香港特別行政区、日本、モンゴル、韓国（東および北東アジア）、カンボジア、インドネシア、ラオス人民共和国、マレーシア、ミャンマー、フィリピン、シンガポール、タイ、東ティモール、ベトナム（東南アジア）、アフガニスタン、バングラデシュ、ブータン、インド、モルディブ、ネパール、パキスタン、スリランカ、トルコ（南および西南アジア）、アルメニア、アゼルバイジャン、カザフスタン（北および中央アジア）、オーストラリア、クック諸島、フィジー、キリバス、ニュージーランド、パプアニューギニア、ソロモン諸島、トンガ、バヌアツ（パシフィック）。

を強化すべく改正を進めている。2007年4月に韓国で成立した障害者差別禁止法を含め、域内最低7カ国に、障害に基づく差別を禁止する法律があるとの報告も受けた。

開発の領域でも、世界銀行や米州開発銀行などの機関、国際協力機構（JICA）などの二国間ベースの海外援助機関、ワールド・ビジョンなどの国際NGOがその開発事業やプロジェクトに障害者を参画させ、ニーズを把握することにより積極的になってきた。エスキャップでも、ミレニアム開発目標の実施を障害者の視点からモニタリングするための指標づくりに取り組み始めた。国連全体としても、障害の視点を業務に積極的に取り入れていこうという姿勢が明らかになっており、2008年3月には、その基本方針が発表された。

障害者が、自分たちに関わるニーズ把握・政策策定・サービス提供に、パートナーとして関わる事例も増えている。域内では最低15カ国の中央政府レベルで、障害当事者を政策策定に参画させる何らかのメカニズムがある[2]。

加えて近年は、生活の現場により近い地方自治体との関わりも目立つようになった。たとえば、タイ・バンコク近郊のプトモントンというタムボン（地方行政組織のひとつで、日本の町や集落と訳される）は、地元の障害者自立生活センターに地域の障害者のニーズ把握やピアカウンセリングなどを任せるようになった[3]。また、フィリピンでは、「障害児のためバリアを打ち破る（Breaking Barriers for Children with Disabilities：BBC）という障害者団体が、118の市と対等なパートナー関係を築いている。BBCは国際NGOの支援を受け、2003年以降、各市に障害児早期介入センターを設立。この5年間で、当事者主体の哲学や介入、リハビリのノウハウなどを市に伝えるばかりでなく、経営や財政も市に委譲、持続可能なサービス・システムを作り上げた。

さらに、アジア・太平洋地域内での観光産業が急速に成長していることや高齢化が進んでいることを背景に、消費者としての障害者の権利意識も高まり[4]、障害者や高齢者などに配慮した、アクセシブル観光の充実に興味を示すか、取り組む地方自治体も出てきた[5]。

また、第2次10年が始まる前から、政策・サービス策定につながる障害者データの整備が叫ばれてきた。エス

---

[2] アフガニスタンの憲法は、大統領が2名の障害者を上院議員に任命することを義務づけている。タイでは2008年2月に、視覚障害者のモンティアン・ブンタン氏が国会議員に任命された。2010年に行われるフィリピンの選挙には、女性や、教師、漁業従事者など36の社会少数派カテゴリーのひとつとして障害者が位置づけられ、得票数如何によって、障害者の利益を代表する国会議員が生まれる可能性もある。

[3] これらタイに関わる情報は八王子自立生活センター代表中西正司氏が2007年末タイに調査に入った際、京都大学大学院吉村千恵氏と同行し入手した。

[4] 1996年から2006年のアジア・太平洋地域の観光産業年間平均成長率は6.7%（出典：UNWTO, *Tourism Market Trends: East Asia & Pacific*(Madrid:UNWTO,2000). UNWTO, *Tourism Highlights, 2006*. UNWTO, *Tourism Highlights 2007 Edition*.）。

[5] 日本の岐阜県飛騨高山市はアクセシブル・ツーリズムを推進した成功例だが、タイのバンコク市・パタヤ市、中国の北京市・上海市・海南島、フィリピンのバギオ市なども興味を抱き始めている。

キャップは、この5年間、世界保健機関（WHO）と協力し、域内政府の統計専門家に対する研修を実施、障害の視点を反映した国勢調査やサンプル調査の実施を訴えてきた。その結果、バングラデシュ政府などはアメリカで実績を上げている民間統計ソフト管理会社と契約を結び、障害者統計に本腰を入れ始めた。

2. 課題

 が、その一方で、厳しい現実が突きつけられる。法律で高らかに謳われている権利の理念と生活の現場はまだまだつながっていない。再び、タイを引き合いに出そう。この国では、障害者に最低毎月500バーツ（日本円で1,800円前後）を所得保障として支給することになっている6)。だが500バーツでは介助者も雇えないし、食費としても足りない7)。そもそも、その支給が申請者に全部行き渡っているわけではないという現状もある。さらに、それ以外に実質的に社会保障と呼べる制度はほとんどなく、多くの障害者が家族介助に依存せざるをえない。頸椎損傷で障害者になったある男性は、寝たきりに近い状態で、ここ10年近く、近くのスーパーにも行くことができなかった。これは決して例外ではない。またフィリピンでは、先日、精神病院内で電気ショックが使われているとの報告があり、関係者を驚かせた。

 障害はあってはならぬもの、不運・悪運・前世悪行の報い、あるいはずっと病気扱いされるものという考えも根強い。たとえば昨年バンコクで貼られていた酒酔い運転防止のポスターは、事故を思い起こさせる絵に車椅子のイメージが重ね合わされ、車椅子利用は忌むべきというメッセージが伝わった。同じく昨年、タイからある中央アジアの国を訪れた車椅子利用者は、関係者に救急車で出迎えられ、担架に移動させられようとしたのに仰天したという。

 データに関しても、引き続きの努力が必要だ。域内31カ国が報告してきた障害者人口の割合は0.7％（クック諸島）から20％（オーストラリア）とばらつきを見せた。これは現実の人口差ではなく、各国の障害者の定義、障害のカテゴリーをどこまで広げるか、統計の手法、データ集積の予算、データ集積に関わる人材の障害に対する理解の違いなどを示唆している。労働人口調査や貧困調査などが障害の視点で行われているか。障害のない人との収入や社会参加、支出の格差がデータで示されているか。また、精神障害者の統計は無視されやすい。課題は山積みだ。

3. びわこプラスファイブ

 びわこプラスファイブは、BMFの追加文書として、今までの前進やこれか

---

6) 中央政府が4分の1、タムボンが4分の3を拠出することになっている。したがって、財政が潤っていたり、タムボンの意思如何で、この額は増える。パタヤ市では2,000バーツ支給していたこともあるという。
7) タイの最低賃金は1日150〜190バーツ前後である。

らの課題を熟慮したうえで、NGOの参画も得て草案が作られた。基本的に、もともとのBMFの特色である7つの優先領域8)と21の獲得目標は変更しなかったが、必要と思われる31の行動を各々の優先領域のもとに付け加えた。たとえばアクセシブル観光の推進が、アクセスの項に書き加えられた。

また、BMFにはもともと、国内行動計画の作成、権利に基づくアプローチの推進、データ収集、地域に根ざしたアプローチという4つの戦略の柱があったが、後半5年は、法律やプログラムの実施に力点を置いたため、①権利に基づくアプローチの強化、②政策策定と実施のための可能な環境の整備と効果的メカニズムの構築、③政策策定と実施のためのデータ・情報の整備と質の向上、④障害の原因の予防とリハビリ、障害者のエンパワメントに再編成され、さらに、⑤障害をメインストリーム化した開発が加えられ、5つとなった。内容も、条約の批准や差別禁止法などの国内法整備、司法への公正なアクセスなど、条約をかなり意識している。

さらに、障害は社会にあるバリアとの関係で生じるという概念や、障害の多様性を尊重すべきであることも強調。また、これまでの取組みが行き届かなかった中央アジアなどの地域での取組みも奨励している。

びわこプラスファイブは法的文書ではないし、2012年にはその役目を終える時限的な文書であるが、BMFとともに、この地域で障害者権利条約の効果的実践、障害の視点からのミレニアム開発目標の実施を促す、梃子のような存在であると信じる。エスキャップでは、権利の実現を重要視し、国内法の実施や生活の現場での障害者のさまざまな権利の実現の実態を示す調査報告、差別禁止法の実施例紹介、アクセシブル観光の推進など、積極的に情報発信していきたい。

※本稿の見解は筆者個人のものであり、国連あるいはエスキャップの公式見解ではないことをご了承ください。

---

8) 7つの優先領域は以下のとおり。①障害者の自助団体および家族・親の会。②女性障害者。③早期発見、早期対応および教育。④訓練および自営を含む雇用。⑤各種建築物・公共交通機関へのアクセス。⑥情報、通信および支援技術を含む情報通信へのアクセス。⑦能力開発、社会保障および持続的生計プログラムによる貧困の軽減。

㈶アジア・太平洋人権情報センター
（ヒューライツ大阪）

　国連憲章や世界人権宣言の精神に基づき、アジア・太平洋地域の人権の伸長をめざして、1994年に設立されました。ヒューライツ大阪の目的は次の4点です。
⑴アジア・太平洋地域における人権の伸長を図る
⑵国際的な人権伸長・保障の過程にアジア・太平洋の視点を反映させる
⑶アジア・太平洋地域における日本の国際協調・貢献に人権尊重の視点を反映させる
⑷国際化時代にふさわしい人権意識の高揚を図る
　この目的を達成するために、情報収集、調査・研究、研修・啓発、広報・出版、相談・情報サービスなどの事業を行っています。資料コーナーは市民に開放しており、人権関連の図書や国連文書、NGOの資料の閲覧や、ビデオの観賞ができます。
センターの開館時間●平日(月～金)の9：30より17：00

〒552-0007
大阪市港区弁天1-2-1-1500　オーク1番街15階
(JR環状線・地下鉄「弁天町」駅下車すぐ)
TEL.06-6577-3577～8　FAX.06-6577-3583
E-mail●webmail@hurights.or.jp
Web●http://www.hurights.or.jp

アジア・太平洋人権レビュー2008
新たな国際開発の潮流
人権基盤型開発の射程
2008年6月25日　第1版第1刷発行

編　者●㈶アジア・太平洋人権情報センター(ヒューライツ大阪)
発行人●成澤壽信
編集人●西村吉世江
発行所●株式会社 現代人文社
　　　〒160-0004 東京都新宿区四谷2-10 八ッ橋ビル7階
　　　電話03-5379-0307　FAX03-5379-5388
　　　henshu@genjin.jp (編集部)　hanbai@genjin.jp (販売部)
　　　http://www.genjin.jp
発売所●株式会社 大学図書
　　　電話03-3295-6861　FAX03-3219-5158
印　刷●株式会社シナノ
装　丁●スタジオ・ポット
検印省略　Printed in JAPAN
ISBN978-4-87798-382-6 C3030
©2008 by Asia-Pacific Human Rights Information Center